平和社会学研究 | 創刊号 | 平和社会学研究会

目次

平和エッセイ

ハワイの独立問題

巻末エッセイ

＊この『平和社会学研究』創刊号は、新たな8論稿と、『平和社会学研究』研究会発足記念号（2022年6月刊行）の掲載論稿に加筆・修正した5論稿の2種類からなる。後者に関しては目次のタイトル末尾に「＊」が付されている。

平和社会学とは何か——その視点と展望

2022年2月のロシアのウクライナ侵攻から1年以上が経過した。ウクライナの市民を巻き込んだ戦火は拡大している。シリア内戦も続いている。他方、東アジアでも、中国関連で「台湾有事」が語られている。朝鮮半島でも南北の緊張が続く。21世紀になっても、世界から、戦争や内戦の火種は絶えない。

多くの人々が望んでも、なぜ平和は実現されないのか。欧米諸国のウクライナ軍事支援は、この戦争が世界大戦と化す危険性も帯びている。日本政府もまた、沖縄／南西諸島のミサイル基地化を着々と進め、戦争準備に余念がない。中国の台湾侵攻が現実化するならば、日本も巻き込んだ米中戦争の危機も到来する。加えて日本においては、いわゆる北朝鮮の核ミサイル問題も重くのしかかっている。平和はますます遠のくかのようだ。

平和のために問われるべきこと——国家主義と資本主義、そして環境破壊

大スラブ主義を抱いていると言われるプーチン大統領や、中国の夢を再興するという習近平国家主席の野望なども語られている。だが、戦争は指導者だけの問題ではない。戦争やその準備の背後には、軍事産業の活性化といった経済的側面のみならず、国家意識／ナショナリズムの扇動といった政治的、社会意識的な側面も見え隠れする。あのトランプ時代のアメリカ（国家）第一主義は、国民のほぼ半数に支持されたのだった。

国家（あるいは天皇）に命を捧げるといった思考は、戦前日本の旧態依然とした志向性の象徴であった。だが、国民国家に代表される近代的社会構成は、21世紀の今日においても乗り越えられない障壁として、私たちの前に立ちは

だかる。国家防衛を旗印にして核ミサイルの示威行動を続ける朝鮮民主主義人民共和国 (いわゆる北朝鮮) も、また国土 (本土) 防衛のためにミサイル基地化を進め再び沖縄を「捨て石」とするかのような日本も、大いに問題含みである。そもそも、国家とはそれほどの重みをもつものなのか。個々の人間の命よりも国家の存続の方が重要なのか。しかしながら今日、問題は国家という政治的統治形態にまつわる問題だけではない。

　ウクライナやシリアなどでは、「民間」の軍事会社も戦いに加わる。戦争という行為によって、一定の経済的利益を得る組織が存在する。日本の大企業の一部も、軍需産業に関わっていることは紛れもない事実である。アメリカの軍産複合体が政治に深く関わっていることもつねに指摘されてきた。先進国を中心に、世界の経済成長を軍事に関わる産業が後押しする。それを意識面で正当化するものに、各国が抱えるエネルギーや資源の確保問題もある。石油や天然ガス、あるいはレアメタルなどの鉱物資源の確保は、国家の維持繁栄のための絶対条件となる。国家間の協力ではなく、競争が世界を動かしている。そして、その根底には、利潤獲得 (資本の価値増殖) を最大化することを至上命題とする資本主義という経済体制が存在する。

　そうした資本主義が環境破壊とも深く結びついていることも重要な論点である。当面の資本主義的な利潤の確保のために、自然が収奪される。将来世代への配慮ではなく、目先の利益拡大 (価値増殖) が優先され、国際的、経済的な競争に勝利することが優先される。さらにそれは、軍拡を伴って、軍事的な勝利が志向され、核開発なども目標とされる。そこでは、原発問題とともに核汚染などは等閑視され、軍事基地の周辺の汚染や騒音の問題なども無視される。かくして、国家主義と資本主義は一体となって、対立と競争の下で勝者と敗者を生み出しながら、確実に地球という惑星をも蝕んでいく。国連や安保理などの国際機関、あるいはG7やG20も、効果的に機能していない。現代の戦争という異常な事態を前にして、多くの人びとにとって、こうした状況は世界社会の「危機」として認識され始めている。

危機は日常に宿る——生活世界の分断と対立への問い

　しかしながら、「危機」は世界的な事態だとしても、私たちの日常生活から切り離されているわけではない。それは、グローバル時代において相互依存を強めていた世界の市場経済が、戦争にともなう経済制裁で光熱費の上昇や一部の食料品の不足などといった問題を生起させている点で、日常にも感知できる光景となっている。

　だが、そこから一歩進めて、「危機」はむしろ、戦争を誘発する原因が実は国家主義や資本主義を支える私たちの生活世界に根ざしているという視点に目を向けることが重要となる。もちろん、国家主義や資本主義を支えるのは私たちの意識や行動に遠因するというだけでは説明不十分であろう。意識や行動を変えれば世界が変わるというならば、話は簡単だろう。そうではなく、むしろより根底的な所で、私たちの生の基層にある身体的営為に、構造的に危機的な世界状況を引き起こす主要原因の一つが内在している。

　1990年代前後の冷戦終結から、さらに21世紀に入ってもネット社会化の興隆にも後押しされて、新自由主義的な資本主義の展開の下——さらに、国家資本主義ともいえる中国の世界への登場も加わって——世界において格差が急速に拡大した。国家の内部でも、アメリカに象徴されるように、国内での格差が顕著となり、それが要因の一つともなって、分断社会が明確な形で出現し、対立が激化する。トランプ政治はその分かりやすい例だった。

　しかし、そうした分断・対立問題は、重要ではあるが一つの現象に過ぎない。より根底には、他者の排斥に至るような「当然視」という無反省の魔物が棲む。具体例は、何らかの表徴によって、他者を区別し、蔑視し、排除する「差別」が時に暴力をも伴って日常的に行われている行為だ。いわゆる人種差別や民族差別から性差別を含む様々な差別行為が、日常世界にある。問題は、そうした差別の意識や感情があたかも「自然」なものであるかのようにして私たちに身体化・慣習化されている点だ。こうした「当然視」される日常的構成から、危機は問い直さなければならない。

平和社会学という企て――下からの平和創造

　東欧・ソ連の人為的・強権的な共産体制が崩壊してから、資本主義はあた
かも人間性に根づく「自然」な体制であるかのようにして当然視されている。
中国においても国家資本主義的傾向が著しい。経済発展は極めて当然の目標
とされている。発展・発達、あるいは開発・成長は、人間にとって当然の肯
定的な意味合いをもつ。しかし、利潤獲得（価値増殖）を至上命題とする資本
主義が発展すると、労働力のみならず、化石エネルギーを含む自然をも商品
化しつつ、価値増殖の目的のために環境を蝕む。SGDsは「持続可能な開発目標」
と訳されているが、それは分別などのごみ処理等で対処できるのだろうか。
もっと根本の位層で、環境破壊をも止めるような思考が必要ではないか。

　そして、平和問題である。平和実現のためには、「外交と対話」が重要だと
しばしば語られる。これは重要だ。だが地政学は言わずもがな、国際政治学
や国際関係論なども、多くは国家の存在を自明とし、資本主義経済の発展を
目標とする。そのもとで、「外交と対話」が語られる。外交と対話がそんなに
簡単に機能しないことは、歴史が教えてくれる。外交と対話とともに、ある
いはそれ以前の、より重要な論点がここでは語り落されてはいないだろうか。
ここで言いたいのは、国家主義や資本主義という当然視されがちなシステム
それ自体が意識面で問い直される必要があるのみならず、私たちのより根底
の、より基層の生活世界も実践面で問い直される必要性がある、という点だ。

　その実践的な具体例が、平和の実現のためには、政治領域における「外交と
対話」以外に、さらにトランスナショナルな（国境を越えた）、日常生活のレベ
ルでの人々の「交流」が重要だという点だ。コロナ禍で世界は国境で分断され
たが、ポストコロナ時代に問われるのは、そうした国境を越える人々の社会
文化的な交流の視点である。それなくして、国民間のほんとうの相互理解も
ありえない。

　そうした日常生活者の視点に立って社会を考えるのは、「社会学」の大きな
特性の一つである。グローバル時代において、トランスナショナルな社会文
化交流は実際に活性化している。そうした生活世界における「交流」に根ざし
た「共生」に基づく平和構築のための社会学。それが、国家の間の「国際」政治

学や「国際」関係論などとは異なる、人と人との間のトランスナショナルな「人際」(にんさい)関係に焦点を当てる平和「社会学」の視点なのである。生活世界でのトランスナショナルな交流(相互行為)は、いわば「下からの平和創造」に向けた重要な出発点の一つとなろう。

　さらに、平和を求めてきたこれまでの先人の知恵や活動にも学びながら、同時に平和構築のための取り組みからも学ぶことが多いはずだ。過去の平和思想や平和論のみならず、過去の反戦平和運動や現在の平和教育への取り組みをまず今回、特集で取り上げているのは、そのような「下」からの再検討の積み上げを意図したからだ。ただしそれも出発点の一つに過ぎない。こうした平和社会学の試みは今はじまったばかりである。批判を仰ぎながら、平和社会学研究会の活動を今後とも積み上げて、平和創造のための展望を切り開きたいと望んでいる。

（文責：西原和久）

　　＊なお、本誌に所収した「平和社会学研究宣言」や「巻末エッセイ」も参照いただければ幸いである。

【平和社会学研究宣言】

平和社会学研究会

　紀元前5世紀ごろのギリシャにおいても、古代の中国においても、「平和」は実現されるべき大きな課題であった。その当時、アリストファネスや墨子が非戦・反戦を説いていた。さらにルネッサンス期の16世紀にはエラスムスが「平和」を論じ、18世紀には哲学者カントが永遠の平和を説いた。20世紀においては言うまでもなく2つの世界大戦があり、しかもその後の冷戦状態によって、東アジアでも朝鮮半島やベトナムなどで戦争が勃発していた。そして、21世紀においても、ウクライナの首都キーウへのロシア軍の侵攻により戦争状態が生起し、双方に多数の死者が出ている。戦争を起こさせない、起こった戦争を終わらせる、そして永久の平和を実現する、こうしたことのためには、いま何が必要なのか。「非戦と反戦」が、平和を考える際の中心となるのではないだろうか。

　しかしながら、「国家間戦争がなければ平和である」とは言い切れない。現代社会は、一種の「分断社会」である。国家間の分断が上述のような戦争に結び付きがちだが、国際的にも国内的にも、あるいはグローバルに見てもローカルに見ても分断社会に伴う「争い」は依然として絶えない。グローバルな格差社会や南北問題や差別構造など世界システム上の対立関係が存在し、国内的にも独裁主義や専制主義の統治上の問題や、内戦状態にまで至る対立関係も存在する。とくに日常の社会生活においても、障害者差別や外国人差別・民族差別、さらには性差別やLGBTQなどのジェンダー問題も、部落差別や被爆差別やハンセン病者差別などの多様な差別問題も存在する。差別を主に「区別と蔑視と排除」の3点をポイントとして他者との関係を「分断」する行為

と思想だと考えると、この状況では、平和な社会生活は望みがたい。

　『広辞苑』(第7版)を紐解くと、「平和」とは、「戦争がなくて世が安穏であること。「世界の―」という意味の前に、「やすらかにやわらぐこと。おだやかで変わりのないこと。「―な心」「―な家庭」という、2つの意味が併記されている。その順番をいまは問わないとしても、日常の「生活世界」の現場においても、「平和」が問われていることは間違いない。私たちは、戦争に抗う非戦・反戦を願いながらも、同時に日々の生活における「平和」状態の追求に関しても、その実現可能性を追求したいと思う。そして、この2つの「平和」において共通するのは、まずは身体的物理的な暴力を生活世界からなくす点だ。とはいえ、生活世界には、ヘイトスピーチのような言語的文化的な暴力も存在する。さらには、社会を分断し、対立を醸成し、戦い／争いを促すような制度的構造的な暴力も存在する。そうした暴力も含めて「暴力のない世界」の構築はいかにして可能か。

　既存の人文社会科学の一分野としての社会学は、これまでこうした問題にどのように対応し、平和創造にどう貢献してきたのか。近年は、戦争社会学が関心を集めているが、平和こそ、私たちの心豊かな社会生活／生活世界が存続するための大前提である。そして社会学もまた、その狙いとしては、日常の平和な生活世界の充実を願ってきた。したがって、平和社会学は、これまでの戦争社会学を含む社会学研究の成果を、批判的に検討しつつも積極的に取り入れて、私たちの日々の充実した社会的な生活世界を現実化するための「平和創造の社会学研究」を進めていきたいと願っている。

＊　　　＊　　　＊

　こうして、「平和社会学研究会」は「社会学」の視点と知見とを活用して、いかにして平和を構築することが可能かを検討する研究会として2022年の1月に発足した。その発足時の視点は、巻末近くの「平和社会学研究会発足時の基本方針」(『平和社会学研究』発足記念号の「挨拶」)を参照いただくとして、ここでは研究会の理念に関する要諦を手短に示しておきたい。

0：『平和社会学研究』は、「平和」を模索する研究会誌である。
　　——それは、平和な社会の実現に向けた「社会学的研究」を促進するための新しい学術誌である。

　そして、その特性となる社会学研究のポイントは以下の5点である。ただし、これらの5点は現時点でのポイントであって、今後の研究会活動の進展に応じて改訂されることがある。

1：平和探索の社会学：いま問われるべき「平和」とは何か。
　　——過去から現在までの歴史的な平和実現の状況を検討し、現在および未来の平和に関する論点を提示する。

2：平和思想の社会学：平和に関する社会学的思想を問い直す。
　　——そのために、とくにこれまでの平和に関する社会学的な思想・学説・理論などを検討する。

3：平和構想の社会学：平和創造のための未来構想を検討する。
　　——そして、そうした平和に関する考察と展望を踏まえた未来社会構想を具体的に展開する。

4：平和実践の社会学：平和実現の具体的な諸実践に乗り出す。
　　——さらに、そのような社会学に基づく教育・社会活動・社会運動などの実践活動に取り組む。

5：平和交流の社会学：分断社会をのりこえ共生と連携をめざす。
　　——分断・対立・抗争・差別等を乗り越えて、生活世界に住まう人びととの交流・共生・連帯をめざす。

　以上は、研究会発足後1年の研究会の積み重ねのなかから生み出されてき

た社会学的特性であって、現時点での「平和社会学研究」のスタートの宣言として（＝「平和社会学研究宣言」）まとめたものである。こうした問題意識に基づいて、関心を共有する人びととの議論や平和社会学研究会への参加を切に希望するものである。

＊　　　＊　　　＊

2012年のアルゼンチンの国際学会で、国際社会学会 (ISA) の会長マイケル・ブラウォイ（当時）は、社会学と社会運動との関係について、以下の3つを区別して論じた。すなわち、①社会運動についての社会学 (Sociology of Social Movement)、②社会運動のための社会学 (Sociology for Social Movement)、③社会運動としての社会学 (Sociology as Social Movement)、である。

この区分に従って論じるならば、『平和社会学研究』誌は、平和を実現しようとする動きについて研究し、平和のための社会学を展開し、そしてまた一種の「社会運動としての平和社会学研究」を推進しようとするものだ。しかし、その歩みはほぼ1年前に始まったばかりで、まだまだ不十分なものである。この点は、研究会メンバーすべてが自覚している点である。そうだからこそ、メンバーは平和に関心をもつ人びとと、主題を共有しながら、議論を重ねていきたいと考えている。研究会それ自身は、平和社会学への関心を共有する方であれば、資格は問わない開かれた研究会である。

＊　　　＊　　　＊

本研究会誌『平和社会学研究』に掲載の諸論考への建設的批判をはじめとして、皆さま方の積極的な関与を切望している。そして、「共に社会学する」なかから、平和社会学の展開を活性化してきたいと考えている。以上をもって、「平和社会学研究宣言」を閉じたい。

2023年1月
平和社会学研究会

平和思想論と平和構築論（I）：
西洋と日本の平和思想

——高田保馬社会学の復権を含む内外の平和思想を介して平和社会学を考える

西原 和久 ｜ NISHIHARA Kazuhisa

はじめに

　本稿は、先人たちの「平和思想」を再確認して、平和創造への社会学的な社会構想を推し進めるための一種の思考実験的なメモランダムとして書かれている。中心となるのは、平和思想から世界社会の平和構築に向けた予備考察であり、具体的には高田保馬の社会学における世界社会論も交えて、第2次世界大戦後の世界連邦構想をめぐる社会構想の検討である。もちろん、細部の詳細な理論的検討は必要に応じて別途なされるべきであるが、まずは国民国家が確立され始める「近代」以後の平和思想の流れを押さえることで、現在の時点で、そして未来に向けて、平和社会学においていかなる点が問われるべきなのかを考えることが本稿の方向性である。

　いいかえれば、何よりもここでは、いまだ十分な展開を見ていない平和社会学の構築に向けて、これまでの先行者の主要な歩みを確認して、平和社会学からする未来の社会構築への足場づくりが目標となる。第1節で近代西洋の平和思想、第2節で近代日本の平和思想、そして第3節で高田社会学と世界国家の問題、そして最後に戦後の世界連邦構想を概観して、21世紀の平和社会学における課題の検討へと議論を進めるつもりである。

　なお、平和の定義を含めた平和論に関しては、別稿で検討することにする[1]。

1．近代の平和思想を問い直す（1）——西洋の場合

　ここで西洋近代がいつから始まるのかといった議論には立ち入らないが（この点は、拙著『グローカル化する社会と意識のイノベーション——国際社会学と歴史社

会学の思想的交差』参照）、少なくともⅠ.ウォーラースティンのいう「長い16世紀」、つまりいわゆる15世紀の第4四半期から17世紀前半ごろまで（いわゆるルネッサンス期を含む）が、西洋近代への転換期であることは大方の認めるところであろう。

　そこで着目されるのは、ルネッサンス期の人文主義（humanism）の思想家・エラスムスの平和思想である。1517年（ルターの宗教改革の年！）に出版されたとされる『平和の訴え』のなかで彼は、「平和こそ自然が人に授けた最良のもの」（『平和の訴え』：33頁）という点を強調し、「自然は、なんと多くの論拠をもって平和と協調を教え」（同書：23頁）、そして「主は平和を与えられ、平和を遺し贈られた」（同書：38頁）のであるが、「ところがそのキリスト教徒が、今では悪と気脈を通じて、人間同士の戦争に従事している」（同書：50頁）と批判している。そして、「戦争というものがどれだけ神を怖れぬものであるか、もっとはっきりと知りたいとお考えなら、戦争を操るのがいったい何者であるかをよく注意してごらんになるとよろしい」（同書：84頁）と諭しながら、「大多数の一般民衆は、戦争を憎み、平和を悲願しています。ただ民衆の不幸の上に呪われた栄耀栄華を貪るほんの僅かな連中だけが戦争を望んでいるにすぎません」（同書：96頁）と論じた。

　もはや500年以上も前に書かれた『平和の訴え』だが、エラスムスの指摘を追ってみると、現在（2022年4月時点）のロシアのウクライナ侵攻という状況が描かれているようにさえ思われ、背筋が寒くなる感覚を覚えるのは筆者だけではないだろう。そうした認識のもとで、エラスムスは平和についてどう考えているのか。「物資の自由な交易によって、平和はすべてのものを共有にする」が「戦争によってどれだけ多くのものが無に帰すことか！」（同書：86頁）と論じた彼は、「平和というものは多くの場合、われわれが心からそれを望んではじめて本物となるもの。真に平和を望むものは、あらゆる平和の機会を掴まえ、平和の障害となっているものをあるいは無視し、あるいは取り除き、さらに、平和という善を害わないように、耐えがたいことのかずかずを耐え忍ぶもの」だとしたうえで、「不幸にも現状はまるで逆。君主たちは丹念に戦争の温床を求め、和合をもたらすもののすべてにけちをつけてみたり、覆い

隠したりして、戦争の種になりそうなことをことさら強調したり、化膿させたりしている」とも述べていた(同書：76-77頁)。

　引用が多くなったが、上述の文中の「君主たち」という言葉に現在のロシアの侵攻に関係する者の具体的な固有名を貼り付けたい衝動に駆られる点は差し控えて、むしろ以上の少なからぬ引用からは、エラスムスが「自由な交易」という言葉を使い、さらに「われわれが心からそれを望んで」耐え忍んで「本物」の「平和」が得られると指摘していた点に着目しておきたいと思う。平和と交易（そしてそれに伴う交流）という言葉は、後でも同様な言説を取り上げるが、多くの点で「戦争」の対義語であるように思われる。とはいえ、エラスムスは、これ以上に具体的に平和を実現する方策を詳細に論じているわけではない。この点は、社会それ自体の歴史的進展と、それ以後の思想家たちの思索段階を待つ以外にない。なお、同時代的、書誌的には、エラスムス以外にも、ユートピアを描いたトマス・モアや国際法の父とも呼ばれることがあるグロティウスも、平和に関する言説が多数みられるが、ここでは触れるだけにしておこう。

　さて、いわゆるルネッサンス期を経て、明確に「近代」といえる時代においては、サン−ピエール、ルソー、そしてカントの平和思想に着目することができる。明らかに、エラスムスの時代とは異なって、18世紀西洋は具体的に平和構築の方法を考える段階に入り始めたからだ。

　1713年、後のヨーロッパ連合（EU）成立に影響を与えたとされるアベ・ドゥ・サン−ピエールは『永久平和論』の第1巻を刊行する（ここでは『永久平和論1』を参照した）。そこでは、「ヨーロッパの現在の組織体制は、諸条約の履行についてのいかなる十分な保証も決してもたらすことができない」ので、「絶え間のない戦争」が生じていると認識し（第一論考）、それゆえに「ヨーロッパ諸国の社会的結合」の確立を提唱し（第三論考）、そのような「ヨーロッパの諸国の結合は、全キリスト教国の君主・首脳に、自国の内外における平和の恒久性についての十分な保証をもたらすであろう」（第四論考）と論じた。そして最後に、それらの提案をまとめる形で彼は、8個の条項からなる「有用条項」を提示する。その詳細には立ち入らないが、その第八条で彼は「アジア連合」とい

う表現を用いて、「ヨーロッパ諸国の社会的結合に似たような諸国家の恒常的な社会的結合を、アジアでも実現すること」を努力目標に掲げている（第七論考）。サン - ピエールが現在のEUの思想的源流の一つとみなされることは、以上の引用から理解できるだろう。

　これに対して、ジャン＝ジャック・ルソーは1761年、サン - ピエールの『永久平和論』を「抜粋」して論稿にまとめ、そしてほぼ同時期にルソーの執筆だと推察される「永久平和論批判」も残している（ここでは『ルソーの戦争／平和論』を参照した）。この後者「永久平和論批判」の論稿でルソーは、サン - ピエールの永久平和論を評して、「それはしっかりした、思慮に富んだ書物であって、この書物が存在することが極めて重要」だとするが、他方でヨーロッパ共和国ということができるこうした結合に関しては、「君主たちが、現在ではこの共和国の実現に全力で反対するはずだし、……共和国の樹立も間違いなく妨害するはずだ」と認識して（同書：102頁）、その実現可能性を問題視したうえで、さらに「さまざまな革命による以外に国家連合同盟が設立されることはあり得ない」（同書：112頁）として批判した。

　他方で、もう少し時代が経過した18世紀の末（1795年）には、イマニュエル・カントが『永遠の平和のために』を刊行する（ここでは、いくつかの邦訳があるなかで、丘沢静也訳『永遠の平和のために』を使用し、引用する）。カントはサン - ピエールやルソーに学びながら、より「現実的」な思考を推し進めたように思われる。

　まずカントは、これまで本稿では規定してこなかったが、平和について次のように述べる。

　「平和とは、あらゆる戦闘行為が終了していること」だ（同書：13頁）[2]。この言明を含めて、カントはまず「国どうしが永遠の平和を保つための予備条項」を６つ挙げる（同書：第１章）。筆者なりにその６つの内容をまとめると、①将来の戦争の種をもった平和条約は単なる停戦である、②国は所有物ではないので相続・交換・売買・贈与によって別の国に取得されてはならない、③常備軍はいずれ全廃するべきである、④対外紛争のために国債を発行すべきではない（お金が危険な力になるからである）、⑤他国の体制や統治に暴力で干渉すべきではない、⑥平時に互いの信頼を不可能にする（暗殺などの）敵対行為をす

べきでない、となる。とくに③の常備軍の廃止や⑤の他国への暴力的干渉の禁止は、現在でも大いに重要な論点となりうるだろう。

さらにカントは、「国と国のあいだで永遠の平和を保つための確定条項」を3つ掲げる（同書：第2章）。それらは、次のようにまとめられる。①〈国内法〉の問題：「どの国でも市民の体制は共和的であるべきだ」：自由・遵法・平等がキータームとなる、②〈国際法〉の問題：「国際法は……連邦主義を土台にすべきだ」：世界共和「国家」ではない自由な国と国との間の「平和連盟」、③〈世界市民法〉Weltbürgerrecht/ius cosmopoliticum（＝コスモポリタン法）の問題：「博愛的な人間愛ではなく、権利を問題にする」世界市民（＝コスモポリタン）の権利は、誰に対してももてなし［＝歓待（引用者注）］の心をもつという条件に限定されるべき」で[3]、それは「よそ者の権利だからである」（「よそ者が要求できるのは、訪問する権利だ。これはすべての人間に認められている権利で、仲間になりたいと申し出ることができる」）とされる（同書：第2章）。とくに第2章の最後の、この第3の確定条項でカントが論じた「よそ者が要求できるのは訪問する権利だ」に対しては、訪問する相手方である「その土地に住んでいる者との交流を試みてもよい」とも言い換えられ、そうして「離れ離れの大陸どうしが、平和な関係を結ぶことができる」と付け加えつつ、さらに「そうやって人類はついに世界市民（コスモポリタン）の枠組みにさらに近づくことになる」と強調し、こうしたアイデアは「永遠の平和のために必要なアイデア」であると結論づけている（第2章の末尾部分参照）。

さてここからは、いわば本稿の結論を先取りするようであるが、サン‐ピエールやルソーとは異なって、第1に、カントは上述の3つの「Recht＝法・権利」を重視し、なかでもカントにおいて世界市民法（コスモポリタン法）は交流権（圏）の状態を確保する規程で、しかも他の「土地や民族を征服」し「住民たちの存在を完全に無視」するような植民地主義批判をも内包している点が重要だ。しかも第2に、そこからあらためて、国家間の条約締結活動に基づくトランスナショナルな法規共有の基底には、コスモポリタン法の「歓待・交流」の規程があることの指摘が重要である。そして第3に、そうした法規の共有によって、対立的で価値観の異なる国家間での交流促進がめざされている点も重要であ

る。

　以上を踏まえて私見を述べれば、ここではかつて見田宗介が示したように、「交響圏」と「ルール圏」という発想がポイントになるように思われる（見田「交響圏とルール圏」）。後者「ルール圏」は、カント的には「法規圏」と言い換えられようが、その前提にあるのは「交響圏」であり、それは筆者の言葉を用いれば「相互主観的な相互行為」をベースとする「間主観性」の世界であるが、もう一つの重要な点は、そこをベースにした「非戦」の法規圏の確立が重要課題となる点だ。「世界市民法〔・世界市民の権利〕というアイデアは、誇張された空想の法〔・権利〕ではない。国内法および国際法……にかんして、書かれていない法典を補足するものとして不可欠なもの」で、「人類一般の公法〔・みんなに共通する人権というもの〕のために」（第2章の最終段落）、重要課題なのだと言っておくことができるだろう（なお、〔　〕内は訳者自身の補足である）。いろいろ示唆的だが、カントに関してはここまでとしよう。

　さて、そこで本節の最後に、平和に関わる西洋近代の哲学者・思想家として、（逆説的だが）19世紀のG.W.F. ヘーゲルに触れておく。ヘーゲルは『法の哲学』（1821年刊行とされる）において、家族—市民社会—国家の弁証法を示す。しかしそこで、国家は「絶対精神」の「高み」において捉えられ、さらに国家間の闘争によって歴史は展開されるという歴史観（国家闘争史観）が（彼の他の著作でも）示される。そうしたヘーゲルの発想は——近代国民国家が本格化する19世紀までの世界史の記述ではあれ——世界大戦と冷戦を経験した20世紀と、その後の21世紀においては反面教師的に学ぶ点以外に、当面、平和思想を確認する本稿では詳細に論じるべき点はあまりない。そこで、20世紀半ば前後に立ち現れてきた欧米の平和思想に関しては後に論じることにして、ここでは次の論題である日本の近代の平和思想に目を転じてみたい。

2．近代の平和思想を問い直す（2）——日本の場合

　日本の平和思想に関しても、近代以降を中心に見ていきたい。そうした限定を付すと、真っ先に挙げるべきは、開国と国際交流を説いた横井小楠であろう。しかしながら、横井以前に、平和に関する興味深い考えを展開してい

た思想家がいた。それが安藤昌益である。

　1750年代の『自然真営道』の著者として階級批判や平等、さらにはエコロジーを説いて「自然活真の直耕の世」である「自然世」を理想とした安藤は、同時期の『統道真伝』においては、理想社会を無乱、安平、自然の世とみて、軍備の撤廃をも論じていた。「速かに軍学を止絶して悉く刀剣・鉄砲・弓矢凡て軍術用其を忘滅せば、軍兵・大将の行列無く、止むことを得ずして自然の世に帰るべきことなり」（『統道真伝』上：111頁）。とはいえ、江戸時代の封建体制の下で、外国との戦争が喫緊の課題ではなかったので、国家間の戦争が彼の直接の視野に入っていたわけではない。その意味ではやはり、江戸から明治にかけて活躍した横井小楠は着目に値する。

　黒船到来後の万延元年（1860年）に「国是三論」を論じていた横井は、井上毅と対話した際に「開国後の国際関係」に関して興味深い知見を述べていた（1864年の「沼山対話」参照）。筆者自身しばしば引用する箇所ではあるが、ここでもその「対話」から、次の3つの文を繋げて掲げておきたい。「今日の情勢は世界中の国がみんな交通している……」のであって、「ほんとうは中華と夷狄、外国とわが国といった差別などはなく、みんな同じ人類ですから、お互いに交通し、貿易して大きな利益を通じあうのが、今日自然の道理……」なので、「世界に乗出すには、公共の天理をもって国際紛争を解決して見せるとの意気込みがなくてはなりません……」（『国是三論』所収の「沼山対話」：199頁, 200頁, 209頁）。エラスムスと同様に、交易の重要性の指摘は示唆的である。それは、カントのいうコスモポリタン的な交流に通じている。そしてこれらは、現代日本の政府や政治家に向けて書かれたような錯覚にさえ捉われるが、江戸末期の議論である。だが、明治政府はこうした意見に十分に耳を傾けることはなかった。ただし、横井は「国是三論」で富国論や強兵論も説いており、平和論としては限界があったことは間違いない。1850年代に吉田松陰が「幽囚録」で、「いま急いで軍備を固め」、「カムチャッカ、オホーツクを奪い去り」、「南は台湾・ルソンの諸島をわが手に収め、漸次進取の勢いを示すべきである」（「幽囚録」：227頁）と檄を飛ばす時代の風潮のなかで、平和に向けた具体的な社会デザイン構築は難しかったであろう。

　それに対して、明治に入ってから日本の富国強兵が論じられるようになったころ、明確に世界平和を見据えて社会構想を論じる人物が登場する。植木枝盛である。植木は1880年初出の「無上政法論」で、「……世界の治平を致すべきものは万国共議政府を設け宇内［＝世界（引用者注）］無上憲法を立つる」べきことを論じ、しかも「亜細亜の連合は独り亜細亜のみを固むるに過ぎずして未だ世界の乱勢を救正し宇内の治平を致すに足らざる」点にまで論及している。そして植木は、よく知られているように、1881年に「東洋大日本国国憲案」を起草している（ともに『植木枝盛選集』：59-60頁、83-111頁を参照）。すでに植木の思想は、自由民権運動との関係で数多くの検討がなされているが、筆者としては国外的には上記の「万国共議政府」という発想と、国内的には上記の「国憲案」で「聯邦」制を主張して、すでに日本に編入された琉球・沖縄をも一つの自立した州として構想していた点だけをここでは指摘しておきたい。

　さらに、明治時代には、思想・信条の異なる人々から、世界を視野に入れた平和や国家に関するさまざまな主張がなされていく。そうした考え方の差異を浮き上がらせるべく、中江兆民は1887年に『三酔人経綸問答』を著わし、日本を非武装の民主主義国にすることを主張する紳士君、西洋列強に対抗して日本の大国化を主張する豪傑君、そして南海先生を登場させて、南海先生に次のように言わしめている。すなわち、豪傑君は時代遅れであり、紳士君に対しては「思想は種子です、脳髄は畑です」から、「その種子を人々の脳髄にまいておきなさい」、そうすれば「百年か後には、国じゅうに、わさわさと生い茂る……」ようになる可能性があり（『三酔人経綸問答』：99頁）、それゆえ「人々の脳髄は、過去の思想の貯蓄場です。社会の事業は、過去の思想の発現で、「思想が事業を生み、事業がまた思想を生み」ながら進んでいくのです（同書：99-100頁）。南海先生は、人間の思想的な力や主体的な力を強調したのだ。この南海先生の主張がおそらくは、兆民自身の立場ではあろうが、それは必ずしも平和構想への明快な解答提出ではなかったと言わざるを得ない。

　それに対して、主に2つの明確な立ち位置から、日本の将来を平和との関係で見据える人びとがいた。たとえば、キリスト者の内村鑑三である。内村は1892年に「日本国の天職」（『内村鑑三全集1』に収録）を執筆し、世界には「自

国の強大のみを求めて他国の利益を顧みざりし国民」が多いと強調し、さらに
「日本は東洋並びに西洋の中間に立つものにして両洋の間に横たわる飛石（ス
テップストン）の地位」にいるので、「日本国は実に共和的の西洋と君主的の支
那との中間に立ち基督教的の米国と仏教的の亜細亜との媒酌人の位置に居れ
り」と強調する（「日本国の天職」：290頁）。そして内村はその後、明確に非戦論
者に転じて、1903年に「余は日露非開戦論者であるばかりではない、戦争絶
対的廃止論者である」[4]という地点まで進む。それが彼のキリスト教観に基
づくものであることは言うまでもないが、その背景には、あらためて論じた
1924年の「日本の天職」（『日本の名著38内村鑑三』に収録）などにおいて「西洋文
明はその全盛に達して、これは世を救う者にあらずしてかえって滅ぼすもの
であることが分かった」（「日本の天職」：468頁）とする認識がある。さらに、同
時期の別の個所での具体的な発言では「自由国の米国は今や明確なる圧制国と
ならんとしつつあり」（『大系4』：113頁）、そして「殺人術を施して東洋永久の
平和を計らんなどと言うことは以ての外の事」で、「基督教を標榜する露西亜
人の偽善を責め、何処までも非戦を主張しなければなりません」（同書：59頁）
などと記している。いま時代的文脈を無視して、以上の言葉を噛みしめると、
今日においても東アジア、ロシアなどを含め、いろいろな思いが交錯するの
は筆者だけではないだろう。

　2つ目は社会主義者たちの主張である。ここではその例として、安部磯雄
を取り上げてみよう。彼が起草したとされる1901年の「社会民主党」結成の「宣
言」において語られたのは、次の点である。まず「貧富の懸隔を打破すべきか
は実に二十世紀に於ける大問題」であり、「我が党は世界の大勢に鑑み、経済
の趨勢を察し、純然たる社会主義と民主主義に依り、貧富の懸隔を打破して
全世界に平和主義の勝利を得せしめんことを欲するなり」と（『大系2』：76頁）。
さらに彼はそこから、8個の「理想」を列挙し、最初の貧富懸隔状態の打破に
続く2番目に、「万国の平和を来す為にはまず軍備を全廃すること」（同書：77
頁）という点を挙げたことは大いに着目できる。また1903年創刊の『週刊平民
新聞』第一号には、「非戦論演説会」の記事が掲載され、そこに安部の「利害論
と社会主義」の講演の要約も記されており、その結論として「もし平和が人道

であるならば、平和を世界に宣言して、それがために一国が滅びても善いでは無いか」と——この一文に強調のための傍点が付されて——記されている（同書：94頁）。20世紀の初めのこととはいえ、その後の社会主義「国」がとくに一国社会主義として民族主義とも結びついて展開された経緯を知っている現代の人びとは、この社会主義者の言説にどのような思いをいだくであろうか。ここでは、筆者としてはこの言説はかなり共感できる発言だと述べるにとどめておこう。いずれにせよ、以上で、キリスト者と社会主義者の2つの流れにおいて、戦前の「平和思想」の主要な流れを捉えておくことができる[(5)]。

　なお、キリスト者の思潮の流れではあるが、具体的平和構築の実践、とりわけ世界連邦の建設に大きく舵を切った賀川豊彦にも着目できる。だが、賀川豊彦も深く関わった戦後すぐの世界国家・世界連邦の形成という論題に移る前に、平和社会学による社会構想というテーマを掲げた本稿では、社会学それ自体とそこでの議論に関しても、ぜひとも論じておくべきだろう。以下で、戦前から戦後に活躍した高田保馬の社会学の所説に触れながら、世界社会と平和社会学を考えたいと思う。

3．脱国家論の視線
——高田保馬の所説に触れながら世界社会と平和社会学を考える

　社会学は、その草創期の19世紀中ごろには、A.コントやH.スペンサーなどにみられるように、（社会）進化論や（社会）有機体論などに影響を受けて歴史を含めた壮大な社会哲学的傾向をもっていたが（総合社会学と呼ばれた）、20世紀の初めのM.ヴェーバーやG.ジンメルらの現代社会学第一世代以後、人びとの社会的行為・相互行為から出発する限定された研究領域をもつ社会科学の一学問として定着し始めた。ヴェーバーの『社会学の基礎概念』も、行為論から始めて権力と支配を中心に国家および国家内の諸団体までが論述の対象となっていた。その後、E.デュルケムなどの発想も取り入れて、アメリカのパーソンズが1930年代には「社会的行為の構造」を論じ、そして機能主義的な「社会システム」を論じ始めるようになる1950年代に至っては、社会学理論の中心がアメリカに移っていった感がある。だが、それでもやはりパーソンズ

の社会システム論は、経済・政治・社会・文化という四機能要件からなる「国家」という社会システムに主眼の一つが置かれていたように思われる[6]。その点では、1990年前後に日本の社会学でも注目されたJ.ハーバーマスの「コミュニケーション的行為」論における、国家と市場からなるシステムと人びととの（公的・私的な）生活世界との分離などの議論でも、基本的には国家単位を範型とする議論がなされていた[7]。

　なお、日本社会学に関していえば、戦前の社会学は建部遯吾に顕著なように、頂点に天皇を抱く社会有機体としての天皇制国家を論じる社会学が中心であった。しかしながら、戦後の日本社会学の理論的パラダイムは、パーソンズのシステム論的な機能主義系社会学と、史的唯物論などを掲げるマルクス主義系社会学とが対立し、さらに1960年代以降は、行為者の（間）主観性を重視する現象学的社会学などの意味重視系社会学との間で三つ巴の傾向を示していた（拙著『意味の社会学——現象学的社会学の冒険』を参照）。とはいえ、戦後日本社会学においては、社会学はヘーゲル流の「家族—市民社会—国家」の図式のもとでの、（筆者の言う国家内部の市民社会という意味での）「国家内社会」を対象にした学問にとどまっていた。その殻が破られるのは、21世紀を待たなければならなかった。国家内社会を論じるのが社会学であるという見方は、20世紀社会学においては「定説」であったと言ってよい。20世紀の第4四半期には、国際社会学も登場してくるが、「国際」とは基本的に国と国との関係であって、思考の上でも国家の枠組みはほとんど維持されていたというべきであろう。

　しかしながら、そのようななかで、例外的に戦後すぐの社会学シーンに世界社会に関する議論を展開した興味深い社会学者が登場する。その社会学者こそ高田保馬である。高田は、京都帝国大学で社会学や経済学を講じながら、社会学においては『社会学原理』(1919年)、『現代社会の諸研究』(1920年)、『社会学概論』(1922年) などにおいて、社会は「有情者の結合」を土台として、その結合のタイプとして「基礎社会」と「派生社会」があり、そして国家は基礎社会であり、派生社会は利益社会や目的社会であるとした。さらに彼は「結合定量の法則」（人間の結合の量は一定であり、それゆえある部分社会の結合強度が増大すると、他の部分社会の結合強度は減少するという傾向性があるとした）など結合の在り

方の法則性（傾向性）を論じた点において、今日でも注目されている。だが、ア
ジア太平洋戦争中に彼は『東亜民族論』(1939年)や『民族論』(1942年)などをも
刊行して、さらに1944年には「民族研究所」の所長にも就いて、帝国日本の一
翼を担うかのような立ち位置にいた。

　だが、戦後いち早く (1946年に) 高田保馬は (思想政策や民主の意義の議論など
からなる)『終戦三論』[8]を著わし、他の学者の次の表現を引用する形で、「今
度の戦争は、思想問題の取り扱いが適切でなかった為に起ったと云える。言
葉を換えて云えば、国体明徴の行き過ぎがここに導いたと考える」と示した後、
その見方は私と「全く同一の見方」であるとし、「私だけが久しき以前から抱い
たもの」で、「何人にも話さず、話すべき時をまっていた」とした (『終戦三論』：
3頁)。さらに高田は、「国民の耳目を蔽う」「思想鎖国の方針」のもとでは、軍
部や官僚などの権力に「対抗しえず、ただ追随するかせめて沈黙を守る以外に
道はない」状態だったとも述懐する (同書：9頁，14頁)。こうした言述が戦争加
担への十分な反省の弁、あるいは戦争責任への適切な応答なのかどうかはこ
こでは問わないことにしよう。そのこと以上に、そうした戦後すぐの高田の
発想が、過去の思想情況への批判と未来社会への展望を切り拓こうとした点
こそ、ここで注目したいのである。

　高田保馬は、1947年に新たに『世界社会論』を刊行する。その序 (「自序」) で
彼は次のように記す。「過去十年あまり、日本にはヘーゲル国家論の影響があ
まりにも強きに過ぎた。世界の結合が忘れられ、ことに世界国家の形成を永
久に亘りて否定するが如き主張が学問の名に於いて行われた」(『世界社会論』：
自序1頁)。そして彼は続けてこう言う。「『社会学原理』以来の私の思想傾向は
これを黙視させなかった。私の『東亜民族論』は一面に於いてかかる思潮に対
する反対を繰り返し表明している」し、1920年の『現代社会の諸研究』以来、
世界社会の将来は私の関心の一点であった」(同上)。こうした表明の意味する
ところは別途検討することとして[9]、この『世界社会論』の中味に直ちに立ち
入りたい。ただし、ここではその著作の全体を論じるのではなく、ポイント
となるいくつかの章、すなわち基本的視点を論じた第一章と第二章、および
結論的な提言を含む「第六章　世界社会への道」、そして何よりも「第九章　世

界国家への道」を中心に見ていきたい。

　まず高田は、第一章において論題である世界社会を彼の社会学の鍵概念である「基礎社会」との関係で論じる。「世界社会というのは各国家または各民族に限られることなく、世界の各地域の人々をすべて成員として包括する社会である」し、「世界社会は地域限定的ではない」が、「国家、地方団体の如き地域社会の持つ特性をも持っている」ので、派生社会のように「一定の目的、一定の生活方面を中心として成立した社会ではない」のであって、「いわば生活全面に亘り得るところの社会である」ゆえに、「基礎社会」であると捉えられる（『世界社会論』：1-3頁）。とくに彼は若干の注釈において、世界社会において成員たちが「<u>われら</u>として意識し、その意識が成員の態度のなかに作用する」、言い換えると「<u>われら</u>という共同主体として作用する」点も強調していた（同書：3頁、なお下線部は原書では傍点である）。

　このような認識の理由は、第二章で明確となる。「世界又は人類というが如き超国家的なる全体の観念は近代というよりも寧ろ現代の所産」であって、それは「観念的に客観化された国家」同様、「客観的なるものへの結合」と言いうるが、それは「国家の境界をこえたる交通が行われ、それによりて今日個人を最も強く封鎖しつつある国家を超えて、人々の間に人間そのものとしての結合が確立せらるる」事態が進行しているからである（同書：35-36頁）。

　こうした言説が、1990年代前後からのグローバル化論の言説と類似していることに私たちはすぐに気づくであろう。とはいえ他方で、ここに「基礎社会の拡大傾向」が見られ、「世界社会の発端が与えられているけれども、それの十分なる現実がなお遙遠なる将来にのみ期待せらるる」（同書：148頁）状況にあることも確かだとする。そこで、第九章の「世界国家への道」での問題提起に進むこととなる。

　この最終章の主題は世界国家である。「過去における世界国家はつねに世界帝国として計画し着手せられた。けれどもそれは……結実しなかった。武力制圧の組織は武力による離反を、または対抗を生むであろう」（同書：248頁）。そういう事情から「世界国家は少なくともまず諸国家の連合として成立すべき運命と機運をもっている」のであり、それは「カントの企図した諸国家間の連

合が第一段階に入ることを意味する」（同書：248-249頁）。こうした「これらの国家が独立せる存在を保ちながら、一種の契約すなわち連合によりて新たなる統一を作る」段階は、「さらに進みては、この連合が統一意思を合議によりて決定するのみならず、若干の機能に関しては（例えば軍事、外交等）共通の機関によりてこれを執行する」段階に至り、「各国家がその自主性を全面的に放棄し、高次の単一国家を形成するとともに、かつての単一国家が全面的に吸収せられて一つの行政区画ないし地方をなすに至る」ような段階では、「結合によりて古き国家は消滅した」状態となるとする（同書：250頁）。

　なお、こうした論述は、高田自身が表明しているように、朝永三十郎の『カントの平和論』を大いに参照している。高田はとくにわざわざ注記して朝永から長い引用を行っているが、その典型的な高田の言説を２つだけ挙げておこう。「一つの国家に融合する以上、その成員はもはや単一国家ではない。その成員が各自国家の品位を保つ以上は、一つ国家に融合することは出来ぬ。一切の乖離及び争議を法律に依りて解決して干戈の争いを永久に終息せしむる道としては世界共和国の実現が最適切である」として、「国家間の戦争を防止する道としては国家の対立状態を撤廃すること、したがって……国際国家または世界共和国の実現が最端的な道である」と朝永から引用しつつ、戦争防止・平和実現としての世界国家ないしは世界共和国の構想を展開していたのである（『世界社会論』：270-271頁）。ちなみに、高田が引用はしていない箇所で、朝永自身は「国内法より国際法を経由して世界公民法に進まねばならない」点を強調し、「世界公民社会または世界主義cosmopolitanismの実現性」は「人性の根柢に存する」と同時に、それは理想をめざす「統整原理regulatives Prinzip」であると説くカントに同意して、「カントの永遠平和の状態は一定時間に実現せらるるべき状態ではない、永遠の課題、超時間的に妥当する理性の課題である」と述べていた（『カントの平和論』67頁，75-77頁）。

　ここで、高田の用語法について少し補記しておこう。国際主義と世界主義という用語の差異についてである。高田は、「国際主義があくまで国家の自主性と固有の団結とを善とするもの」であり、そうである限り「国際性を強調するにしても、それによりて世界の統一を完全に確立することは出来ぬ」と述べ

る（『世界社会論』：256頁）。それに対して「世界主義はこの国家という中間社会の消滅を目ざさざるを得ぬ」ものであり、「世界主義は世界と個人とを認め、これを究極のものとする」のであって、いわば「非国民であることによりて世界的であり得る」とさえ言及する（同書：257頁）。そうした視点の下で高田は、「世界国家の形成を促進する事情は……相当に増加しつつある」として、現実に「これらの国家の成員そのものが国家を超えて形成するところの世界的なる結合」が見られるからだと示唆する（同書：262-263頁）。そして、国家の伝統的な主権性は「仮構性」をもつもので、相互依存性が高まっている今日、「少なくとも経験科学的なる私の立場から言えば、主権という概念は今日の理論において存立の余地をもたぬ」とさえ論じていた（同書：264-265頁）。

　こうして高田は本書の結論部において、「世界国家の実現可能性」について論じる。世界国家などというのは夢物語に過ぎないという「常識」があるからである。しかし高田は、「世界国家を実現性無きものと解し去ることは出来ぬであろう」（同書：271頁）と述べて、「世界国家の形成までに極めて遠き道程があるというのは一般の常識であるが、事実はそうではない」（同書：273頁）とする。そのうえで、「今や、国際の結合、国家の連合という形式において（来るべきいくつかの時期においては日本をも含めて）すでに個人を成員とする世界社会の組織は出来ている」（同上）と言明している[10]。

　以上のいわば結論的な言述に関して、最後に本稿にとって意義ある2つの重要な論点を示しておきたい。まず第1点は、高田が「世界国家の実現可能性」を論じる際に、朝永三十郎の『カントの平和論』（1931年）を長く引用している点である。とくに着目すべきは、朝永が「唯一可能なる制度は『世界共和国』の積極的理念に対する積極的代用物として、即ち単に戦争防止の手段としてのそれの代用物としての国家の連合又は同盟、即ち自由国家よりなるところの国際連盟の外にない」（『カントの平和論』：57頁）とした点で、まずここに国際連盟と世界共和国との関係が示されていると思われる点だ。そして「諸国家が全然その自主性を放擲しその障壁を撤して一つの国家に融合したものを国際国家と呼び、その範囲が拡大の極に達したものをば世界共和国と名づける」ことができるならば、「一切の乖離および争議を法律に依って解決して干戈の争を

永久に終息せしむる道としては世界共和国の実現が最適切である」と高田保馬が——明確には断定していないが、朝永の主張に沿う形で——匂わせるように思われる点である（『世界社会論』：270-271）。この点は、これ以上高田による論及はないので、筆者は「匂わせる」という表現を用いたが、今後さらに考察に値する点であろう。

　もう1点は、以上の筆者の記述からも読み取れるが、高田の世界社会論の視線は、あきらかに平和の構築に向かっている点である。とくに、「現実の展望」という節では、直近の原爆投下の衝撃がうかがえる。それゆえ、「歴史は一大転換期に際している」として、「原子の時代に戦争はすべてを破壊し尽くすであろう」から「世界国家は……容易に成立するであろう」としていた（同書：274頁）。

　しかしながら、それから75年以上の間、戦争は多発し、核の脅威は解消されておらず、世界国家も成立していない。「容易に成立する」という高田の展望は、いわゆる国際連合（United Nations）としては成立したが、世界国家ないしは世界共和国の状態からは程遠いのが21世紀の現在の状況ではないだろうか。そこで、本稿の最後に、高田の『世界社会論』が刊行されたあたりからの、世界国家ないしは世界政府といった現実の世界統合の動きを、とくに「世界連邦」という言葉をキーワードとして見ておきたいと思う。

4．世界連邦という企て——未来展望への問いとしての世界共和社会

　前節3でみたような高田保馬の世界社会に関する所説は、社会学においてはあまり着目されなかった。一時的とはいえ、高田自身が戦後に戦争協力者とされて京都大学を退職せざるを得なかった事情もある。しかしながら、戦後の日本社会学は、先に示したように、1970年頃までは、一方でアメリカ系からはパーソンズの社会システム論的な機能主義系社会学の登場と、他方で唯物論的な社会構成体論に立脚するとするマルクス主義系社会学の興隆によって、最初の対立軸が明確になった。とくに1950年代以後、そうした理論対立は、実証的データを重んじて日本社会を研究するアメリカ系の社会学者と、哲学的視点も重んじてヨーロッパ系の社会思想的な議論を好む社会学者

の2つの流れにつながっていった。とはいえ、そうした時期の戦後世界は、東西の冷戦時代に突入し始めていた点が忘れられるべきではない。

　そこで、その後の1970年前後に至る戦後日本において、世界国家・世界共和国といった高田の発想に近い社会思想的流れはどうだったのかという問いが生じる。この流れのなかでは、賀川豊彦というキリスト者の存在が非常に際立ってくる。10代の時に「世界平和論」を地元の新聞に連載し、プリンストン大学への留学経験もある賀川は、貧民救済の活動の中から、その後も「農民消費協同組合協会」（1925年）や「全国非戦同盟」（1928年）を結成し、1930年代には明確に、協同組合国家を構想し、国際協同組合化による世界平和の実現も展望して、アメリカでも活躍し、戦後もいち早く日本協同組合同盟（1945年）を組織して会長となっている。その間に賀川は、戦中は反戦運動嫌疑で拘留されたり、戦後は逆に貴族院議員に勅選されたりするなど、波乱に富んだ生活も余儀なくされた。その賀川が1952年に広島開催の第1回世界連邦アジア会議の議長となり、翌1953年には「世界連邦世界運動」の副会長に就任することとなった。日本の社会学ではあまり取り上げられることのない賀川豊彦であるが、何回かノーベル平和賞の候補になったこともあり、文字通り世界的には平和運動と世界連邦運動のリーダーとして著名であった[11]。

　賀川の著作・論文は今日では『賀川豊彦全集』にほとんどが収録されているが、ここでは本稿のテーマに対応する2013年にデジタル版が刊行された『世界国家』を取り上げてみたい。この『世界国家』は、もともとは機関誌『世界国家』に1947年から1957年まで掲載された賀川の論稿などから上述の『全集』用に編集されたものだが、このデジタル版には『全集』に収録されていない1952年の論稿「世界国家の話」も掲載されている。そこでは、原爆の悲惨さやカントの平和論などに触れた後、すでに成立していた国連の不十分さを指摘したうえで、「そこで一層のこと、各国が合意の上、主権の一部を割いて出し合わせ、共通性のより高い一つの主権を作り、人類全体を一つの世界国家に結合しよう」と提案する。さらにここで、この論稿の序にあたる「（1）原子爆弾の危険」の節から引用すれば、世界国家や世界連邦は、「旧来の国家主義に凝り固まった人々からは『ユートピアだ』『夢だ』と反対されますが、ユートピアであるか

いないかは、実行して見ることです。実現は可能です。必要は可能を生むからです」と述べていた。そしてこの論考の本論では、この（1）の節以下で、（2）国家の終焉、（3）連邦議会と大統領、（4）司法権と護民官、（5）平和擁護のための軍隊、（6）基本的人権について、（7）経済平等の原則、（8）人類平等の原則、（9）原子爆弾の話、（10）世界平和に向かって人々はどう努力したか、といった内容で語られている(12)。

　じつは、以上の賀川の論稿の内容は、その用語法においても「世界憲法シカゴ案」に重なっている。その通称、シカゴ草案（正式には「世界憲法予備草案」）はシカゴ大学総長をはじめとする学者たち11名によって1948年に発表された。その前文では、「人間が精神的卓越と物質的福祉において向上することが／全人類の共通目標であり／この目標を追求するためには／普遍的平和の実現が先決条件」であると記され、前文の最後は「諸国家の各政府は／各自の持つ個々の主権を／正義に基づく単一政府の中に移譲し／その政府に各自の有する兵器を引き渡し／ここにその制定するこの憲法をもって／世界連邦共和国の／規約並びに基本法と定めることに／決定したのである」と結ばれている(13)。

　ただし、こうした世界連邦構築の運動の内部では、その考え方が完全に一致しているわけではない。そこにはさまざまな考え方がある。たとえば、田畑の『世界政府の思想』によれば、世界政府の権限について最小限にとどめるミニマリズムの立場と、それと対照的な最大限の立場をとるマキシマリズムとがある。前者の立場としては、1947年に成立した当時最大の世界政府団体とされていた世界連邦主義者連合があり、後者はシカゴ草案に結実した世界憲法審議委員会が挙げられる（『世界政府の思想』：12-13頁）。その間にさまざまな意見を包含する形で多様な団体が成立していた。比較的よく知られたものは、1946年にルクセンブルグに集って成立した「世界連邦政府のための世界運動」があり、それにラッセル、アインシュタイン、シュヴァイツアー、湯川秀樹などのノーベル賞受賞者も賛同して大きな流れとなった団体であろう。そしてこの団体の第1回大会がスイスで開催されて1947年に「モントルー宣言」が決議された。それは、世界の国々全体の加盟をめざすが、そこで作成される世界連邦法は「国家」ではなく、「個人」を対象にして適用されるという原

則も確認されている[14]。ちなみに、1961年には湯川秀樹が第5代目会長となっていたが、この運動は世界連邦世界協会と名前を変えた後、1991年以後は「世界連邦運動」（WFM: World Federalist Movement）と改称されて現在も継続中で、国連憲章の改正や国連改革などにも取り組み、国連の経済社会理事会などとの関係も維持している。その過程で、WFMは、ミニマリズムからマキシマリズムに移行してきたという捉える人もいる（加藤俊作「運動としての世界連邦論」：12頁、参照）。

　なお、日本においては、1948年に尾崎行雄が会長となって「世界連邦建設同盟」が結成され、賀川豊彦も副会長となって活動し、そしてそれは1999年に「世界連邦運動協会」と改称されて現在も日本の政府関係者を巻き込む形で継続している。それ以外にも、宗教者団体や婦人団体からなる世界連邦運動も存在し、全体を束ねる「世界連邦推進日本協議会」を構成して大会も開催している。そのなかでも「世界連邦宣言自治体全国協議会」という、現在では250近い自治体が関わる団体もある。これは、1950年に京都府綾部市が自治体として初めて世界連邦都市宣言を行ってから始まったものである（綾部市の公式ホームページ内の当該の頁を参照されたい：https://www.city.ayabe.lg.jp/kikaku/kurashi/hewa/kurashi/hewa/sengen1go.html）。さらに、NPO法人として「多様性を尊重しながらも人類が共存していける世界平和の実現」をめざすとする「世界連邦21世紀フォーラム」も現在活動している（http://wfmjapan.com参照）。

　とはいえ、現在も続く世界連邦運動全体は、立場も極めて多様で、内容も上述のように1950年代前後とは変化している点も多々あり、全体としてもかつてほどの勢いはないように思われる。上述の1950年刊行の田畑の『世界政府の思想』第一章で論じられているように、この運動は戦後すぐには大きなうねりが見られたが、しかしこのうねりや熱気は意外に早く収まったように思われる。その最大の理由は、おそらくアメリカとソ連を盟主とする「東西冷戦」が顕著となったからである。冷戦時代は、上記の田畑も指摘しているように、ソ連側からみれば、「世界政府と言っても、結局、独占資本の世界支配の武器に利用されるだけだ」（『世界政府の思想』：23頁）とみなされて、世界的な広がりは見られなかったのである。

　被爆国でもある日本の場合でも、戦後は民主化が逆コースをたどるように
なり、とくに1950年の朝鮮戦争開始後は憲法9条のもとでも最終的に自衛隊
が創設され（1954年）、国民間での平和への渇望がねじれ始めていた。1955-
1957年の砂川闘争においては、1959年に米軍駐留は違憲だという伊達判決は
出たものの、すぐに米国の圧力のもと約半年後には最高裁で事実上の逆転判
決が出て、1960年の新安保条約締結にいたるようになる。また、1954年のビ
キニ諸島での被爆問題で原水爆禁止運動が高まりを見せ、1955年には広島で
第1回原水爆禁止の世界大会（砂川闘争の担い手もこれに参加して発言している）
が開かれたが、1960年の新安保条約成立あたりから運動自体の分裂傾向も明
確となっていった。被爆という切実な問題から発する核兵器に関わる平和運
動ですら、こうした状況に陥ることとなり、世界連邦運動自体も下火になる
要因の一つだと考えられる。

　そしてそれに代わるかのように、1969年にJ.ガルトゥングの直接的暴力/
消極的平和に対する構造的暴力/積極的平和を論じた「暴力・平和・平和研究」
論文が著わされ、平和論・平和思想は新たな局面に入ったように思われる。
1965年には世界平和学会が発足し、1973年には日本平和学会も設立され、
1976年にはその学会誌『平和研究』も刊行され、2021年12月で第57号に至っ
ている。そして2003年の第28号では既述のような『世界政府の展望』という
テーマでこの学会誌が編まれて、世界連邦関連を正面から扱っている。とは
いえ、世界連邦運動それ自体は、上述のように勢いを失っていたように思わ
れる。1960-70年代にベトナム戦争反対の反戦平和運動が世界的に盛り上が
り、また「世界革命」を標榜し実践する新左翼系の運動も見られたとしても、
世界連邦運動との関係で議論が十分に深められたわけではない[15]。さらに、
1970年代においては、憲法学者の水木惣太郎が『世界政府と憲法』を刊行して
世界政府関連の詳細な法的検討をおこなったものが目立つ程度であり、1980
年代にはEU論に傾斜しているにせよ国際政治学者の鴨武彦の『国際統合理論
の研究』などがみられる程度であった。

　しかしながら、1990年前後の東欧・ソ連の崩壊による東西冷戦の終結にい
たっては、さらにアメリカ主導による湾岸戦争、イラク戦争、そして9.11に

象徴されるテロとテロとの闘い（アフガニスタン戦争を含む）などの地域的な戦争が際立ち、日本での1992年の自衛隊のPKO活動と称する海外派遣/派兵問題以後、さらに1990年代後半からの沖縄の普天間基地移転（とくに2000年代に入ってからの代替地としての辺野古新基地建設）の問題が焦点化されるようになる。こうしたなかで、2008年には、砂川闘争の伊達判決から最高裁判決に至る米国と日本の政府が一体となって裁判に圧力を掛けた経過が米国における解禁文書の発見で明らかになるといった問題も生じて[16]、ポスト冷戦期には、あらためて平和を問い直す新たな機運が高まっていった。そこで冷戦終結後の1990年代には、先に触れた家永三郎を責任編集者とする『日本平和論大系』全20巻が刊行され、2006年には柄谷行人の『世界共和国』も出版されて、論壇やアカデミズムでも平和問題の検討がクローズアップされ、さらに東アジアの平和構築を柱の一つとする「東アジア共同体」論も21世紀の00年代後半には盛り上がりを見せた。

だが、2010年代に入ると、安倍内閣による安保関連法案（いわゆる戦争法案）や改憲論などから南西諸島のミサイル基地化問題などで、戦争準備態勢が確立されるようになり、国論の分断状態がいまも続いている。そうした中で、（21世紀の00年代に続く第2期というべき再度の盛り上がりを見せた）「東アジア共同体」論は、2010年代半ばから「東アジア共同体研究所」や「東アジア共同体研究会」の発足によって、一段と活発な言論活動が展開されている。とはいえ、トランスナショナルな関係も含めて、そして若い世代との連携も含めて、その議論の深まりと広がりは必ずしも十分ではないと言わざるを得ない[17]。

そして、2020年代冒頭頃からの新型コロナ禍のなか、2022年2月にロシアによるウクライナ侵攻が始まった。この侵攻は、連日のようにSNSを含めて各種メディアで報じられて、いやおうなしに、21世紀の今日においても戦争が現実の出来事として実感できるようになってしまった。ロシアのこの侵攻は一部では新冷戦時代の始まりともいわれ、東アジアにおいても今後さまざまな局面で戦争と平和の問題が再度問い直されることとなったのである。社会学でも2009年に戦争社会学研究会が発足し、2010年代から活発な研究活動を展開しており、さらに2022年1月からは、わが平和社会学研究会も発

足して、少しずつではあるが、社会学も戦争と平和に目を向ける機運が高まってきた。これまでの社会学では、本稿でみたように、国家内社会を対象にする傾向が続いたが、ようやく現代になって戦争と平和というある意味ではトランスナショナルな社会という事態に目が向くようになってきたのである。

おわりに

　筆者自身は、砂川闘争55周年を機に2010年に成立した「砂川平和ひろば」という団体に関わり、新型コロナ禍の2021年からは「砂川平和しみんゼミナール」（2021年度は18回開催）をオンライン中心に開講し、そしていま平和社会学研究会を毎月、オンライン開催している。そうした歩みは小さいが、平和を求める思想や運動は、本稿でみてきたように短からぬ歴史を持っている。そうした先人たちの思想・理論・活動・運動をあらためて問い直しながら、現在および未来の平和構築に向けた社会構想・社会デザインを展開していきたいと考えている。

　そこでは、あらためて社会学の視点からの、①これまでの平和思想・平和論との関連の問い直し、そして②とくに先行の社会学者たちの平和論の再検討 [18]、③戦後とりわけ1960年代以後の世界国家・世界連邦・世界政府・世界共和国の思想と運動といった社会構想（社会環境デザイン）の再検討、以上が社会学研究者としての（筆者なりの）当面の主要課題である。その際、筆者としては具体的には、（すでに論じてきたことだが今回は触れていない）「琉球共和社会憲法案」（西原2020）から、上述の「東アジア共同体」の具体的な活動を通じて、いわば「世界共和社会」の構築へと歩みを進めたいと考えている。そのとき、権力の問題やマイノリティの問題、そして現在および未来の（ガルトゥングのいう意味での）直接的暴力/消極的平和の問題の解決が大前提となるゆえに、平和維持組織の在り方も喫緊の論題となるであろう。

　社会学研究者以前の日常生活者としては、長い思想の歴史を持ちながらも十分には現実化していない永遠平和論の検討だけでなく、ウクライナの場合も含めて、「戦争殺人」を回避するための「平和構築」はいかにすれば可能かと常に問うている。そしてそのさいには、国家を超えるトランスナショナルな

志向と思考が重要だと筆者は考えているが、そのときミニマム・マキシムの世界連邦案を超える新しい（いわば第3の）道は存在するのか、こうした大きな問いにも今後とも大いに関心をもって取り組んでいきたいと考えている。そして、現在はアジア太平洋戦争はおろか、朝鮮戦争、ベトナム戦争も体験していないより若い世代の――ガルトゥングの平和学を踏まえつつ――東アジアを射程に入れた平和学の進展が見られる[19]。このことも視野に入れて、「トランスナショナルな人際交流の活性化」と「東アジアの共生と連携」の進展を求めて、そしてさらには今後に向けた「グローバル・ガバナンスに関わる個人と世界とをつなぐメディア環境の問題」をも顧慮しながら、平和社会学の構築に努めたいと思う[20]。

注
（1）　今回は、平和の多様な定義に関しては詳細には立ち入らないが、筆者の問題意識は、「分断社会」における人びとの「対立・抗争」を乗り越え、トランスナショナルな共生と連携に基づく社会関係の構築にある。だが、その大前提としては、暴力のない社会の実現が基礎となる。そして最終目標も非暴力の世界にある。だが、現代社会では、国家の暴力に象徴されるように、国家は、対外的には戦争という国家暴力の発動を可能にし、対内的には秩序維持などの名目で人びとを暴力的に統制し、戦争にさえも駆り出すような「力」をもっている。それゆえ、近代国民国家を柱とする現代国家と暴力の問題がここでの焦点となる。

　　　このように、「平和」を考えるには「暴力」が大きなテーマとなる。と同時に、その「暴力」を正当化する論理の解明も、平和社会学にとって問われるべき課題である。パーソナルな相互行為のレベルから、グローバルな国際関係のレベルにおいて、平和の問題は暴力の問題と深く関わりながら、私たちの前に課題として突き付けられている。本稿では、主に戦争に関する暴力を乗り越えていく方策に焦点を当てているが、「区別・蔑視・排除」からなる社会的差別や社会的な格差や不平等などが相互行為場面で現実化される制度的構造的な暴力や、言葉による暴力および暴力を正当化する言説などからなるいわば言語的文化的な暴力にも目を向ける必要があると考えている。

　　　要するに、「暴力を無化する論理」と「平和を創造する論理」とつながっているので、この点で筆者はヨハン・ガルトゥングの平和論をもあらためて検討する別稿を準備しているが、上述のように、本稿では戦争との対比での平和の問題の焦点化に主眼がある点を明記しておく。

（2）　これまで邦訳では、岩波文庫の宇都宮芳明訳のように、「平和とは一切の敵意が終わること」と訳されてきたが、丘沢のいうように、ドイツ語の単数のhostilitätは英語ではたしかに敵意(hostility)だが、複数のhostilitätenはむしろ「敵対行為・戦闘行為」(hostilities)のことであるので、平和を語るのであれば、この文脈では敵意ではなく戦闘行為と訳した方が適切だろうと筆者も判断している。

（3）　宇都宮訳の47頁では、この第3の確定条項は、「世界市民法は、普遍的な友好をもたらす諸条件に制限されなければならない」とされている。

（4）　引用は家永編の『日本平和論大系4』の45頁から。この『日本平和論大系』は非常に役立つ資料である。以下では、『大系』と略記して『　』内に巻数も付しておく。

（5）　もう少し日本の平和思想の広がりを捉えるためには、上述の『大系』のほか、田畑忍編『近現代日本の平和思想』も―『近現代世界の平和思想』とともに―役に立つ。

（6）　なお、その後パーソンズは、ネオ進化論的立場に立って世界史を論じたり、晩期近くのパーソンズは「人間の条件」システムに突き進む誇大理論を展開したりするが、こうした点にはここでは立ち入らないことにする(次の注(7)も参照)。

（7）　こうしたパーソンズやハーバーマス、および次の段落の日本の社会学史に関する論点に関しては、西原(2006)や西原(2016)などを参照していただきたい。

（8）　なお、以下の引用の表記は引用者が現代表記に近づけて示した。古い文献に関しては本稿の他の個所でも同様である。

（9）　本誌所収の拙稿「平和思想論と平和構築論（Ⅱ）」を参照いただきたい。

（10）　ただし、「それに防衛的機能を営ましむることによって、世界国家の形成は完くなる[＝完成する：引用者注]と補足的に続けていることを記しておく。

（11）　賀川に関しては評伝も数多いが、ここでは概説的な三久忠志『賀川豊彦伝』の年譜を参照した。

（12）　ただし、デジタル版は節の番号にやや混乱があるように思われるので、本文のようにまとめておいた。

（13）　引用は田畑茂三郎『世界政府の思想』の222-223頁からである。引用文中の「／」は改行を表す。なお、世界連邦運動の歴史に関しては、田中正明の『世界連邦 その思想と行動』が役に立つ。また、社会学者の手による翻訳で、ジョン・デューイもまた世界連邦的な在り方への期待を述べている（デュウィ「単一世界社会への道」参照）。

（14）　この宣言に関しては、加藤俊作の論稿(日本平和学会編の2003年の『世界政府の展望』の10頁以下)も参照されたい。

（15）　なお、1960年代には、ベ平連(ベトナムに平和を！市民連合)の小田実の論稿などを含む鶴見俊輔責任編集の『平和の思想』も刊行されていたことを付け加えておく。

（16）　この問題に関しては、本誌所収の拙稿コラムの「暴かれた密談とその後」を参照願いたい。

（17）　筆者自身による2021年の「東アジア共同体」に関する論稿や2022年の報告書

などを参照願いたい。なお、前者の論稿は、日中社会学会の『21世紀東アジア社会学』に掲載のものだが、さらに『東アジア共同体・沖縄（琉球）研究』(2021年) にも転載されている。ちなみに、沖縄からの「世界連邦」に深く関わる本もある。たとえば、比嘉厚夫(2011)や下地恒毅(2015)が沖縄発の世界連邦の提唱本である。だが、その著者たちの思いは十分に分かるが、今後はさらに社会（科）学的な精緻な議論が必要だと思われる。

(18)　これに関しては、P. A. ソローキンの利他主義に筆者は着目しているが、ここでは本稿と関わる平和活動の実践にも関与したW.E.B. デュボイスとその著書『平和のための闘い』を挙げておくことができる。

(19)　金敬黙『越境する平和学—アジアにおける共生と和解』がこうした平和学の好例である。さらにアジアとの関係では佐藤幸男ほか編『〈周縁〉からの平和学—アジアを見る新たな視座』が示唆に富んでいる。

(20)　ここで、この「おわりに」の議論をもう少し補足・敷衍しておくと、1990年前後の東西冷戦の「終焉」後に、EUが成立し、ASEANのまとまりも進展した一方で、アメリカの一極支配的な状況も生まれつつあったが、21世紀には中国の台頭が見られ、2010年代には明確にロシアの侵略的な姿勢が明確になった。だがそれは、「新冷戦」の時代というよりも、「東西冷戦の残滓」と呼べる面もある。それゆえ、筆者は、国家体制を越えた問題としての「国家主義」を批判し、脱国家論的思考・志向というトランスナショナリズム論を展開してきたつもりだ。

　そしてそのさいに、反戦・非暴力・不服従の「砂川闘争」の平和運動の精神から、非戦や連携の方向を明確にし、さらに（世界共和「国」ではない、川満信一流の「琉球共和社会」の延長上にある）世界共和「社会」への一歩としての東アジア共同体と、今後の課題としての本稿からも見えてきた「国連改革の理念と方法」の検討へと進む方向性（ただしその場合は、世界政府と個人主権—ここでは個人単位の直接選挙で国連代表を選出する仕組み—の方向性）での具体的な道を検討すべきであろう。

　なお、D. ヘルドはその『コスモポリタニズム』において、コスモポリタニズムの制度的次元や国連二院制などの提案を含むグローバル・ガバナンスを論じている。民主主義との関係で検討するに値する議論である。とはいえ、筆者としては、いま「社会学的」に見て重要なのは、そして長期的に見ても、国境を越える「トランスナショナルな交流」の重要性であり、国際関係から人際関係へ、つまり人際（にんさい）交流の活性化であると考えていることを、最後に付け加えておく。

文献　＊以下では、外国文献に関して、邦訳のあるものを優先し、その邦訳の出版年を示してある。なお、邦語文献に関しては、可能な限り文庫等の入手しやすいものを優先した。

安部磯雄(1993)「社会民主党宣言」「週刊平民新聞(抄)」家永三郎責任編集『日本平和論大系 2』日本図書センター

安藤昌益(1966)『統道真伝(上)』奈良本辰也訳注、岩波文庫

デュウィ、ジョン（1947）『単一世界社会への道』本田喜代治訳、総合アメリカ研究所

デュボイス、W. E. B.（2018）『平和のための闘い』本田量久訳、ハーベスト社

エラスムス（1961）『平和の訴え』箕輪三郎訳、岩波文庫

ガルトゥング、ヨハン（2019）「暴力・平和・平和研究」藤田明史編訳『ガルトゥング平和学の基礎』法律文化社

ヘーゲル、G. W. F.（2000/01）『法の哲学（上・下）』上妻精・佐藤康邦・山田忠彰訳、岩波書店

ヘルド、デヴィット（2011）『コスモポリタニズム──民主制の再構築』中谷義和訳、法律文化社

比嘉厚夫（2011）『沖縄から提唱する世界連邦政府』ボーダーインク

家永三郎責任編集（1993）『日本平和論大系 2』日本図書センター

家永三郎責任編集（1993）『日本平和論大系 4』日本図書センター

賀川豊彦（2013）『世界国家（デジタル版）』国際平和協会

鴨武彦（1985）『国際統合理論の研究』早稲田大学出版部

加藤俊作（2003）「運動としての世界連邦論」日本平和学会編『平和研究28　世界政府の展望』早稲田大学出版部

カント、イマヌエル（2022）『永遠の平和のために』丘沢静也訳、講談社学術文庫

カント、イマヌエル（1985）『永遠平和のために』宇都宮芳明訳、岩波文庫

金敬黙（2019）『越境する平和学──アジアにおける共生と和解』法律文化社

柄谷行人（2006）『世界共和国へ──資本＝ネーション＝国家を超えて』岩波新書

見田宗介（1996）「交響圏とルール圏──社会構想の重層理論」『岩波講座 現代社会学26 社会構想の社会学』岩波書店

三久忠志（2020）『改訂版 賀川豊彦伝──貧しい人のために闘った生涯』文芸社

水木惣太郎（1974）『世界政府と憲法』有信堂

中江兆民（1965）『三酔人経綸問答』桑原武夫・島田虔次訳・校注、岩波文庫

西原和久（1998）『意味の社会学──現象学的社会学の冒険』弘文堂

西原和久（2006）「社会学の歴史（2）：日本の社会学史」宇都宮京子編『よくわかる社会学』ミネルヴァ書房

西原和久（2016）「日本における社会学理論の展開──グローバル化する二一世紀社会への課題」池岡義孝・西原和久編『戦後日本社会学のリアリティ──せめぎあうパラダイム』東信堂

西原和久（2020）「沖縄の社会思想と東アジア共同体論──川満信一と琉球共和社会憲法の生成」東アジア共同体研究所 琉球・沖縄センター編『沖縄を平和の要石に 1──地域連合が国境を拓く』芙蓉書房出版

西原和久（2021）『グローバル化する社会と意識のイノベーション──国際社会学と歴史社会学の思想的交差』東信堂

西原和久（2021）「東アジア共同体形成の意義と課題をめぐる考察──木村朗氏との対話を手掛かりに」『東アジア共同体・沖縄（琉球）研究』第 5 号

西原和久（2022）『沖縄から学ぶ社会思想とトランスナショナリズムの展望──いま

平和社会学の構築に向けてアジアで問うべきこと』(科研費報告書：未公刊)

西原和久(2022)「社会学研究における「平和」という課題——日本社会学史に触れて」『社会イノベーション研究』第 17 巻 2 号

ルソー、ジャン＝ジャック(2020)『ルソーの戦争／平和論——戦争法の諸原理』と『永久平和論抜粋・批判』永見文雄・三浦信孝訳、勁草書房

サン - ピエール、アベ、ドゥ(2013)『永久平和論 1』本田裕志訳、京都大学学術出版会

佐藤幸男・森川裕二・中山健司編(2019)『〈周縁〉からの平和学——アジアを見る新たな視座』昭和堂

下地恒毅(2015)『世界危機を救う世界連邦——沖縄から平和を考える』幻冬舎

田畑茂三郎(1950)『世界政府の思想』岩波新書

田畑忍編(1993)『近現代日本の平和思想』ミネルヴァ書房

田畑忍編(1996)『近現代世界の平和思想』ミネルヴァ書房

高田保馬(1919)『社会学原理』岩波書店

高田保馬(1920)『現代社会の諸研究』岩波書店

高田保馬(1922)『社会学概論』岩波書店(改訂版 1949 岩波書店、なお『高田保馬・社会学セレクション 3』に富永健一の解説を付した新版『社会学概論』(2003)がミネルヴァ書房から刊行されている)

高田保馬(1935)『民族の問題』日本評論社

高田保馬(1939)『東亜民族論』岩波書店

高田保馬(1942)『民族論』岩波書店

高田保馬(1946)『終戦三論』有恒社

高田保馬(1947)『世界社会論』中外出版

高田保馬(1952)『社会学』有斐閣

田中正明(1974)『世界連邦 その思想と運動』平凡社

鶴見俊輔責任編集(1968)『戦後日本思想体系 4 平和の思想』筑摩書房

朝永三十郎(1931)『カントの平和論』改造文庫

内村鑑三(1892)「日本国の天職」『内村鑑三全集 1』

内村鑑三(1924)「日本の天職」松沢弘陽責任編集『日本の名著 38 内村鑑三』中央公論社

内村鑑三(1903)「戦争廃止論」家永三郎責任編集『日本平和論大系 4』日本図書センター

内村鑑三(1904)「余が非戦論者となりし由来」家永三郎責任編集『日本平和論大系 4』日本図書センター

植木枝盛(1974)「無上政法論」『植木枝盛選集』岩波文庫

植木枝盛(1974)「東洋大日本国国憲案」『植木枝盛選集』岩波文庫

ウェーバー、マックス(1953)『社会学の基礎概念』阿閉吉男・内藤莞爾訳、角川文庫

横井小楠(1986)「国是三論」『国是三論』花立三郎訳注、講談社学術文庫

横井小楠（1986）「沼山対話」『国是三論』花立三郎訳注、講談社学術文庫
吉田松陰（1984）「幽囚録」松本三之介責任編集『日本の名著31吉田松陰』中央公論
　　社

平和思想論と平和構築論（Ⅱ）：
近代中国における平和思想と世界主義
—— 20世紀前半の日中知識人を中心に平和社会学の視座を探る

西原和久 | NISHIHARA Kazuhisa

はじめに

筆者は少し前に、平和創造に関連して「平和思想論と平和構築論（Ⅰ）」という論稿を書いた（本誌に所収）。そこでは、近代西洋の平和思想、近代日本の平和思想、さらに高田保馬の社会学と世界国家の問題と、未来展望としての世界連邦関連の歴史を概観した。そして結論部において、世界を視野に入れた平和のための東アジアの共生と連携についても言及した。しかしながら、この論考では東アジアの「大国」中国に関しては論及することがなかった。

そこで、世界とくに東アジアの平和にとって鍵となりうる中国の平和思想について、あらためて本稿で論じたいと思う。ただし、中国は長い歴史を持つ国であり、この小論で通史的に論じきることはできない。そこで本稿では、中国の近代、とくに清末から中華民国期の歴史を中心に論じていきたいと考えている。時代的には、20世紀の前半が焦点となる。それは、中国において、この時期が近代国民国家の成立期であるという理由に基づくが、さらにその時期の平和思想やそれと関連する社会構想が、現代中国のあり方をも照射する可能性があるからである。それゆえ本稿は、筆者におけるいわば現代中国論の第一弾であると捉えていただいて構わない。今後とも、日中関係・日中交流を中心に、中国関連の論稿を世に問うつもりである。その意味で、本稿は中国関連論考の序論的な位置にあるということができる。

1．20世紀前半の高田社会学と世界主義・再考
──問われていることは何か

　筆者は上述の拙稿（以下では、これを「平和思想論1」と表記する）において、世界主義的発想と東アジアへの焦点化をめぐって平和「社会学」的視座についても論じたつもりである。そして、その一例として、日本の高田保馬の社会学に論及した。ただ、そこでは触れなかった高田の1920年刊行の『現代社會の諸研究』を手掛かりに、アジア主義と世界主義に関して補足的に再検討しておきたい。高田はこの著の「序」で「将来社会観如何は一方社会学最終の問題であるとともにその最初の問題」であり、「学体系の生命をなす重要問題である」（引用に際して表記はなるべく現代風に改めた：以下同様）と述べた（『現代社會の諸問題』序1頁）。そしてさらに、その本論第一編「将来社会観の種々」の最初の論稿「ジムメルとスペンサアとの将来社会観」においては、次のように問題設定する。現代（執筆時の1919年執筆当時）は、「一つに民族的国民的団結の傾向が最も強く人々を支配する、而して、人類的結合の傾向がこれが為に不断の圧迫を蒙る」状況で、「人類の結合世界的団結がこの地上に実現させられる日ありや否やの問」は保留せざるを得ないとしても、「人類的団結が成立することと想定する」と、「われわれの社会は如何なる道行によりてこの世界的団結を実現すべきかということを考えたい」（同書本論3頁）と記す。

　すでに「平和思想論1」で述べたように、高田保馬は戦後すぐの1947年に『世界社会論』を刊行し、その序（「自序」）で「過去十年あまり、日本にはヘーゲル国家論の影響があまりにも強きに過ぎた。世界の結合が忘れられ、ことに世界国家の形成を永久に亘りて否定するが如き主張が学問の名に於いて行われた」（『世界社会論』：自序1頁）と記していた。だが、上記で着目した著作『現代社會の諸研究』はそれより25年前の高田社会学の最初期の著作の一つであった。それゆえ、高田は世界国家の問題について、1919年の「『社会学原理』以来の私の思想傾向はこれを黙視させなかった」し、1920年の『現代社會の諸研究』以来、世界社会の将来は私の関心の一点であった」と書き添えていたのだ（同書：同頁）。そうした高田の視座を踏まえて、高田社会学の平和社会学としての展望をいわゆるアジア主義と世界主義との関係で、少し補足しておきたい。

　高田は、この初期の『現代社會の諸研究』の段階から、〈国家的結合⇒民族的結合⇒廣民族的結合⇒人類的世界的結合〉を説いていた[1]。その点で、しばしば批判される戦時下の 3 つの「民族論」(『民族の問題』『東亜民族論』『民族論』) のそれぞれを丁寧に読むと、この「結合」論の視点が彼においては妥当なものだと理解できる。その意味で、高田は決して当時提起されていた帝国主義的な〈東亞協同體〉を擁護・主張しているわけではないどころか、むしろそれに対して批判的であった。つまり、高田の視線は「世界主義」に照準されていたのである。たとえば、すでに『民族の問題』(1935) においても、「世界主義と民族主義」の論稿を冒頭に据えて次のように主張している。「世界主義とは何ぞや。私はこれを人類平等の主義であると考える」ように、私自身「本来平等主義者で」、いまの時代において問うべき点は「一は階級の問題、二は婦人の問題、三は民族の問題」である (『民族の問題』: 6 頁)。さらに高田は、「国際主義は国家主義と世界主義との折衷であり」、「私は一個の世界主義者」であって、「私は一個の世界主義者であるが故に、真の意味における民族主義者ではない」(同書: 4-5 頁) としていた。また、その後の日中戦争時の『東亜民族論』(1939) でも、東亜民族と世界的社会との関係を論じ、さらにアジア太平洋戦争時の『民族論』(1942) では、東亜民族主義という「廣民族主義」についても論じていたが、しかしそれも、上述のような、国家主義⇒民族主義⇒廣民族主義⇒世界主義という視座のもとで批判的に論じられていたのだ[2]。こうした視座において、筆者は高田保馬における民族論と世界主義の展開の可能性として考えることができると考えている。

　なお、さらに補足的な事項として、高田社会学の用語法についても言及しておこう。この点も「平和思想論 1」でも触れたが、国際主義と世界主義という用語の差異についてである。高田は、『世界社会論』において、「国際主義があくまで国家の自主性と固有の団結とを善とするもの」であり、そうである限り「国際性を強調するにしても、それによりて世界の統一を完全に確立することは出来ぬ」と述べっていた (『世界社会論』: 256頁)。それに対して「世界主義はこの国家という中間社会の消滅を目ざさざるを得ぬ」ものであり、「世界主義は世界と個人とを認め、これを究極のものとする」のであって、いわば「非

国民であることによりて世界的であり得る」とさえ言及していた（同書：257頁）。そうした視点の下で高田は、「世界国家の形成を促進する事情は……相当に増加しつつある」として、現実に「これらの国家の成員そのものが国家を超えて形成するところの世界的なる結合」が見られるからだと示唆する（同書：262-263頁）。そして、国家の伝統的な主権性は「仮構性」をもつもので、相互依存性が高まっている今日、「少なくとも経験科学的なる私の立場から言えば、主権という概念は今日の理論において存立の余地をもたぬ」とさえ論じていた（同書：264-265頁）。

　こうして高田はこの書の結論部において、「世界国家の実現可能性」について論じたのであった。世界国家などというのは夢物語に過ぎないという「常識」があるからである。しかし高田は、「世界国家を実現性無きものと解し去ることは出来ぬであろう」（同書：271頁）と述べて、「世界国家の形成までに極めて遠き道程があるというのは一般の常識であるが、事実はそうではない」（同書：273頁）とする。

　高田のこうした認識は、次のような現状認識があるからだ。すなわち、「世界又は人類というが如き超国家的なる全体の観念は近代というよりも寧ろ現代の所産」であって、それは「観念的に客観化された国家」同様、「客観的なるものへの結合」と言いうるが、それは「国家の境界をこえたる交通が行われ、それによりて今日個人を最も強く封鎖しつつある国家を超えて、人々の間に人間そのものとしての結合が確立せらるる」事態が進行しているからである（『世界社会論』：35-36頁）。そのうえで、「今や、国際の結合、国家の連合という形式において（来るべきいくつかの時期においては日本をも含めて）すでに個人を成員とする世界社会の組織は出来ている」（同書：同頁）と言明していたのである。「各国家がその自主性を全面的に放棄し、高次の単一国家を形成するとともに、かつての単一国家が全面的に吸収せられて一つの行政区画ないし地方をなすに至る」ような段階では、「結合により古き国家は消滅した」状態となる（同書：250頁）。高田保馬における「脱国家的」な思考と志向がここに述べられているということができるであろう。この点が、現代社会においても「問われていること」の一つではないだろうかと筆者は考えている。

　さてそこで、そうした問いの視角から——平和社会学的に高田社会学を解読する作業はすでに前論文においても少なからず言及してきたのでここまでとし——次はいよいよ中国の平和思想について論及してみたい。

2．中国の平和思想の萌芽——中国思想家群像と近代の日中知識人の交流

　中国の平和「思想」を本格的に論じようとするならば、儒家を中心とする中国春秋時代以後の諸子百家に言及する必要があろう。しかしながら、いわゆる「修身斉家治国平天下」の儒教的観点からは、国家において天下を取る式の国家論が中心になり、脱国家的な志向はほとんど見られない。老荘思想は脱国家という点では見るべき点が少なくないが、社会理論としての成熟度には疑問符が付く。そこで、ここでは諸子百家のなかにおいても、墨子と 19 世紀末の代表的な儒教的発想にだけ触れておこう[3]。

　墨子はその著『墨子』において、「もし一人の人間を殺せば、これを不義といい、一つの死罪を犯したものとされる」が、「いま他人の国を攻めるという大きな不義を働く者が現れても、これを非難することを知らないばかりか、かえってこれを誉めて正義であるという」(『墨子』：53 頁) と記す。まさにこれは、「兼愛」(自他等の区別なく自分を愛するように他者を愛すること) とともに、「非攻」(非戦) を主張した墨子の核心の (孔子批判を含む) 思想である。とはいえ諸子百家では、儒教の流れが「正統派」で、孔子や朱子の教えが支配者公認の思想となったことはよく知られている。しかし、儒教の流れの中でも、興味深い言説がないわけではない。それが中国清末の改革者・康有為の発想である。清末の戊戌変法を主導した康有為 (1858-1927) は、その著『大同書』において、拠乱世⇒升平世 (小康)⇒太平世 (＝大同) の三世説に拠って「今、人類の惨禍を救い、太平の楽しみをもたらし、大同の公益を求めようとするなら、かならず国界を除去し国家の原理を否定することから始めなければならない」(『大同書』：訳 116 頁) とか、「国界を除くには家を除くことから始まる。家を除くには、男女の平等独立の道理を実現しなければならない」(同書：41 頁) などと述べ、さらに別の箇所では「国を去って、以って地球を合するの計をなさんと欲す」などとも述べて、一種の「世界連邦的構想」にも触れていた (同書：12 頁、参照)。

　もちろん、現実政治においては、戊戌の改革は失敗に終わり、康有為自身も日本などに亡命し、その保守派としての「大同」的発想が活かされたわけではない。しかしながら、こうした長い中国思想の伝統の下で、新たな思想傾向も清末に立ち現れていたことに私たちは注目することができる。そこで、以下では、日中交流にも留意しながら20世紀前半に焦点を定め、当時の留学生の動向と、康有為の弟子筋の梁啓超の言説に言及してみよう。

　20世紀初頭には、日本への中国人留学生が際立った時期である。中国人留学生は、1898年には61人、1902年には200〜250人程度だと推定されているが、その後、中国人留学生は急増し、1905年には約8千人（厳安生『日本留学精神史』参照）、ピーク時の1906年には、約1万2千人と推定されている（中島岳志『アジア主義』参照）[4]。戦前のピーク時段階の中国の人口が4億人といわれていた時代に1万前後を数える中国人留学生が日本に来ていたことは特筆に値するであろう。しかも、彼らはその後、20世紀前半の社会変革において大活躍するのである。ちなみに、このころの中国知識人の日本滞在者（留学生・亡命者など）の代表格は、後にも触れる孫文であり、康有為や梁啓超であり、さらに宋教仁（早稲田大学などで学んだ国民党創設者の一人で後に袁世凱に暗殺された）や李大釗（中国共産党創設者の一人、早稲田大学留学）であり、そしてもう一人の中国共産党創設者・陳独秀（彼については後述するが、北部（北京中心）にいた李大釗とともに「南陳北李」と称されて、中国南部で主に活躍した共産党の中心メンバーであった。なお彼は早稲田で学んだとされているが、詳細は不明である）など、その数は枚挙に暇がないほどである。

　中国の清末の混乱の中で、いち早く近代化した日本に学ぼうという当時の中国支配層の姿勢が背後にあったが、日本留学組の梁啓超の次の言葉は示唆的である。のちに康有為から離反した梁啓超は、ある文献で、留学生として日本に来るメリットについて述べている。「……日本語の文章を学び、日本語の書籍を読んだおかげで、今まで見たことのない書物が、次々眼前にあらわれ、いままでつきつめたことのなかった学理が、頭脳に躍動した。……同志たちに声を大にしていいたい。『新しい学術に志すわが国の人々よ。ぜひ日本文を学んでほしい』」（『梁啓超文集』：124-125頁）と。そして彼は、「日本文を学べば、

数日にして手応えがあり、数カ月たてば大きな成果があって、日本の学術が
すっかり自分のものになるのである」(同書：126頁) とか、「日本の志士は漢文・
漢語を学ぶこと、支那の志士は和文・和語を学ぶことが、第一に重大なのであ」
り、日本とわれわれは唇歯兄弟の国であって、互いに分け隔てる境界をなくし、
手を携えて協力しなくては」ならない (以下略)」(同書：128頁) などとも述べて
いた。

　いまあらためて、東アジアにおける共生と連携、あるいは平和な世界の構
築を構想するとき、こうした日中関係を含めた交流の姿勢の重要性を再認識
する必要があるだろう。そこで、次節では、日中知識人の交流の具体例とそ
こでの平和思想の展開に関して、20世紀初頭の歴史に学ぶ試みに着手してみ
たい。まずは、陳独秀である。

3．近代中国における民主主義と世界主義——陳独秀と李大釗

　日本においては、毛沢東や鄧小平などと比べて一般の知名度は低いが、中
国共産党創設の中心メンバー・陳独秀の思想は注目に値する。陳独秀は、
1879年に中国の安徽省で生まれた。その詳細な経歴は概説書 (たとえば長堀祐
造『陳独秀——反骨の志士、近代中国の先導者』など) に任せざるを得ないが、彼は
合計で5回、日本に来て研究・執筆・活動などをおこなっていた日本留学組
である。1900年に義和団事件に遭遇し、その後、日本に来て「励志会」なる団
体で活動もしていたようだが、1903年にその会の指導者の辮髪を切り落とす
という事件で中国に強制帰国させられたエピソードの持ち主でもある。帰国
後、黄興らの興華会に参与したようだが、その後再び来日し、正則で英語、
アテネフランセで仏語なども学んで、さらに東京で雑誌編集にも従事してい
た(この間に一時帰国して杭州で辛亥革命にもかかわったようだ)。

　しかしながら、何といっても彼の名前を一躍有名にしたのは、1915年に中
国に帰国して、青年雑誌 (2年目からは『新青年』と題した雑誌) で、平易な言葉で
記述する「白話文」使用を提唱して、一種の文化運動 (「新文化運動」) の推進者と
なったことであろう。そして思想的には「デモクラシーとサイエンス」の重要
性を主張する論客として活躍した。その名声に呼応して、1917年には北京大

学文科学長に任命されて、北京大学図書館長の李大釗らとの交流も深めた（ちなみにこの時、毛沢東はこの図書館員であった）。しかし、1919年に五四運動が起こり、それに呼応する形で「北京市民宣言」をおこなった陳独秀は、学長を罷免されて上海に移った（この時期までの新文化運動論を含む彼の主要論考は『陳独秀文集1』に収録されている）。そしてそこで、李大釗と共に中国共産党を結成し、翌1921年には共産党の第1回全国代表大会が開催された（ちなみに、陳独秀も李大釗も都合で参加できなかった）。だが、中国共産党はコミンテルン（スターリンのソ連主導の第三インターナショナル）が指導する形となり、1923年に陳独秀は反対したが押し切られて「国共合作」がなされた。自らの手で改革を進めたいと願った陳独秀の抵抗もむなしく、彼は1927年には共産党総書記を解任されてしまう（この時期までのコミンテルン論を含む論考は『陳独秀文集2』を参照）。

　それ以後、陳独秀はスターリン批判者としてのトロツキーの文献を本格的に読み始め、1931年には中国におけるトロツキー派の代表となる。この間にトロツキーとの手紙のやり取りもなされている。だが翌年には国民党政府によって逮捕され、南京に収監されて獄中生活を送る。だが1937年には日本軍による南京爆撃がなされて陳独秀は減刑されて武漢に逃れた。しかし、毛沢東率いる中国共産党は彼を「漢奸」（裏切者・売国奴の意味）として批判するキャンペーンを張った。その後、1940年には自らの「根本意見」として民主擁護・独裁批判を記した論稿を書き、さらに死を迎える年となった1942年には「戦後世界大勢」という語を含む2つの論文（後述）も発表して、「民族主義批判」や「世界連邦への移行」を提唱していた（『陳独秀文集3』：334頁、346頁）。1980年代から90年代、漢奸という批判の見直しなど陳独秀の復権も見られたが、今日では彼の生きざまと思想は中国でも一般にはほとんど顧みられることはないように思われる。

　一部の国で現在でも偏頗な民族主義や独裁的な専制政治が幅を利かせているとき、陳独秀の民主主義論と世界主義論は着目に値すると思われる。そこで、晩年の論考にしぼって彼自身の論述を確認しておきたい。晩年、陳独秀は『陳独秀文集3』に所収の論稿「戦後世界大勢の輪郭」(1942)において、「門戸を閉ざして、一国家の中で一民族の力で、帝国主義の勢力を排除し、民族資本主

義国家の独立を実現できるなどと幻想を抱いてはならない」と述べ、そして「国外の闘争に対しては、枢軸国の闘争であろうと非枢軸国の闘争であろうと、すべて民主主義から出発すべきであって、民族主義から出発すべきでない」と論じていた（同書：334頁）。さらにその2か月後の、彼の死の直前に書かれた「戦後世界大勢再論」（1942）では、彼はもっと踏み込んで次のように述べる。「過去の国際連盟の経験から、戦争の勝利と戦後の集団的安全を得ようとするには、指導者を持ち、相当な強制力を持つ経済的及び軍事的国際的集団を組織する必要があり、民族化から国際集団化に向かうのは今後必定であるばかりでなく、人類進歩の要求である。この要求——我々は力を尽くして民主的集団をもってファシストにとって代えるべきという要求——は世界連邦への移行を目指す」ことになると述べていたのである（同書：346頁）。

　ちなみに、陳独秀が連絡を取り合っていたウクライナ・ヘルソン生まれのトロツキー（1879 1940）は、1929年のソ連追放後の1930年に『永続革命論』を出版していた。これは、ソ連共産党内での彼の立ち位置がよくわかる文献である。その著書でトロツキーは、次のように述べている。「一国の枠内での社会主義革命の完成は考えられない。……社会主義革命は、国民的舞台で開始され、国際的舞台へと発展し、世界的舞台で完成する。こうして社会主義革命は、言葉のより新しいより広い意味において永続的なものとなる」（『永続革命論』：352頁）。「民主主義革命は直接に社会主義革命に成長転化し、それによって永続革命になる」（同書：351頁）のだが、「一国社会主義論は、徹底的かつ首尾一貫して永続革命論に対立している唯一の理論である」（同書：353頁）と断罪し、それ以後もスターリンの独裁主義批判を継続していた。だが、1940年に彼は亡命先のメキシコでスターリンの手によると思われる刺客によって虐殺された。陳独秀に関しては、トロツキーとの関係の検討も含めて、さらに検討される必要があると筆者は考えている[5]。

　そしてさらに、後述の「アジア主義」との関係で、ここで日本留学組の1人で、かつ陳独秀と共に中国共産党を創設し、「南陳北李」と称されて中国南部で活躍した陳に対して北京を中心に中国北部で活躍した李大釗（1889-1927）にも言及しておこう。彼は、最終的に1927年に軍閥・張作霖の手によって逮捕され

処刑されてしまったが（李大釗の伝記、参照）、その李大釗は早い段階から「新ア
ジア主義」を標榜していたので、彼の言説は着目に値すると思われる。

　1919年に李は、「大アジア主義と新アジア主義」という論稿を書き、自由な
民族国家の結合としての世界連邦の構想を提示していた。アジアの民族は、
民族自決主義を実行し、しかる後に一大連合すなわち「アジア連邦」を結成し
て欧米の連合と並立し、共同して世界連邦を完成し、人類の幸福を増進する
というのが彼の主張である。同年、彼は「再び新アジア主義を論ず」において、
「世界組織に適応し世界連合を創造する一部分としてのアジア主義」が新アジ
ア主義であると規定し、そして1920年には、「亜細亜青年的光明運動」の論稿
において、人種にとらわれない一大連盟を作りだし、全アジアを改造して、
最終的に世界連邦の創出に向かうことを計画していた（出典は『李大釗全集』第1
巻に所収の論稿の129頁や327頁からである。邦訳はないが、嵯峨隆の『アジア主義全
史』が的確にこの間の経緯を描いている）。

　かくして、（新）アジア主義と世界主義（世界連邦・世界連合）との繋がりが、
李大釗においては結びついて、その延長線上で中国共産党の設立に向かって
いったことが銘記されるべきであろう[6]。そこで、最後に、日本の知識人に戻っ
て日中交流の諸相を検討し、平和思想に関わる思想から、さらに「アジア主義」
をめぐる言説に着目して、論じていきたい。

4．20世紀前半の日本における思想展開──事例としての宮崎滔天と堺利彦

　そこで、これまで示唆してきた国際的かつ平和社会学的な文脈で、なおか
つ中国の思想展開とも呼応する形でも展開された同時代の日本における思想
を、宮崎滔天と堺利彦を事例として本論最後に取り上げて検討しておくこと
にする。まず、辛亥革命の指導者・孫文と深い交流のあった宮崎滔天を取り
上げてみよう。

　宮崎滔天（1871-1922）は、熊本の自由民権運動の活発な環境の中で育ち、の
ちに上京して英語などを学んだあと、上海やタイなどにも赴いていた。彼は、
1898年には香港に亡命中の康有為を伴って帰国し、康有為と孫文の連携を画
策するも失敗し、浪曲師として浪花節で糊口を凌ぎながら、孫文支援、中国

革命支援に生涯をささげたのである。とくに1902年に刊行した『三十三年の夢』は中国で『孫逸仙』として翻訳され、孫文の名前が中国で知られる一つの契機となったとされている。

　その『三十三年の夢』の序において、宮崎は次のように述べる。「余は人類同胞の義を信ぜり、ゆえに弱肉強食の現状を忌めり。余は世界一家の説を奉ぜり、ゆえに現今の国家的競争を憎めり。忌むものは除かざるべからず、憎むものは破らざるべからず、しからば夢想におわる。ここにおいて余は腕力の必要を認めたり。然り、余は遂に世界革命者を以って自らを任ずるにいたれり」（『三十三年の夢』：27頁）。世界革命論者・宮崎滔天の誕生である。さらに彼は、「余は支那を選んで、以って腕力の根拠地となさんと欲したり」（同書：28頁）と述べ、孫文と黄興・宋教仁・秋瑾らを取り次いで中国同盟会（1905年）を結成したりして、中国革命への関与を強めたが、その理由については次のように述べていた。「支那や衰えたりとはいえども、地広く人多し。能く弊政を一掃し統一駕御してこれを善用すれば、以って黄人の権利を回復するを得るのみならず、また以って宇内〔＝世界〕に号令して道を万邦に布くに足る」（同書：59頁）と。その後もたびたび日中間を往来し、中国湖南省での講演には毛沢東も聴衆として参加していたというエピソードもある。また、現在も南京近代史博物館には孫文と宮崎滔天が相並び歩む銅像がある。まさに20世紀前半の日本の同時代知識人の1人として、「孫文を支援した世界革命論者」の象徴的な存在となっている。とはいえ、1922年に孫文よりも先に亡くなった宮崎は日本においては改革運動の中心的リーダーでは必ずしもなかった。

　それに対し、同時代の日本の知識人として、非戦論者・平和主義者・社会主義者の堺利彦（1871-1933）は、日本において一定の影響力を持った。宮崎滔天と同年の1871年に豊前で生まれた堺は、一高中退後に大阪で英語教員や新聞記者になり、やがて1899年に非戦論の萬朝報に入社して、1901年には安部磯雄・片山潜・幸徳秋水らと社会民主党を結成し、1903年には『週刊平民新聞』を創刊して非戦論を維持して論壇で活躍した。1910年に発生した大逆事件では別件ですでに獄中にいた堺は難を逃れたが、活動は制限されて小さな雑誌を刊行する。だが、やがてマルクス主義の立場を鮮明にして1922年に

日本共産党創設に深く関与し、同党の国際幹事となった。だが翌1923年には第一次共産党事件で検挙され、26年まで獄中に閉じ込められた。しかし出獄後には再建された第二次共産党には不参加で、1927年には非共産党系の雑誌『労農』を創刊して、いわゆる労農派の中心メンバーとして活躍し、日本大衆党や全国労農大衆党などで活躍した。こうした経緯は、先にみた陳独秀の生き様と非常によく似ている。いや、生き様だけではない。その国際的な視野を持った世界主義的な主張も共通しており、彼の言説には平和への思考が色濃くにじみ出ている。

　彼は、『堺利彦全集』第六巻に収録されている「社会主義運動史話」（初出1931年『中央公論』）で、自らの立場を振り返って鮮明にしている。そこで彼が取り上げたのは、「平民社同人」の「宣言」であり、そして注目したのは平和と人類である。「宣言」では、「自由、平等、博愛」、「差別より生ずる階級を打破」、「人類をして平等の福利を享けしめんが為に社会主義を主張す」を記したのちに、宣言の四番目で「吾人は人類をして博愛の道を尽くしそれが為に平和主義を唱道す。故に人類の区別、政体の異同を問わず、世界を挙げて軍備を撤去し、戦争を禁絶せんことを期す」と記していた（『堺利彦全集6』：184頁）。さらにその前後で彼は、「絶対に暴力を否認する」と力説し、「もし平和が人道であるならば、平和を世界に宣伝し、それがために一国が滅びてもよいではないか」（同書：185頁）と述べ[7]、また「われわれが第一に考えねばならぬ問題は、日本国民ということではなく、人類の一員ということである」（同書：180頁）とも述べていた。

　堺利彦の場合は、中国からの亡命知識人や留学生たちとの交流はあったが、宮崎滔天のように中国の革命家を積極的に支援することはなかった。国内での社会運動が弾圧される状況下では、もはや宮崎のように国際的に立ち居振舞うことができなかったのだろう。しかしいまでも堺利彦の平和論と世界志向は特筆に値すると思われる。それは（党内の）独裁批判や世界連邦の未来図を思い描いた陳独秀における世界主義と非常に近い位置にいたということができるからである。

5．日本のアジア主義をめぐって——西田幾多郎と三木清の世界主義的対応

以上、高田保馬の補足、陳独秀と李大釗、宮崎滔天と堺利彦を中心に、「世界主義」への思考を述べてきた[8]。その意図するところは、平和構築に向けて、狭い国家主義やナショナリズムをこえて、トランスナショナルかつコスモポリタンな未来を展望する社会構想の姿を確認しておくことであった。

とはいえ、こうして20世紀初頭の日中の文化人の交流を描いてきたが、この時期、日本ではアジア主義や東亜協同体が声高に語られて時期でもあった。日中を1つの核とする交流は、平和を語りながらも、場合によってはアジア侵略を正当化するアジア主義的な言説に横滑りすることがありうるし、歴史上、実際にその動きもあった。それは、よく言われるように明治期の自由民権運動が、植木枝盛のような「万国共議政府」のような世界志向に向かうよりも（この点も拙稿「平和思想論1」を参照されたい）、多くは天皇中心の国家の強大化をめざすような国権論へと無批判に横滑りしていく動きと軌を一にする。

よく知られているように、岡倉天心が1903年にロンドンで「アジアは一つである」と述べる著書を刊行した（『東洋の理想』：17頁）。ただし、翌年、岡倉は、「武士道」は「死の術」であるが、「茶道」は「生の術」であると記して（『茶の本』：23頁）、彼の発想が侵略目的のアジア重視でないことには一定の留意が必要だ。だが、この時期以前の1881年には発足していた頭山満を中心とした玄洋社を嚆矢として、それに影響を受けて大陸進出を主張した内田良平の黒龍会も設立された。それは、まさに20世紀初頭の1901年であった。この直前には、たとえば1882年に「東洋社会党」を結成した樽井藤吉が、1993年には漢文の『大東合邦論』（嵯峨隆訳『訓読 大東合邦論』参照）を公刊して、相互に対等な立場での「日鮮連邦論」を展開していたが、やがて1910年に韓国併合がなされるとそれを追認するようになり、結果的に日本の帝国主義の先駆けの役目を果たしたと思われる（中島岳志『アジア主義』：157、173頁など参照）。

そして、1924年には孫文が神戸において「大アジア主義」演説をおこなって、日本は王道を歩むのか覇道を進むのかと問いかけたが、その後は帝国主義的な覇道を日本が歩むことになったのは歴史的事実であろう。人種論的に白人支配を脱してアジア人の自立を促すように見せながら、天皇中心の「八紘一宇」

（「国柱会」の日蓮主義者・田中智学の1903年の造語とされている）の発想が、中国大陸侵略を企図した帝国日本の軍部に引きずられ（関東軍の石原莞爾は田中智学の国柱会で学んだ経歴をもつ）、1938年には近衛文麿内閣において「東亜新秩序」が発表され、同年には蝋山政道らによって「東亜協同体」論が展開される事態となっていた。なお、その時期に近衛文麿の私的政策団体であった昭和研究会（1933年設立、1940年解散）が、さらには1942年には京都学派の「近代の超克」論の座談会（廣松『近代の超克論』参照）が開催されて、日本の知識人がアジア主義の渦の中に巻き込まれただけでなく、かつその渦自体を形成・拡大していく原動力となっていった。

　ただし、近衛も学んだ西田幾多郎の哲学や、その弟子筋に当たり昭和研究会にも参加していた三木清は、帝国的なアジア主義とは位相を異にしているように思われる。アジア主義にも、いわば帝国志向（民族志向）の流れと世界志向（普遍志向）の流れがあるようと考えられる。たとえば、『善の研究』（初版は1911年）において東洋思想の「無」（あるいは禅的な無）に影響を受ける形で純粋経験における「絶対矛盾的自己統一」という視点を鮮明にした西田哲学は、1936年の新版の序においては、「……純粋経験の世界とかいったものは、今では歴史的実在の世界と考えるようになった。行為的直観の世界、ポイエシスの世界こそ真に純粋経験の世界である」（『善の研究』：7頁）と述べて、筆者の言葉で言えば「発生論的な間主観的行為」の側面を強くしているが（拙著の『自己と社会』や『トランスナショナリズム論序説』参照）、しかしここでは、それ以上にこの『善の研究』から次の一節（同書：201頁）を取り上げておきたい。「国家は今日の処では統一した共同意識の最も偉大なる発現であるが、我々の人格的発言は国家に留まることはできない、なお一層大なる者を要求する。それは人類を打して一団とした人類的社会の団結である」。「しかしこの理想は容易には実現できぬ。今日はなお武装的平和の時代である」。だが「国家というものは人類最終の目的ではない」のであって、国家が「各自の特徴を発揮して、世界の歴史に貢献するの意味である」として、西田は「真正の世界主義」に言及していたのである。

　そして、三木清である。筆者自身はすでに三木の「世界志向」について言及

しているが（拙著『トランスナショナリズム論序説』：323頁以下）、1937年に『中央公論』に発表された「日本の現實」においては、次のような論述が見られる。「日本を救い得る思想は支那をも救い得る、否、全世界を救い得る思想でなければならない」し、「『思想』の「論理的順序」は……世界的妥当性を有する思想が建設され、そしてその中において日本を生かすといふものでなければならない」（『三木清全集』第13巻：442頁以下）。

　では、そうした思想とは何であると三木は考えていたのであろうか。「東洋思想として挙げられるのは、佛教において最も理論的に展開された『無』の思想であ」り、この「人類一般の宗教的要求に應ずるもの」として「超民族的世界的要素があ」ると――岡倉天心を引き合いに出しながら――論じている。ここには明らかに近代西洋的な主客二元論的な発想をこえる、普遍的な思想の端緒が見えるが、哲学史的な議論には深入りしないでおこう。それ以上にここでは、以上を踏まえたうえでの次の言明に着目しておこう。「日本と支那は一つの文化的世界を形成し得るに至りつつあるのである。多數の留学生が支那から日本に来て學ぼうとしたのも、かような日本における現代文化にほかならない」（同書：461頁）。

　20世紀の初頭だけでなく、現代も中国からの留学生が多数日本に来ている。これは一つのチャンスでもある。相互理解と新しい世界の共同創出に向けた歩みは夢物語ではない。日中韓台を核に、とくに留学生といった若い世代からの東洋の／東アジアの共生と連携の追求は、部分的には現実化し始めている。若者文化の共通性はその一例であろう。とはいえ、「東洋の統一というものが考へられるにしても、それも世界の統一の内部においてのみ考えられ得ることである。……従来の東洋における統一的思想が無の思想であるとしても……それが現在において力を有するものであるためには、それは先ず世界化されねばならず、特に科學的文化と結び附かなければならない」（同書：462頁）。

おわりに

　今日から見れば、前節の西田や三木の言説は、もはや100年前後も前の歴

史的過去の記述だとはいえ、彼らの思想展開は、現代においても我々に示唆を与えてくれるように思われる。その示唆を受けて答えを出していくのは至難の道ではあるが、相互主観的に意見を交わしながら対話し、トランスナショナルな人際交流を核とする間主観的な相互行為を重ねていくこと自体が、「共生と連携」の具体的実践となるのではないだろうか。そしてそれは決して夢物語ではなく、いまよりも交通の不便であった20世紀前半においても高田は着目していたし、そしてその時期、現実においてなされてきた相互行為であった。高田保馬の時代よりもはるかに交通・通信が発達し、人際交流の可能性がある現在、そこからあらためて現代の21世紀の歩みを開始していくことは不可能ではない。「日本と支那との間に眞の文化的結合が生じ得るためには、兩國の民衆と民衆との接觸することが大切である」（『三木清全集』：454頁）。先人や過去に学び、現代を批判的に捉えて、未来を展望することは、私たちに課せられた主題であろう。

注

（1）　民族的結合が国家的結合の後に来るのは、高田が民族は国家によってつくられるという視点をつねに持っていたからである。高田の『民族論』参照。

（2）　こうした民族主義への高田の批判的視座や世界主義については、比較的最近の高田社会学に言及した著書（たとえば北島滋『高田保馬』参照）などでは十分論じられていない側面である。

（3）　なお、「一人ひとりが自由にできるときには、民に国はないはずである」と述べる清末の譚嗣同の言葉も刺激的だが、ここでは立ち入らない（譚嗣同『仁学』参照）。

（4）　なお、この数値は少し多めであり、実情は1万人弱であったとの見方もある（さねとう『増補 中国人日本留学史』参照）。しかしいずれにせよ、1万人前後の数値は、戦前において非常に多いというべきであろう。ちなみに、戦後においては、1979年に国費の68名の留学生がやっと日本に送られたが、1980年代を通してその数は1万人にも達せずに極めて少なかった。だが、その後徐々に数値が高まって、コロナ前の2019年に中国からの留学生は約12万人となった。

（5）　トロツキーとの関わりに関しては、佐藤『陳独秀』および横山『陳独秀の時代』が参考になる。

（6）　なお、数は少ないが、清末民初には中国からの女子留学生も存在した。なかでも秋瑾（1875-1907）は特筆に値する。彼女は、浙江省紹興出身で、結婚して

北京在住後、北京大学堂・服部教授夫人の勧めで、日本に留学した。1904年のことである。日本では、弘文学院で語学を学んだあと、下田歌子の「実践女学校」に入学したが、1905年には孫文らの「中国同盟会」に参画し、その年末に帰国した。清国から日本政府への中国人留学生に対して圧力を加えるよう求められる中での帰国であった。1907年には、紹興で大通学堂を開校して代表となるが、同時に革命組織・光復会にて蜂起の準備を行い、また同年1月、上海にて『中国女性』創刊し、中国の女性解放運動の草分けとしても知られている。しかしながら、同年7月、蜂起事件に関連して逮捕され、その2日後に処刑された。享年31歳であった（伝記的な参考文献としては、山崎厚子『秋瑾 火焔の女』や武田泰淳『秋風秋雨人を愁殺す 秋瑾女士伝』などがある）。こうした経緯で、下田歌子などとの交流は別として、日中交流の具体的な支援関係などに目立った点はないので、今回はこれ以上触れないでおく。

　ちなみに、この時代、日本の知識人女性としては、1904年に「君死にたまふことなかれ」発表した与謝野晶子（1978-1942）がいるが、少し遅れて、平塚らいてう（1986-1971）が、辛亥革命の年の1911年に雑誌『青鞜』を創刊し、日本の女性解放運動の草分けとされている。この運動という面では、まさに秋瑾と並ぶ存在であったと言えるが、平塚は戦後、反戦平和運動に尽力したとはいえ、両者に繋がりはなかったようだ。いずれにせよ、今後の検討も含めて、あらためて稿を起こす必要があろう。なお、平塚に関しては、『平塚らいてう自伝　元始、女性は太陽であった（上・下）』や『平塚らいてう評論集』などでその思想を辿ることができる。

（7）　拙稿「平和思想論1」で論じたように安部磯雄も同様のことを述べていた。また、国家は本当に必要なのだろうかと問う宇井純の言葉は重い（西原編『水・環境・アジア』参照）。

（8）　日中知識人の交流という点では、日本側では、魯迅を支援した内山完造や、宋教仁を支援した北一輝などもさらに挙げることができるが、北一輝にみられる世界志向（『北一輝著作集』第一巻雄434頁など参照）は別として、本稿の世界主義とは少し異なるので、ここでは取り上げないでおく。なお、北一輝に関しては、とくに『國体論及び純正社会主義』にみる「世界志向」「世界主義」を中心に、別の機会に触れるつもりであり、ここでは指摘にとどめておく。

参照文献　(論題ごとにまとめて表示した)

【高田社会学関連】
高田保馬 1919『社会学原理』岩波書店
高田保馬 1920『現代社會の諸研究』岩波書店
高田保馬 1922『社会と国家』岩波書店
高田保馬 1922『社会学概論』岩波書店

高田保馬 1935『民族の問題』日本評論社

高田保馬 1939『東亜民族論』岩波書店

高田保馬 1942『民族論』岩波書店

高田保馬 1946『終戦三論』有恒社

高田保馬 1947『世界社会論』中外出版

北島滋 2002『高田保馬——理論と政策の無媒介的合一』東信堂

吉野浩司・牧野邦昭編 2022『高田保馬自伝「私の追憶」』佐賀新聞社

【中国人知識人関連】

墨子 2012『墨子』森三樹三郎訳、筑摩書房

康有為 1976『大同書』坂出祥伸訳、明徳出版社

梁啓超 2020『梁啓超文集』岡本隆司・石川禎浩・高島航訳、岩波書店

岡本隆司 2022「梁啓超」『悪党たちの中華帝国』新潮社

譚嗣同 1989『仁学——清末の社会変革論』西順蔵・坂元ひろ子訳、岩波書店

孫文 1957『三民主義（上・下）』岩波書店

孫文 2011『孫文革命文集』深町英夫編訳、岩波書店

陳独秀 2016『陳独秀文集 1 ——初期思想・文化言語論集』長堀祐造ほか訳、平凡
　　社

陳独秀 2016『陳独秀文集 2 ——政治論集 1　1920-1929』石川禎浩・三好伸清訳、
　　平凡社

陳独秀 2017『陳独秀文集 3 ——政治論集 2　1930-1942』江田憲治・長堀祐造訳、
　　平凡社

横山宏章 2009『陳独秀の時代——「個性の解放」をめざして』慶応義塾大学出版会

横山宏章 2017『孫文と陳独——現代中国への二つの道』平凡社

長堀祐造 2015『陳独秀——反骨の志士、近代中国の先導者』山川出版社

佐藤公彦 2019『陳独秀 その思想と生涯 1879-1942』集広舎

トロツキー、L. 2008『永続革命論』森田成也訳、光文社

李大釗 1959『李大釗选集』第 1 巻、新華書店［中国語］

大川純彦 2019『暁鐘「五・四運動」の炎を点けし者——革命家 李大釗の物語』藤田
　　印刷

松本英紀 2001『宋教仁の研究』晃洋書房

宋教仁 1989『宋教仁の日記』松本永紀訳、同朋舎

北一輝 1959『國體論及び純正社會主義』『北一輝著作集　第一巻』みすず書房

北一輝 1959「支那革命外史」『北一輝著作集　第二集』みすず書房

渡辺京二 2007『北一輝』筑摩書房

【日本知識人関連】

宮崎滔天 1993『三十三年の夢』岩波書店

加藤直樹 2017『謀反の児——宮崎滔天の「世界革命」』河出書房新社

堺利彦1970『堺利彦全集6』法律文化社
黒岩比佐子2010『パンとペン──社会主義者・堺利彦と「売文社」の闘い』講談社
樽井藤吉2018『訓読 大東合邦論』嵯峨隆訳、経堂研究所
山崎厚子2007『秋瑾　火焔の女』河出書房新社
武田泰淳2014『秋風秋雨人を愁殺す 秋瑾女士伝』筑摩書房
岡倉覚三1929『茶の本』岩波書店
岡倉天心1986『東洋の思想』講談社
平塚らいてう1971『平塚らいてう自伝　元始、女性は太陽であった(上・下)』大月
　　書店
平塚らいてう1987『平塚らいてう評論集』岩波書店
西田幾多郎1950『善の研究』岩波書店
三木清1967『三木清全集　第13巻』岩波書店
廣松渉1989『〈近代の超克〉論』筑摩書房

【その他】
嵯峨隆2020『アジア主義全史』筑摩書房
中島岳志2017『アジア主義──西郷隆盛から石原莞爾へ』潮出版社
さねとう・けいしゅう1970『増補 中国人日本留学史』くろしお出版
西原和久2004『自己と社会──現象学の社会理論と〈発生社会学〉』新泉社
西原和久編2007『水・環境・アジア──グローバル化時代の公共性へ』新泉社
西原和久2018『トランスナショナリズム論序説──移民・沖縄・国家』新泉社

G. H.ミードの戦争・平和論再考

徳久美生子 | TOKUHISA Mioko

はじめに

　G.H.ミード（1863-1931）は、20世紀の初めに、シカゴ大学を中心に活躍した「心理学畑に軸足を置いていた」（徳川 2006: 197）アメリカプラグマティズムの哲学者である。哲学と心理学とをつなげたミードの理論は、アメリカ社会学の草創期を担ったシカゴ学派に大きな影響を与えたと言われている[1]。実際に、社会的自我、Iとme、一般化された他者など、個人と「社会」との相互関係を考える上で、ミードは社会学に応用可能な概念を提示した。さらにいえば、ミードの社会理論は、人が人であることの根拠を問い直ししつつ、「社会」が変化しながらも維持されていくメカニズムを問う、社会学の基盤となるような壮大な試みでもある。近年は、時間という視点を取り入れ、言語に限らない自我構築のメカニズムを論じたミードの取り組みが再評価されるなど[2]、新たなミード研究も蓄積されている。

　他方でミードは、シカゴの社会問題に取り組む社会活動家でもあった[3]。ジェーン・アダムズのハル・ハウスの運営、セツルメント運動、デューイから引き継いだ実験学校の運営に関与し、シカゴの移民問題、教育問題に提言を行うなど、その社会活動は多岐にわたっている。このように多岐にわたる社会問題と対峙したミードが、晩年に取り組んだ最大の課題が、戦争と平和問題であった（Deegan 2008・直井 2003・徳川 2006）。

　ミードは、戦争と平和を、好戦性、愛国心、敵対衝動といった人々の感情の問題と自我形成との関係という視点から考えた。その上で最晩年の論文で、共通の敵に対する敵対衝動に代わる人々の連帯可能性はどこにあるのかを提

言した。本稿では、ミードの戦争・平和論の意義を検討し直し、人間感情と自我形成との関係を問う戦争・平和論という社会学的提言への展開可能性を考える。

初めにミードの戦争・平和論の概略を紹介する。その上でミードの戦争・平和論を社会科学的な提言へと結びつけるためには何が必要なのかを明らかにし、人間感情と自我形成との関係を問う戦争・平和論の展開可能性を提示する。

1．ミードの社会理論における戦争・平和論の布置
——第一次世界大戦とミード

ミードが戦争と平和という大きな社会問題と取り組むきっかけとなったのは、第一次世界大戦、そしてその後の戦争と平和をめぐる議論であった。

ミードは、戦前戦後を通して平和主義者の立場から発言をしている。けれどもミードは、ジェーン・アダムズが提示した「軍事的理念に支配された政府による不適切な統制に代わる人間の関係性による平和の理念」に同調しながらも、「私たちが無意識に持つ軍事的な態度」を否定しない（Mead: 1907: 122-123）。ミードの戦争・平和論は、人間社会にある「好戦性」を否定せず、人間の理性に過度な期待を抱かない立場から考えられている。第一次世界大戦時にもミードは、愛国心が他国への憎しみへと変節することを問題としていた。

第一次世界大戦がヨーロッパ戦線で塹壕戦による膠着状態となった1915年に、ミードは戦争による愛国心と敵対心との関係について論じた。ミードは、愛国心を「戦争が支払う精神的な配当である」とした上で、愛国心が自己防衛から始まった戦争を他国への憎しみへと変化させることを問題とした（Mead 1914: 604）。ところが、アメリカの参戦を契機に、ミードは、民主主義を守るための戦いを擁護する立場をとり、アメリカの参戦を、「国境を超えてくるものに対する自己防衛の戦い」ではなく、民主主義という敵国ドイツにもあるはずの理念を守るための戦いであるとして正当化した（Mead: 1917）。

M.J.ディーガンは、平和主義を貫いたジェーン・アダムスをはじめとするシカゴの女性社会運動家と比較し、ミードの変節を厳しく批判している

(Deegan 2008)。また徳川直人は、ミードの変節は、ミードの発想法に根本的な問題があるからだと指摘している (徳川 2006: 301)。それは、第 1 にミードのいう民主主義が、政治制度にとどまっていたことである。そのためにミードは、アメリカの外交政策を経済学的に解釈することができなかったと徳川は言う。さらに徳川は、第 2 点として、ミードが理念と現実、規範的言説と記述的・分析的な知を混同していること、第 3 点として、ミードが民主主義を大衆説得のシンボルとして利用していること、第 4 点として、「である」と「べき」とを区別せずに行為と対象の相互規定を論じ、「である」の意味であるかのようにして「べき」を語ってしまっていることを指摘して、結果的に、ミードが、現実を認識しながら、価値判断と事実認識を混同したまま「アメリカの民主主義を説得のシンボルとして用いてしまっていること」が大きな問題だと批判している (徳川 2006: 301-303)。

　だがミードは、1920 年代の講義録や晩年の論文では、必ずしもアメリカの民主主義を説得のシンボルとはせずに、戦争と平和を語っていた。

　第一次世界大戦後社会運動家としての活動から距離をとり、ホワイトヘッドに依拠し時間・空間論を展開していった晩年の学的営為にあっても、ミードは度々戦争と平和の問題に言及している[4]。たとえば、『精神・自我・社会』をはじめとするミードの講義録には、国際連盟や戦争と平和に関するミードの見解が散見される。これらの見解は、第二次世界大戦後の紛争地域を的確に指摘する[5]など、アメリカの立場を離れた当時の国際情勢に対するミードの分析力の高さを示してもいる。そこで本稿では、第一次世界大戦時には不十分さが目立った自身の戦争・平和論を、ミードがどのように展開したのかに着目したい。ここでは精神化 (mindedness) という用語を用いて戦争と平和を論じたミードの晩年の論文「国の精神化と国際社会の精神化」を取り上げ、ミードが戦争の原因をどう考え、その原因を除去するために何を提言したのか、そしてそこにどのような課題が残されているのかを明らかにする。

2.　ミードの戦争・平和論——「国の精神化と国際社会の精神化」

(1)　ミードが問題にした戦争の原因：敵対衝動・愛国心

　第一次世界大戦中と同様に、「国の精神化と国際社会の精神化」でもミード
が戦争の原因として問題にしたのは、友愛より敵対衝動によって人々が強く
結びつき愛国心を鼓舞されることであった。

　1918年にミードは、愛国心を国家間の争いの根源であるとしたヴェブレン
の『平和の条件』を、愛国心にも友愛的な側面があるとして書評で批判したが、
「国の精神化と国際社会の精神化」論文では、共通の敵に対する敵対衝動によ
る人々の団結は、友愛や隣人愛を凌駕する力を持つという立場をとっている。
背景には、友愛を説いても人々の敵対衝動を抑えることは不可能だというミ
ードの認識があった。晩年の論考では、かつてデューイと共有していた人間
性に対するオプティミズムは影を潜めてもいる[6]。第一次世界大戦を経たミ
ードにとって、敵対衝動と愛国心は、それだけ厄介な問題だったとも言える
だろう。そしてそれは、戦争が必然的に引き起こす事態でもある。

　ジョージ・オーウェルは、ドイツとの戦争が始まった翌年 (1940年) に、第
一次世界大戦後の世代である自分は、若い頃は戦争経験者の戦争讃美や愛国
心を笑っていたが、間違いだったと告白している (Orwell 1940=2019: 101-102)。
さらにオーウェルは、若きコミュニストの詩人(ジョン・コンフォード)にも母国
愛がみられるという事実は、「もったいぶった反動主義者の骨組みからでも社
会主義者は作れるということ、ある種の忠誠心が別の忠誠心に形を変える力
があること、祖国愛と軍人の美徳を人は精神的に必要としている、というこ
とをただただ表しているのだ」と指摘して、「こういうものを、左翼のカンカ
ンに怒ったウサギたちがいかに嫌おうとも、それに代わるものはまだ見つかっ
てはいないのだ」(Orwell 1940=2019: 101-102) と主張した。

　問題は、オーウェルがいう「それに代わるもの」をどう考えるかだろう。カ
ンカンに怒っても、友愛を説いても、戦争という事態を前にすると、敵対衝
動を抑えることは困難なのである。それは、人々が敵対衝動によって結びつ
いた社会構造から自分自身を創り上げているからだとミードは言う。

　通常の社会構造は、人々の自我を、他者から遠ざけて難攻不落にする。しかし敵対衝動は、この人々を遠ざける社会構造を崩壊させるに十分なほどの力を持っている。それゆえに敵対衝動は、共通の敵に対して、人々を結びつけるのである。しかし、人々が自分自身を作り上げるのは、まさにこの社会的構造によってなのである。（Mead 1929=2003: 170）

　1920年代の論考においてミードは、人々の自我が社会構造から創り出されるメカニズムを論じてきた。そのために、敵対衝動をもとに人々を結びつけている社会構造が自我を創り出しているので、愛国心を鼓舞された人々の主張を一方的に否定するだけでは、問題は解決されないと言う立場をとるのである。

　W.ジェームズは、国家には他国との戦争から生じる愛国心に代わる道徳的等価物が必要であるとして、若者たちに一定の奉仕活動を課す政策の必要性を提言した。ミードはジェームズの提言を下敷きにしながらも、ジェームズの主張は第一次世界大戦前に書かれた平和主義者の非現実的な言説であると批判し、敵対衝動による結びつきに代わる「社会」の統一のあり方を探究した。

（2）社会の統一と敵対衝動

　「社会」の統一をミードは、自我生成との関係から論じている。前提となるのは、人の自我が、他者と共有する基本的な衝動（社会的諸衝動）と、言語を用いて自分自身に話しかけ、他者とは異なる自分自身という存在に気づくことで生じる自己意識（洗練された自己意識）という「2つの部分の組み合わせあるいは相互作用」（Mead 1929=2003: 173）からできていることである。

　社会的諸衝動は、自我の第一次的な材料であり、原初的な性衝動、敵対衝動、協働の衝動など、「社会のほとんど無数の領域にわたってさまざまな形で表出されている」。他方で、洗練された自己意識は、「共通の言語を用いて組織化された社会が可能にする共通の観念や機能という観点から自分自身に語りかける能力」であり、この自分自身に語りかける能力によって人は自分の行為をコントロールできるとミードは指摘している（Mead 1929=2003: 172）。

　社会的諸衝動と洗練された自己意識は、社会関係や社会環境の変化にさらされながら多様な社会的自我を構成していく。人は「それぞれに異なる権利や特権、能力や技術の違い、優越性や劣等性、社会的地位や威信、習慣や嗜好により他者たちから区別され分離され、そしてその人自身であるところのものを構成する」(Mead 1929=2003: 170)。

　この差異ある人々の多様性による統一が「社会」を構成している。そして社会的自我の構成要素が2つの側面を持つように、社会の統一にも、「すべての諸自我が自己意識的な多様性において相互に連結することで生じる統一と、共通の衝動の同一性から生じる統一という2つの源泉がある」(Mead 1929=2003: 173)。注意しておきたいのは、ミードが社会的衝動の同一性による統一と諸自我による多様性による統一のどちらにも失敗の危険があると見ていたことである。問題となるのは、衝動の肯定的な側面である友愛という衝動によっては敵対衝動が産む燃えあがるような愛国心を乗り越えられないことであり、人々の自我もその産物となり、多様性を無力化されてしまうことだった。ミードによれば、人々は無力だから敵対衝動に巻き込まれるのではなく、敵対衝動に巻き込まれるから無力になるのである。ミードが示唆しているのは、友愛という衝動だけでなく、諸自我の意識改革に期待しても敵対衝動がもたらす愛国心に代わるものは作り出せないということである。それは自我もまた「一国の国民であるという感覚に、合理的な自己意識として到達することを強制されてしまう」(Mead 1929=2003: 178)からだ。だからこそ敵対衝動に代わって、人々を結びつけるものをどう考えるのかが問題となる。

（3）敵対衝動による統一に代わるもの1：国の精神化(national mindedness)

　ミードは、第一次世界大戦後は、「あらゆる戦争は、もしこれまでのやり方で遂行されるのであれば、殲滅戦となる」(Mead 1929=2003:177)と指摘している。そのために「敵対する軍隊ではなく、敵対する相手国を完全に破壊することを目的とする」戦争は、諸国間の差異を調停するための政策としては考えられないものになった」(Mead 1929=2003: 177)とも言う。もちろんそれは戦争が起こらないということではなく、国家内の分裂を融合するために戦争に頼る

ことはできないというミードの現実認識を意味している。ゆえに分裂を超えるためには「国の魂に依拠するのではなく、国の精神化を達成しなければならない」とミードは言う（Mead 1929=2003: 178）。

　国の精神化のためにミードが提言するのは、「コミュニティから与えられた精神を用いて共通の利害、関心を把握」し、「多様な個人的諸利害・諸関心のただ中にその統一を見出すこと」である。具体的には、「知的に理解可能な共通の対象を見出し」、共通の価値を、「対立する諸集団や諸個人の経験の中で実現する」（Mead 1929=2003: 180-181）こと、すなわち自分たちが頭を用いて「共通の善」を見出すことだと言う。この時、問われるのは、「見出された共通の利害、関心を手段とし、また理由として、多様性を社会的な組織化へと転換するような知性と意志とをコミュニティが持っているか」（Mead 1929=2003: 181）だとミードは問いかける。

　さらにミードは、この国の精神化の論理を国際社会の精神化にもつなげる。

（4）敵対衝動による統一に代わるもの２：国の精神化 (national mindedness) と国際社会の精神化 (international mindedness)

　ミードは、国の精神化に必要であるとして「多様性を社会的な組織化へと転換するような知性と意志」が国際社会の精神化にも求められるとした。そして「争い合う諸国のあいだに共通の利害・関心を見出し、存在する諸差異を、それら共通の利害・関心を基盤として解決し、またそれらが可能にするであろう共通の生活を実現する、そのような知性と意志のなかに、戦争の道徳的等価物は見出される」（Mead 1929=2003: 181）と指摘する。もちろんミードは国際社会の精神化が困難であることも認識している。ミードは次のように言う。

　　国際社会の精神化を達成するさいの困難は、国際的な利害、関心が衝突していることにあるのではないということである。そうではなくて、その困難は、明示的な目的のためでなく、国の統一の感覚や、自決権や、国の自尊心のために喜んで戦うことの必然性を、諸国が抜き難く感じていることであり、しかもそれらの感覚や権利や自尊心は、他のどんな方法よりも、

彼らが喜んで戦おうとすることで最もたやすく達成できるものであるということなのである。(Mead 1929=2003: 183)

　問題となるのは、愛国心を鼓舞する戦いの必要性を、諸国が決して手放さないことである。だからこそ、ミードは、国の精神化と国際社会の精神化は、お互い分かち難く結びついていると主張し、国際社会の精神化には、共通善によって統一された精神化の達成が求められると提言する。そして「私たちの共通の生活が組織化されて、個人が持つ諸目的と、個人がその部分でありまた個人にその自我を与えたコミュニティが有する諸目的とを、その個人が同一化できるようになったとき」(Mead 1929=2003: 186) に初めて可能になると結論づけている。

　民主主義の擁護者として平和主義者として、人間の理性を前提とせずに、敵対衝動と愛国心という社会的衝動、そしてそれらを国民統一の手段として用いる国家という戦争の原因を乗り超えるための論理を、精神化 (mindedness) という精神 (mind) より動詞的な要素が強い用語を使って考えたミードの苦闘は評価できるだろう。敵対衝動に鼓舞された人々の教化とは異なる道筋から戦争を回避する道筋を問い直すミードの取り組みは、人々が自我の基盤としている敵対衝動や愛国心を批判し排除するだけでは問題解決にはならないことを示唆している。だが問題点と課題は残されている。

（5）ミードの戦争・平和論の問題点と課題

　ミードの主張には問題が、少なくとも5点ある。第1に、ミードの提言は、国連が機能不全した現実を生きる私たちには、実現困難であること、すなわちそのまま現在の戦争と平和に適用できないことである。また第2に、国の精神化を国際社会の精神化に結び付けてしまえるのかという大きな疑問が残る。さらに第3に国家とはどういうものかについての定義 (あるいは定言) がなく、国家という存在が自明なものとされていること。それは第4点である、コミュニティと国家との関係性が曖昧であることにも通じる。ミードが想定してきた「社会」とはコミュニティであり、個人の目的とコミュニティの目的の

一致というコミュニティの論理をそのまま国家に適用できるのかという疑念もある。さらに第5点として、ミードの主張が、小谷敏がミードの社会哲学の問題点として指摘した「社会科学的な提言ではなく、倫理的な要請に留まっている」(小谷2009: 10) こともある。だが哲学者であり、必ずしも社会科学者とは言い切れないミードの倫理的な要請を社会科学的な提言に結び付けることは、現在を生きる私たち社会学者が取り組むべき課題ではないか。実は、ミードの戦争・平和論を晩年の自我生成論から捉え直すと、現在の戦争と平和を考える上での示唆となり、社会科学的な提言につながると思われる2つの論点を取り出すことができる。

3. ミードの戦争・平和論が問いかけるもの
──敵対衝動の政治利用に対する自我論からの抵抗

　戦争が紛争を解決する最も愚かな手段であったミードの時代とは異なり、現在は、地域紛争、テロだけでなく、クーデターや少数民族への弾圧とそれに対する抵抗など、紛争と戦争との線引きが難しくなっている。実際に、日本人から見ると国家間の対立に見えるロシアによるウクライナ侵攻は、(正確さは欠いているが)ロシアから見ると民族同士の問題となる。

　またミードは、共通の敵に対する敵対衝動が人々に高揚と一体感をもたらすと指摘したが、現在は敵とは何をあるいは誰を指すのかが判然としなくなっている。国家が戦争を継続していても、必ずしも相手国の国民は敵とは明確に見做されないとも言える。むしろ敵国の国民に対しては、J.バトラーが「特定の生がそもそも生きているものとして捉えられていない場合、それらの生が傷ついたり失われたりしたことも感知されえない」(Butler 2009=2012: 9) と言うように、その生死に対してはお互いに無関心でいられる。戦争は「その〈生〉の喪失を嘆きうる集団とその喪失が悲嘆をもたらさない集団に分ける」(Butler 2009=2012: 54)。人は敵国の国民に対し敵対衝動を抱く代わりに、相手国民の〈生〉がどのように不当な暴力に晒されても無関心でありうる。

　しかしながら戦争の現実を見れば、国家による敵対衝動や愛国心の政治利用というミードが指摘した問題は、大きな課題として今尚、ここにある。そ

こでミードの自我生成論から、ミードの戦争・平和論を社会学的な提言へとつなぎ、人間感情と自我形成との関係を問う戦争・平和論へと展開する可能性がある2つの論点を取り上げておきたい。

（1）ミードの自我論からの示唆：衝動と知覚

　人間感情と自我形成を戦争・平和論へとつなげる第1の論点は、ミードが自我形成の基盤として論じた衝動と知覚にある。これまでに見てきたように、人間社会に共有されている基本的な諸衝動とともに生を受け[7]ながらも、異なった関係性を生き、言語を通して他者との間に境界を設け無限に異なる自我となった人々が、共通の敵に対する敵対衝動によって結びつくことをミードは問題にしていた。そしてこの問題解決の道筋を人々の敵対衝動の抑制ではなく、共通の問題解決による敵対衝動の創り変えにみていた。それは彼が、人間社会の基本的な諸衝動は、人が共有する知覚過程を経て認識される表出の形態が異なるものであり、知覚過程の変化とともに創り直されると考えていたからだ。そこでこの衝動の変化という論点を自我形成の文脈で検討し直してみたい。

　ミードは衝動を、行為とその変化を通して創られるされる自我形成に向かう行為過程の第1段階に設定している（Mead 1938）。だが衝動を現出させるのは、行為の第2段階である知覚である。人の自己意識は共同体から借り受けたものであるが、人は衝動という感情の領域を、他者の態度、刺激に対する反応という知覚過程を通して認識する。「知覚は、その内に、態度や反応に続く最終的な経験に代表され、過去の諸反応から生じたイメージに代表される、刺激や反応といった行為の全ての要素を保持している」（Mead 1938: 140）。「人間社会の知性がそれ自体として現れる経験世界は、物的諸事物の世界」であり、「それはまた知覚世界でもある」（Mead1938: 140）。この経験世界で「諸個人は、他者たちが知覚する諸事物を知覚する」。衝動もまた「感覚過程、反応の意識的な態度や反応の結果としてのイメージ」[8]、さらには経験世界に存在するモノとして知覚されることになる（Mead 1938: 3）。人は、知覚過程を取得し、その知覚過程を通して他者と衝動を共有することになる。この知覚過程は変

化し、社会的衝動それじたいを変化させていく。そして人々が共有している
敵対衝動も、他の衝動のように、個人が他者と同様の反応の仕方、イメージ、
社会的態度を取得していく知覚過程に依存し、その結果シンボル化されたも
のと、言語を通して自身の行為を反省的に捉える自己意識による認識という
２つの側面を伴って取得される。そのため、刺激に対する反応の仕方の変化
など知覚過程が変化すれば、創り直される可能性をもつ[9]。

　問題となるのは、シンボル化され、知覚過程の習慣化により教化されるこ
とで、敵対衝動が存在の自明性を問われないことである。敵対衝動と自我形
成との関係を論じたミードの議論は、どのような知覚過程を経て敵対衝動が
シンボル化され教化されるのかを問い直すこと、そして習慣化の鎖を断ち切
る方法を探究する社会科学の必要性を提示している[10]。

（2）社会科学的提言への論点：精神化と精神

　人間感情と自我形成を戦争・平和論へとつなげる第２の論点は、他者との
境界と自我形成との関係にある。なぜなら他者との間に境界を設け、他者の
視線から自分自身を見直す過程を経て自我を取得した個人は、他者との境界
を必要とするからだ。人は、自分自身とは異なる他者を境界の向こう側に設
定しないと、自我を取得できない。ミードが指摘していた問題は、人が自我
の取得に他者との境界を必要とするように、国家が国家であるために、他国
との間に境界を設けるだけでなく、特定の他国を敵として敵対心を煽ること
で国民を団結させる必要性を手放さないことであった。この問題に対してミー
ドは、人が他者の視点から自分自身を見直すことで自我を取得するように、
国家が独自の精神化を図るためには、外部の視点から国家のあり方を見直す
必要があると提言している。しかしながらその結果生じるのは、精神化
（mindedness）であってシンボル化された精神（mind）ではない。ミードが自我形
成の文脈で論じる精神は、国家ではなく、個人と個人を取り巻く共同体の範
囲にとどまっているからだ。さらに言えば、ミードが敵対衝動による統一に
対比させていたのは、他者との間に境界を設け他者とは無限に異なる諸自我
による多様性による統一でもあった。

　ミードが提示した解決策は、問題関心を共有することによる敵側の人々との連帯であった。ミードは解決の可能性は、国家あるいは国家の代表たち同士ではなく、多様な共同体とその成員である個人たちにあると想定していたのではないか。ミードは、国際社会の精神化には、国家を超えて問題を共有する共同体という新たな基盤が必要であることを提示していたとも言える。少なくとも問題を共有することは、境界の向こう側の〈生〉に関心を持つことにつながるだろう。

　戦闘に直接参加した経験を持たなかったミードではあるが、終戦から10年を経ても「私たちは非戦闘員とはなっていない」（Mead 1929=2003: 160）と述べている[11]。国家は、一度戦争に関わると、直接的に戦闘に巻き込むかどうかを問わず、国民を否応なく戦争にくくりつける。だからこそ、ミードが問いかけているのは、敵対衝動によって無力化されることのない共同体と自我のあり方であった。

　さらにミードが第一次世界大戦から第二次世界大戦へと向かう1920年代に、戦争と平和に関する思索と取り組んだことにも意味はあるだろう。この時期には社会活動から手を引いていたミードの意図は、未来に起こる戦争の原因を取り除けるかどうかは、戦間期における共通の問題を通した共同体と個人を担い手とする国家を超えた取り組みに向けられていたのではないか。少なくともミードが言う共通の利害、関心を、日常の社会問題から問い直す、実現への小さな一歩を考えることは可能ではないだろうか。

終わりに——ミードから未来へ

　2017年に国連で採択され、2021年1月に発効した核兵器禁止条約は、世界のNGOの連合体であるICANの活動によって成り立った。核兵器禁止条約、水俣条約など、現在国連における条約の採択には、ICANと同じように、多くの国際NGOが関与している[12]。核兵器禁止条約も水俣条約も宣言であり、罰則がないため、実効性に疑念はあるが、各国政府のトップが国際社会の方向性を決める時代は曲がり角にきているといえる。現在、世界では人々の分断が進行し、戦火が止むことはないが、ミードの提言は部分的にではあるが

実現されつつある。

　カンボジアの首都プノンペンに、ヒロシマハウスという現地の子どもたち
に教育や給食の提供を行う施設がある。施設ができたきっかけは、1994年に
開催された広島アジア競技大会であった。当時、内戦後の混乱により来日が
難しかったカンボジアの選手たちのために、広島市民たちは、ひろしま・カ
ンボジア市民交流会を設立し、選手の支援を行なった。そして大会終了後、
市民に募金を求め、ヒロシマハウスを首都プノンペンに建設した。ヒロシマ
ハウスは、カンボジアの子どもたちに学ぶ機会を提供するだけでなく、カン
ボジアの人々に原爆の惨禍を経験した広島の歴史を知ってもらうことも目的
としていた。活動に参加したヒロシマ市民たちは、現地に行き、現地の人々
と一緒にレンガを積んだ。現在も路上生活をする子どもたちや近隣の子ども
たちが集まってきている[13]。

　ヒロシマハウスの活動のように、日本という国家のことは知らなくとも、ヒ
ロシマのことは知っているような、ひとつの都市、町、村の名前がつながり
の象徴となる関係性が築かれること、そしてそのような活動に多くの人々が
関わる社会的実践、そこにミードが描いた共通善のひとつとして、国境を越
えた人々の連帯と共同体が創られる可能性はあるのではないか。

　国境を超えて共通の問題を解決しようとする人々の営み、地域共同体といっ
た小さな単位での国際的な連帯、そしてこのような取り組みを通して国際社
会の精神化が創りなおされること、ここにミードの戦争・平和論の展開可能
性がある。ただし個々の取り組みを国際社会の精神化へとつなげるためには、
敵対衝動のシンボル化や国際社会の精神化の基盤となる社会構造とはどのよ
うなものなのかをより具体的に検討する必要があるだろう。この点は今後の
課題としたい。

注
（1）　シカゴ学派に対するミードの影響については、否定的な意見もある（宝月
　　　1997）。

（2）　Burke & Skowroriski(2013)、Côté(2015)、Huebner(2014)など。

（3）　1990年代に、伝記も含めた総合的なミード研究 (Cook 1993) が進む中で、社会活動家としてミードの側面が注目されるようになった。

（4）　ミードの学的営為を、自我発生論を展開した1920年以降で区分するミード研究に対して、徳川はミードの議論が新たな時代区分においてなされていることに着目し、大戦以降とすることを提言している。本稿も徳川の区分に従った。

（5）　例えば、1927年の講義録を主体とし1930年の講義録とメモを加えて編集された『精神・自我・社会』(Mead 1934) には、「世界大戦は非常に多くの価値観を揺るがした。それによって私たちは、インドやアフガニスタンやメソポタミアで起こっていることが、私たちの生活にも入り込んできていることを認識するようになった。そうして私たちは、国際的精神性とよぶものへとなりつつある」(Mead 1934=1973: 283)という記述がある。

（6）　ミードのペシミスティックな論調については、小谷(2009)も参照。

（7）　原文は、We are born with our fundamental impulses.

（8）　ミードは諸衝動を、個人の存在に先立つ共同体の側に設定しているが、それは徹底した関係性を前提としている。聴覚、視覚などの知覚も全て周囲との関係から取り結ばれるものであると指摘してもいる(1938: 6-7)。

（9）　戦争の時代を経験した女優たちによる原爆手記の朗読劇（「夏の雲は忘れない」）を中学生に見せるプロジェクトの手伝いをしていたことがあるが、観劇の途中で気分が悪くなる生徒が必ず複数いた。残酷な画像がない朗読劇ではあるが、原爆に関わるものに対する気分が悪くなるという反応は、年齢や環境によって知覚過程が変化する一例であると考えられる。

（10）　戦争という究極の暴力に対する非暴力による抵抗の可能性を論じているバトラーも、非暴力には、「変化した知覚状態、別の想像力」が必要であると指摘している(Butler2020=2022: 70)。

（11）　この発言の背景には、第一次世界大戦に直接参加した息子夫婦の存在もあると考えられる(Deegan 2008)。

（12）　ICANには創価学会の国際組織であるSGIも参加、協力している。

（13）　ヒロシマハウスHP(https://hiroshimahouse.com/circumstances/)

文献

Burke, T. & Skowroriski, K. P, 2013, *George Herbert Mead in the Twenty-First Century*, Lexington Books.

Butler, J., 2009, *Frame of War: What is Life Grievable.* (＝2012清水晶子訳『戦争の枠組』筑摩書房.)

————, 2020, *The Force of Nonviolence.* (＝2022佐藤嘉幸・清水知子訳『非暴力の力』青土社.)

Cook, G.A., 1993, *George Herbert Mead: The Making of Social Pragmatist,* The

University of Illinois Press.

Côté, J. F., 2015, *George Herbert Mead's Concept of Society*, Routledge.

Deegan, M. J., 2008, *Self, War, and Society*, Transaction Publishers.

宝月誠, 1997, 「シカゴ社会学の研究」宝月誠・中野正大編『シカゴ学派の研究』厚生社厚生閣, 38-64.

Huebner, D.R., 2014, *Becoming Mead: The Social Process of Academic Knowledge*, University of Chicago Press.

小谷敏, 2009, 「ミードと個人主義再考」『社会学史研究31』3-17, いなほ書房.

Mead, G. H., 1907, "Review of the Newer Ideals of Peace by Jane Addams", *American Journal of Sociology*. 13:121-128.

———, 1914, "1914 Lectures in Social Psychology," 1982, *The Individual and Social Self*, University of Chicago Press.

———, 1917, "America's Ideal and the War", *Chicago Herald,* August 4, 1917.

———, 1929, "National-Mindedness and International-Mindedness," *International Journal of Ethics*, 39: 392-407. (＝2003,加藤一己・宝月誠訳「国の精神化と国際社会の精神化」『G.H.ミード プラグマティズムの展開』ミネルヴァ書房, 159-186.)

———, 1934, *Mind Self and Society*, University of Chicago Press (＝1973, 稲葉三千夫・浦沢正樹・中野収訳『精神・自我・社会』青木書店.)

———, 1938, *The Philosophy of the Act*, University of Chicago Press.

直井(徳久)美生子, 2003, 「社会活動家としてのミードと第一次世界大戦：戦争と平和をめぐる問いと『マインド』概念」『社会学史研究25』71-90, いなほ書房.

Orwell, G., 1940, "My Country Right or Left" (＝2019秋元孝文訳『あなたと原爆』光文社.)

徳川直人, 2006, 『G.H.ミードの社会理論：再帰的な市民実践に向けて』東北大学出版会.

問題提起：特別講演から

ウクライナ危機からの教訓

木村　朗 ｜ KIMURA Akira

この講演は、2022年10月16日に平和社会学研究会の第8回研究例会で行われたものです。題目は「ウクライナ危機の教訓」で、完全に逐語的な文字起こしではありませんが、基本的にはほぼ全文を再現しました。そして講演者のチェックも受けています。

講演者の木村朗氏は、日本平和学会理事で、専門は国際政治学・平和学などです。現在は鹿児島大学名誉教授で、「ISF独立言論フォーラム」代表理事・編集長、「東アジア共同体・沖縄（琉球）研究会」共同代表などで活躍しておられます。著書は、『闘う平和学』『沖縄から問う東アジア共同体』『終わらない占領との決別』ほか多数あります。もともとは東欧をフィールドに研究をスタートさせ、現在は幅広く国際・国内政治を論じています。

この講演では、一般のメディアではなかなか見えてこない歴史的・政治的背景など、興味深いお話が展開されておりますので、ぜひご一読ください。なお、研究例会での講演の後の質疑応答部分は割愛させていただきました。また、節の小見出しは編集側で付したものです。（編集注）

はじめに

木村朗です。昨年2021年の10月に「東アジア共同体 琉球・沖縄センター」の緒方修センター長と一緒に「砂川平和ひろば」の秋集会で講演させていただきました。あらためて御礼申し上げます。砂川関係では、今年4月からスタートした「ISF独立言論フォーラム」（https://isfweb.org/）で砂川平和ひろばの福島京子代表や西原和久先生などの論稿を含めて砂川特集を編んでいます。また、福島さんと西原先生へのインタビュー動画もすでにISFのHPにアップされています。さらに私どもがやっている「東アジア共同体・沖縄（琉球）研究会」

では、11月に沖縄で西原さんの報告などを含めて、年次大会を開催します。

　さて、私の自己紹介ですが、鹿児島大学法文学部を2020年3月に定年退職し、4月から沖縄の那覇市小禄に活動拠点を移して、東アジア不戦共同体のネットワーク作りなどをしています。私の専門は、もともとソ連・東欧関係史の研究で、とりわけソ連との関係でユーゴスラビア研究が中心でした。しかし、ユーゴ崩壊後は、原爆投下や日米安保・沖縄問題、そして2001年の9・11事件からはアメリカ帝国主義の問題など平和に関わるさまざまなテーマ・問題に取り組み、現在に至っています。2022年の1月からは沖縄の「FMぎのわんラジオ」の新番組「沖縄平和トーキングラジオ〜南から風を〜」を持つことになり、与那覇恵子先生や宮城恵美子先生と協力しながらパーソナリティをやっています。また4月からは先ほどのISFの編集長も兼任することになって今日に至っています。1か月のうちの20日間は沖縄に、10日間ほどは東京や九州（福岡・鹿児島）にいます。沖縄に単身移住後の最初の2年間はコロナ禍で思ったように活動できずに苦労しましたが、去年の今頃からは、ネットワークも段々とできてきて、新しいラジオ番組やインターネットメディアを開始することにもつながったわけです。いまは週に2・3回ほど体力づくりでシニアの軟式野球チームで練習をやっていまして、色も黒くなりましたが年と共に若返っているという実感があります。

1．ウクライナ危機の教訓

　では、本論です。今日はウクライナ危機と台湾有事の問題でお話しさせていただきますが、ウクライナ「戦争」というよりも、いまはウクライナ危機あるいは紛争で、戦争はこれからではないかと思っています。なぜそう言うのかは後で述べますが、今回のウクライナ問題はかつてのユーゴ問題とは、民族自決の問題や周辺諸国の介入など、両者が重なる点が多いとの印象を持っています。

　さて、そのウクライナ危機の問題ですが、日本を含む世界の多くの主流メディアでは、2022年の2月24日から突然ロシアが侵攻したということでニュースになりました。ロシアは「特別軍事作戦」と言っていますが、そのロシア

が一方的な侵略者で加害者、プーチンは悪で、ゼレンスキーは善である、さらにウクライナを支援する欧米諸国・NATO、とくにバイデンも善、正義の側に立っていると語られています。しかし、国際紛争を捉えるには、問題の発生の起点をどこに見るかが重要であり、紛争当事国の双方の主張を正しく理解することも重要です。もちろん「理解」と「承認」は別ですが、今回の場合はウクライナの主張だけでなく、それと敵対するロシア側の考えも正しく理解すべきだと思います。なぜ、あの時点でロシアは軍事侵攻を選択せざるを得なかったのかを考える必要があります。主流メディアの報道では、2月24日からロシア軍による軍事侵攻が突然一方的に始まったという理解です。だが実際は、その前から、2月中旬から東ウクライナ地域のロシア系住民に対してウクライナ軍の攻撃が始まっていたという事実があります。しかも米国・NATOは、早い段階からロシアの侵攻を予測し、それを喧伝しながら、実際にはそのかなり前からウクライナ軍による東ウクライナとクリミアの軍事的奪還の準備を支援していたことも知っておく必要があると思います。

　より中長期的に見れば、ウクライナ危機は、2004年11月～12月のオレンジ革命、このときは親ロシア派のヤルコヴィッチが大統領に当選したのですが、選挙に不正があったとされてロシアに亡命を余儀なくされて親欧米派のユシチェンコ大統領に代わりました。しかしその後、そのユシチェンコ大統領が汚職などで失脚してからは、またヤルコヴィッチが2010年1月～2月の選挙で当選して大統領に返り咲いていたのです。しかしさらに2014年2月の「ユーロ・マイダン革命」、実質上はマイダン・クーデターですが、これは選挙で合法的に選ばれたヤルコヴィッチ大統領を暴力的な蜂起で追放し、新たに親欧米派のポロシェンコが大統領となりました。ポロシェンコ大統領は就任直後からロシア語禁止を打ち出し、東ウクライナ地域のロシア系住民に対する迫害・追放・虐殺に乗り出して内戦状態になり、その内戦がその後8年間続き、現在にまで至ったのです。一方、その間にクリミアではロシア軍が出動した後で住民投票が行われて、ウクライナからの独立とロシアへの編入が行われました。

　ゼレンスキーが大統領になるのはその後の2019年で、彼のもとで内戦はさ

らに拡大したのです。その内戦では、ロシア系住民は1万4,5千人が犠牲になったと指摘されています。この内戦の経緯については西側ではまったく報道されずに、あたかも2022年2月に突如戦争が始まったかのように報じられていますが、それは事実とは異なるもので大きな問題です。

　じつはロシアがウクライナに軍事介入した理由は、マイダン・クーデターでの親欧米系指導者が、ロシア語の禁止やロシア系住民の追放や虐殺を行いはじめ、そして東ウクライナの住民が武装して自衛・防衛することになった点にあります。誤解されているのは、この8年間、ロシア軍は直接的な軍事支援はかなり控えていたということです。それでもなぜ東ウクライナは持ちこたえたかというと、クーデターで登場した親欧米のポロシェンコ政権に対して、ロシア系のみならず、一部のウクライナ人も東ウクライナに移動して防衛的な軍事行動に携わり、ウクライナ軍はそこを完全占領できなかったという経緯があります。2014年のクリミアの住民投票によってクリミアがロシアに編入されるということになり、その後東ウクライナでの投票も実施されました。クリミアはもともとロシア領であったものを、1954年に当時のフルシチョフ書記長がウクライナに編入したという経緯がありました。そして2014年に大多数はロシア系であったクリミアの住民が、その後の住民投票で圧倒的多数の支持でロシア編入を決定したのです。その1年後に日本の鳩山由紀夫元首相や木村三浩一水会会長なども現地を訪問して、クリミアの住民が平和で静かに生活しており、ロシアへの編入をほとんどが歓迎していることを確認しています。今後、国際監視の下で何度住民投票をしても、同じ結果となるでしょうと鳩山氏は言われていましたが、私もその通りだと思います。

　ユーゴ問題を研究していた私の立場からしても、クリミアの独立・編入に対しては、プーチンが言っていたように、コソヴォの独立を認めてクリミアの独立・編入を認めないのは二重基準、ダブルスタンダードではないか、と思います。当時においてユーゴ解体やコソヴォの独立を押し進めたのは欧米諸国でした。スロヴェニア独立にはオーストリア、クロアチアにはドイツが、ボスニア＝ヘルツェゴビアやコソヴォの独立にはアメリカが指導的な役割を果たしたと言えます。欧米諸国は軍事支援・資金援助だけでなく、独立承認

のためのプロパガンダを行っていたのです。アメリカなどの戦争広告代理店がセルビアによる「民族浄化」などのプロパガンダを推進して、セルビア＝悪、その他の共和国＝善といった構図を作り出しているといえます（NHK特集をまとめた、高木徹『戦争広告代理店』講談社、2005年を参照）。今回のウクライナ紛争でも、欧米諸国の数百の戦争広告代理店が暗躍して、ロシア＝悪、ウクライナ＝善といった同じ構図がプロパガンダとして大量に流されています。

　ウクライナ紛争に関するプロパガンダ・フェイクニュースについては、青山学院大学名誉教授の羽場久美子先生や、立命館大学名誉教授で平和ミュージアム館長も務めた安斎育郎氏、ISF副編集長（国際問題担当）の成澤宗男氏などの各氏も指摘していますし、それらの論考はISFにもアップさせていただいていますので、ぜひアクセスして確認していただきたいですね。主なウクライナ側の情報操作・プロパガンとしては、いわゆる「ブチャの虐殺」やマウリポリの小児科病院や劇場の砲撃なども明らかにウクライナ側のプロパガンダ、フェイクニュースだと思われます。私の方から付け加えるとすれば、IAEA調査団が滞在した際にも行われたザポリージャの原発攻撃も、ノルドストリームのパイプラインへの攻撃もロシア側が行う理由がなく、明らかにウクライナとそれを支援する米英などのNATO側の仕組んだものだと考えられます。

　「戦争の最初の犠牲者は真実である」と言われているように、戦争における情報操作の問題は非常に大きいと思われます。私が平和学を取り組み始めた際にも、最大の問題は、情報操作メディアリテラシーの問題でした。ユーゴ問題でも、サラエヴォの青空市場への砲撃やコソヴォの虐殺も当時はセルビア軍の仕業とされていましたが、いまではそれは後の調査・検証でボスニア＝ヘルツェゴビアによる自作自演だと明らかにされています。当時からでっち上げの可能性が高いと私は考えていましたが、当時はセルビア側が行ったとされる「民族浄化」への批判とともに、セルビアやミロシェヴィッチ大統領の悪魔化が圧倒的な情報操作によって行われていたのです。ウクライナ危機の起源に関しては、オレンジ革命やマイダン・クーデターなどの選挙に絡むもので、ネオコンのウクライナ系ユダヤ人であるビクトリア・ヌーランド（当時は国務次官補で現在はバイデン政権の国務次官、その夫はネオコンとして著名なロバ

ート・ケーガン）などが情報操作・転覆工作の中心で、それを支援していたのが、ジョージ・ソロスやバイデン（当時はオバマ政権の副大統領）であったということも明らかになっています。亡くなったジョージ・マケインも何度もウクライナを訪問してロシアとの対立を煽っていました。ロシア系の少数民族にとって、ロシア語禁止問題は死活問題であり象徴的な出来事でした。ユーゴでも少数民族の言語問題が重大な問題でした。ウクライナの30以上のネオナチグループが欧米諸国が送った傭兵部隊勢力などとも合流しながら、ウクライナ正規軍にも編入されて、東ウクライナなどへの攻撃や住民虐殺を行っていました（「オデッサの虐殺」はその一つの事例にすぎません）。2014年段階では欧米諸国や日本でも「テロ組織」と認定されていたネオナチの「アゾフ大隊」が、ウクライナでの内戦が拡大する中で英雄視されるように変化したのが、今年2月以降のNHKを含む主流メディアの報道の特徴でもあることも知っておく必要があると思います。

　このウクライナでの少数民族と言われている3割から4割のロシア系住民の問題とともに、もう一つ重要なのが、NATO拡大問題です。

2．NATO拡大問題をめぐる対立

　1991年の冷戦終結以降、当時NATO加盟国は16か国でしたが30か国へと拡大していきました。当初の、NATOを拡大しないという約束、これは東京外語大の伊勢崎先生が文書もあることを確認していますが、それを無視して一方的に破ったのがアメリカです。2008年のルーマニアでのNATO首脳会議でブッシュ・ジュニア米大統領が、ジョージアとウクライナをNATOに加盟させる意図を表明し、それがロシア側の直接的な脅威になっていたということがあります。今後ジョージアとウクライナだけでなくスウェーデンやフィンランドが加入すれば、NATOは34か国にまで拡大します。私はいまのところウクライナのNATO加入はないと思っていますが、そもそも冷戦終結時にソ連が消滅しただけでなくワルシャワ条約機構も解体されたのに、なぜNATOがいまも存続しているのか。それは、軍事的理由からというよりも、軍産複合体の生き残り戦略であると思います。ソ連消滅・ワルシャワ条約機構解体

後、欧米諸国への軍事的な脅威がなくなったのに、NATOは脅威を域外に求めることとなり、1999年3月にはユーゴを空爆しています。これは、NATOの域外への最初の空爆で、当時「新しい戦争」とも呼ばれました。NATO空爆の口実は、コソヴォにおけるアルバニア系住民の虐殺をセルビア側が一方的に行っているというプロパガンダでした。これも捏造です。千葉大学名誉教授の岩田昌征氏がこのことを詳しく書かれています。NATOのユーゴへの域外空爆で存在意義を確認したのです。NATOは冷戦時には一度も軍事行動をしておらず、このユーゴ空爆が1949年のNATO結成後に行った最初の軍事行動です。

　じつは、ウクライナ危機へのNATOの関与、ウクライナへのさまざまな支援は、まだNATO加盟国でもないのに、2014年以降、武器支援や軍事顧問団の派遣など直接間接にすでに始まっていました。NATO諸国が送り込んだ10万人規模の傭兵が、脆弱となったウクライナ軍に代わっていま戦闘地域で中心的に活動しています。アメリカやイギリス、カナダなどの将校たちがウクライナでの戦闘に直接関与していることも明らかになっています。ロシアとクリミアを繋ぐクリミア大橋の爆破もイギリス諜報機関が関与していたとの情報も出ています。ウクライナ・ロシア紛争は、もはやアメリカ・NATOとロシアとの戦争状態となっていると言えます。核問題もロシアが一方的に使用するとのプロパガンダがなされていますが、ウクライナ側が独自に核開発を行っていたとの情報もあり、それをロシアは事前に把握して特別軍事作戦を発動して最初に原発関連施設を確保したようです。ロシア軍が最初に押さえたのが原発施設であったということは、そこが核兵器製造と関わっていたことを意味しています。ゼレンスキー大統領も核保有を目指す発言を行っていました。もともとウクライナはロシアに次ぐ核大国であったわけで、あらゆる条件が揃っており、2014年以後は核開発を行っていた可能性が高いと思われます。さらにまた、ウクライナでは生物化学兵器製造所も30箇所程度ある（46か所との指摘もある）とされ、この恐ろしい生物化学兵器の使用も検討されていたようで、その情報をプーチンが事前につかんだうえで軍事作戦を行ったようです。このウクライナにおける生物化学兵器製造所については、あの

ビクトリア・ヌーランド国務次官がアメリカの議会でも報告しており、さらにロシアの国連大使も言明しているのですが、日本を含む西側の政府とメディアは一切無視しているのが現状です。この生物化学兵器の問題と新型コロナ・ワクチンの問題とも絡むのですが、この点はここでは省かせていただきます。

　そういうわけで、ウクライナ問題の背景は、歴史的にも冷戦終結時まで立ち戻る必要がありますし、単にNATOや東ウクライナのロシア系住民の問題だけでなく、生物化学兵器や核兵器の問題とも絡んでいるということを押さえておく必要があると思います。日本ではこうした見方はあまり出させていません。ただそうした中でも、羽場久美子先生や孫崎享さん、木村三浩さんなどが、ロシアが一方的に悪なのではないと指摘されているのは注目されます。しかし、そうした人々は残念ながら圧倒的に少数派で、反戦平和・護憲の人々も含めて「ロシア・プーチン＝悪、ウクライナ・ゼレンスキー＝善」の構図に完全に染まってしまっています。これはまさに体制翼賛といってもよい状況で、こうした状況は戦後初めてではないでしょうか。あのイラク戦争の時も、戦争が始まる前は多くの人々は反戦運動に参加しましたが、戦争が始まったら沈黙を余儀なくされたというのが実情でした。しかし今回のウクライナ紛争では、反戦・平和グループ、護憲派や立憲派、野党もすべてロシアを批判する側に回り、ゼレンスキーの国会演説では立ち上がって拍手喝采し、ロシア非難決議も圧倒的多数でなされています。ただ一部の少数の人のみ、たとえば沖縄選出の高良鉄美議員など棄権に回ったことは良かったと思います。この日本の状況とは対照的に、韓国国会ではゼレンスキー演説を聞いた人も少なく、スタンディンオベーションもなかったわけですし、ナンシー・ペロシ下院議長が台湾訪問時に韓国に立ち寄った時、韓国大統領はあえて会わなかったという点ではまったく対応が異なり、独立国家であるか否かを考えるうえで大変興味深いと思います。

　このウクライナ危機に関して、海外でシカゴ大学のジョン・ミアシャイマー氏やフランスのエマニエル・ドット氏などが、ウクライナ危機の原因と責任はアメリカにあると明確に述べて批判しているのが注目されます。つまりウクライナ危機・紛争はアメリカの対ロシア代理戦争として行われていると

いうことです。この点も日本のメディアはほとんど触れていません。核戦争の危機、核使用を最初に行う可能性が高いのはロシア側ではなく西側ではないか、といういう点に注意が必要だと思います。こうした問題意識をもって、これから東アジアに目を向けてみましょう。

3．東アジアと台湾問題

ロシアのウクライナ侵攻の次は中国が台湾に侵攻するのではないかというのが西側の一般的な報道のあり方ですが、これはまったく違うと思います。覇権国家としてのアメリカが冷戦後に敵対視してきたのがまずロシアでしたが、いまは中国を最大の潜在的脅威として敵視している点が重要なポイントです。ただアメリカも一枚岩ではなく、中国敵視は共和党のトランプ時代からです。オバマ大統領や民主党は中国とは共存共栄でやってきていたのですが、トランプ大統領登場以後は、アメリカの覇権国家の地位を危うくするというので、中国を警戒しています。それをバイデン大統領も基本的に引き継いでいるわけです。ただ、いまはウクライナ危機があってロシアが最大の問題となっていますが、ロシアをあまり追い込んで中国に近づけてしまうのは得策ではないと考える人々がアメリカや日本などにもいるようです。NATO拡大問題に対しても冷戦時に包囲政策を唱えたジョージ・ケナンだけでなく、最近ではヘンリー・キッシンジャーがダボス会議でNATO拡大はロシアを追い込んで核戦争・第三次世界大戦を招く危険があるので慎重であるべきだと主張して、ジョージ・ソロスなどと対立したという情報も流れています。じつは中国がいまロシアと接近して西側と「新たな冷戦」が始まっているとの見方も出されています。ただこの新冷戦という言葉は、アメリカが一方的に仕掛けているもので、多くの国々の賛同・支持を得ているわけでもないので適切な表現ではないと私は思っています。しかし、既存のアメリカ主導の世界秩序がいま大きく揺らいでおり、世界はまさに大きな転換期に入っていることは確かです。これまでの戦後の世界秩序は、ドルと核の傘の下でのアメリカの世界支配で成り立ってきており、冷戦後は特にそうだったのですが、新型コロナ危機やウクライナ危機の後は、アメリカ中心の世界秩序から大きく

転換しつつあると思われます。いまは西側中心の世界秩序が東側や南側へと移行しつつある、というのが私の基本的認識です。それを象徴するのが──G7はもはや力がないので──G20であって、そこではアメリカはもはや少数派になりつつあります。とくに、BRICSとその拡大、つまりブラジル、ロシア、インド、中国、南アフリカに、イランやトルコ、インドネシア、アルゼンチン、さらにサウジアラビアなども加わりつつあります。この点に注目する必要があり、さらにそれに上海協力機構もオブザーバーを含めて拡大しつつあります。国際的な経済金融システムもそうですが、時間の関係上この点は他の専門家にお任せしますが、ともかく米国中心の帝国主義的な世界秩序がいま変化しています。

　この点は私は基本的には歓迎すべきものだと思っていますが、その転換期ではカオス・混乱が生じますし、追い込まれている側が手段を選ばず何をするか分からないといった危うさがあります。つまり場合によっては核戦争・第三次世界大戦の引き金をエスカレートさせる勢力の登場の可能性さえあるということです。そうした、いま大変重要な時期だということは間違いないと思います。さらに言えば、東アジアでは、いわゆる「台湾有事・危機」を作り出そうとしているのは中国ではなく、アメリカと日本です。その「台湾有事」に台湾の蔡英文総統も乗っているかのようです。尖閣問題も、日中間の合意であった「棚上げ論」を無視して一方的に国有化を宣言して危機を作り出したのは日本側です。私も参加した昨日の沖縄での集会でも、この点は、ウクライナ危機・紛争がアメリカの対ロシア代理戦争として行われているとするならば、台湾有事・危機はアメリカの対ロシア代理戦争として行われる可能性が高いとの問題意識も含めて、参加者によって共有されていました。

　台湾にはアメリカからの武器輸出だけでなくアメリカの軍事顧問団も入って台湾軍と合同で軍事訓練を行っていますし、米国高官も議員団も次々に台湾入りしています。バイデン大統領がときどき口を滑らせているように「台湾有事」にアメリカが責任もって軍事的に対応すること、そして故安倍晋三首相も「台湾有事は日本有事、日米同盟の有事」であり、「核の共有」も必要だという問題ある発言もこの流れです。台湾有事に備えるということで、自衛隊の

南西諸島のミサイル基地建設が既成事実として着々と進んでいますが、これは明らかに日米軍事一体化で、中国を仮想敵国としてアメリカの海兵隊は日本の自衛隊との共同作戦の展開、戦争準備を進めているということです。中国を挑発して危機を作り出そうとしているのはアメリカ側であり、そして日本側であるということを押さえる必要があります。ただ、私は言われているような台湾有事・危機争が起こる可能性は低いのではないかと思います。本音では、台湾の人々も中国の人々も、現状維持が多数派であり、アメリカも台湾をめぐって米中対立を拡大させて核戦争を含めた全面対決をするなどは考えてはいないと思います。ロシアとの関係でもそうですが、中国ともそうした核戦争をやろうとは本気では考えていないと思われます。

　それでは何が問題なのかというと、米中対立というよりも、むしろ日中対立であり、尖閣周辺の東シナ海や南沙・西沙諸島周辺の南シナ海などでの海上での日中間の小規模の衝突や沖縄周辺での衝突はありうることです。その場合、先島諸島や沖縄だけでなく、奄美・徳之島や種子島・馬毛島など鹿児島なども巻き込んで、エスカレート・先鋭化することもありえます。ただその場合でも、戦場となるのは沖縄・日本だけで、米軍基地のあるグアムやハワイを含めてアメリカ本土は無傷のまま、というシナリオがあると思います。この点は重要視する必要があり、日本とりわけ沖縄を再び戦場にするなということが最重要なポイントになります。もちろん、沖縄などが核戦争にさらされる可能性はまったくゼロとは言えません。

　そうさせないためにもという強い危機感から、沖縄を含む南西諸島や鹿児島でも、沖縄の「ノーモア沖縄戦 命どぅ宝の会」や奄美などの南西諸島を含む鹿児島でも「鹿児島を戦場にさせない県民の会」が立ち上がって活動を始めています。私もその両方に少し関わっていますが、そうした闘いを沖縄や鹿児島だけでなく日本全土に広げていくことが今後ますます重要になってきていると思います。

　以上で、私の話は終わらせていただきます。どうもありがとうございました。

砂川闘争と闘争リーダーの平和への想い：
宮岡政雄の思想と行動
——「砂川平和ひろば」代表・福島京子氏へのインタビューから

福島京子 | FUKUSHIMA Kyoko

編集注：砂川闘争は、1950年代の半ばから基地拡張計画で土地を奪われる農民を中心とする反対派の人びとによって闘われた。それは基地拡張のための測量の中止や基地拡張それ自体の断念という成果をもたらすと同時に、反対運動での逮捕者をめぐる裁判で「米軍駐留は違憲である」という地裁判決（いわゆる伊達判決）も出て、「無罪」を勝ち取とった運動であった。

しかし、半年余り後には、高裁を飛び越えた国・政府側の「跳躍上告」によって最高裁で逆転判決が出て、最終的に被告たちは有罪となり、しかもその際の最高裁の論拠はこうした統治に関わる問題には最高裁は関わらないといった「統治行為論」が持ち出され、それ以後の全国の基地関連訴訟の判例となって今日まで影響を及ぼしているものである。

だが、2008年に上記の跳躍上告や最高裁判決が米国からの圧力によってなされていたことが、米国の国立公文書館の解禁文書によって明らかとなり、現在もこの点に関する国家賠償請求訴訟が係争中であって、要するに砂川闘争は過去の歴史の一幕ではなく、これからの東アジアや世界の平和にとって重要な意味をもつ出来事であるとみることができる。

そうした砂川闘争のリーダーの一人に、宮岡政雄氏（1913 – 1982）がいた。彼は、砂川の農家の16代目で、戦時中は台湾に出征し、戦後の復員後には家が空襲で焼失していることを知ることになった。そして、10年後に基地拡張問題が発生した。すぐに反対同盟のリーダーになり、裁判闘争も彼が中心となって闘われ、反対同盟内では「法務大臣」とも呼ばれた方である。この反対同盟を中心とする運動で、上述の1959年の立川基地に関する地方裁判所の違憲判決（いわゆる伊達判決）が引き出され、さらに1968年には米軍や政府による基地拡張断念にまで至りついていったのである。

だがさらに、宮岡氏は、こうした土地死守の運動だけでなく、軍隊の経験を踏まえて非戦・反戦を訴え、原水爆禁止運動などにも関わり、戦後の平和憲法を重視していた。そこで、1960年代後半から70年代には、立川基地跡地への自衛隊移駐

反対運動の代表としてかかわり、沖縄や三里塚の運動とも連携して、1982年に亡くなるまでまで反戦平和の活動に従事した。宮岡政雄氏は、その活動を1970年には『砂川闘争の記録』初版（三一書房）として出版した（同書は2005年に御茶の水書房から再刊された）。

　ここでのインタビューは2022年11月20日に、平和社会学研究会の第10回研究例会でなされた。インタビューの相手は、この宮岡政雄氏の次女で、宮岡氏の精神を受け継いで現在「砂川平和ひろば」代表として活躍している福島京子氏である。彼女の記憶と経験にもとづいて、砂川闘争の過去から現在、そして平和構築に向けた未来への展望をここから模索したいと思う。

　　　　　（編集注の執筆および質問と文字起こしは西原和久がおこなった。）

質問01.　立川基地は最初、1922年に日本陸軍の立川飛行場として始まり、今年2022年は100年目にあたります。その飛行場建設の後、立川や砂川の農地はどのように接収されたのでしょうか。まず、戦前のその時期の様子を教えてください。

◆**福島**：最初の接収は1938年で、父が25歳の時ですが、私の家との関連では、砂川界隈の全体で1000坪が何の保証もなく接収されました。2回目の接収は、父（宮岡政雄）が28歳の時の1941年で、陸軍工廠のための土地確保で、当時の立川基地の西側の5000坪でした。それは農地全体の75％にあたり、こうして接収された土地の農家の人びとはほとんど農業経営が成り立たなくなってしまうという状況でした。父は五日市街道から屋敷続きに南に広がる土地と、親戚も土地をもっていたので借りて、何とか農業ができた状況でした。

質問02.　いまのお話は宮岡家にかかわるものでしたが、それ以外にもさまざまな接収があったと聞いていますが、その後、戦時中に、宮岡政雄氏は台湾に出征し、戦後になって台湾から帰郷しますね。そして、その後10年の1955年5月4日に砂川町への基地拡張が通告されるのですが、それまでの戦後の最初の10年間、宮岡氏はどのように過ごしたのですか。

◆福島：1945年の8月2日、終戦間際ですが、自宅周辺に焼夷弾が落とされ、私の自宅も焼失してしまいました。そして父は九州経由で12月にやっと帰ってきました。自宅焼失に呆然とし、その時戦争は、男たちだけでなく女性や子どもたちまで苦しめるものであることを実感し、決して戦争をしてはならないと強く思いました。そして、かろうじて残った養蚕用の小屋で生活を立て直そうと努めました。ただ、もはやそれまでやってきた養蚕業はできずに、陸稲や薩摩芋などを作って細々と農作業を再開しました。そして同時に、父はこの地区の代表になって、被災した人たちの税金の軽減などの運動を始めました。そして税金の免除や供出の免除などに尽力しました。さらにそのとき、父は農地改革の委員となって、地主や小作人の人びとへの農地の割り振りなどにも尽力しました。ですので、この砂川の(土)地の状況はほとんど把握していたようです。

質問03.　そうですか、戦後のその時もうすでに、いってみれば地元のリーダー的な存在であったのですね。そうした活動の渦中にあった時期、1950年の朝鮮戦争開始から1952年の講和条約発効・旧安保条約締結の頃のことですが、宮岡氏はそのような出来事に対してどんな心境だったのでしょうか。

◆福島：そうですね、父は沖縄や奄美や小笠原などの島々、さらには北方領土の問題に関しても、たいへん心を痛めておりました。というより、いまでも影響があるわけですが、講和条約や旧安保条約がこうした問題を引き起こしていることに対して強く問題を感じていたようです。父と安保条約の問題は切り離せない事柄でした。そして何よりも父は、憲法が示した民主主義や国民主権という言葉を大事にしようとしていました。

質問04.　そして、1955年の5月4日に、基地拡張の通告が当選したばかりの宮崎町長に対してあり、すぐにその2日後に「砂川町基地拡張反対同盟」が結成されたわけですが、この反対同盟が結成された際に宮岡氏はどういうスタンスだったのでしょうか。

◆**福島**：知らせを受けて、父はすぐにかつての強制接収のことを思い出したようですが、しかしそれは戦前のことです。戦後のいまは民主主義の時代だから、主権者たる国民の意見を聞いてもらえる可能性があると考えたようです。そこで、最初の会合に行くときに、父はもう闘う覚悟を決めて、たった一人になっても闘い、たとえ要求が通らずに土地が接収されても、戦争は絶対にダメだという反戦平和のために活動したのならば、ご先祖も許してくれるだろうという覚悟をもって臨んだようです。そして五日市街道沿いに1番から10番まである砂川町の4番と5番の地区が主な拡張予定地でしたので、父は4番の代表に、青木市五郎さんが5番の代表になって闘う準備ができました。反対同盟全体としては、年長の青木さんが反対同盟の行動隊長、若かった父が副行動隊長になりました。

質問05. その副行動隊長として、宮岡氏は、1955年から1956年10月の測量中止決定まで、主にどんな活動をされていたのですか。

◆**福島**：父はつねに法律を頭に置き、「犯さず、犯されず」と考えていました。法を犯さず、また法によって犯されないということです。ですので、反対同盟は、非暴力力による反対運動を誓い、法を犯さないで効果的な反対運動の作戦を連日検討したようです。そしてまず最初にやったのは測量に立ち会わないこと、そして自分たちの私有地内部の奥から反対を叫ぶこと、そうすれば警察隊も私有地に勝手には入れないことになります。そうして測量隊の動きを見ながら作戦を立て、非暴力、不服従を徹底していったのです。

質問06. もちろん、その間に農作業もおこないながらですから、たいへんな日々だったと思います。「土地に杭は打たれても、心に杭は打たれない」という有名な言葉もこのころの闘いの心境を表しているのですね。そして1956年の10月13日の激突のあとに「測量中止」の政府決定が伝えられ、すぐ後で勝利集会もおこなわれました。しかし、1957年には、基地の中にある農家の私有地に対して測量が実施されるということになり、さらに闘争

は続いていったのですね。この1957年の基地内測量への闘いにおいて、宮岡さんはどんな活動をされていたのですか。

◆福島：基地内には、八軒の民有地の地権者がいました。その人たちは、砂川闘争が始まってすぐに、これまでの基地への賃貸契約を継続しないことを決めました。基地外の測量は困難になり、それは航空写真等で測量に変えることになったのですが、基地内は測量ができるわけです。ですから、反対する人びとは基地の外から反対をしたわけですが、そのときフェンスが壊れて一部の人びとが基地内に入り、23名が逮捕されたわけです。そして、そのうちの7名が起訴されて裁判になったのです。

　質問07.　そして起訴された7人のうちの1人が、当時の都学連の委員長・土屋源太郎さんで、土屋さんは2022年秋現在で88歳になりますが、目が少し悪いだけで非常に元気に活躍され、先日も私どもの「砂川平和しみんゼミナール」にも来ていただいてお話をうかがうことができました。そのお話でも話題になりましたが、当時の裁判においては、1959年3月30日に地裁で画期的な判決が出たわけですね。「米軍駐留は違憲である」という伊達秋雄裁判長による地裁判決です。この、いわゆる伊達判決に至る過程において、宮岡さんはどんな立場でどんな活動をなさっていたのでしょうか。

◆福島：そうですね、父は毎回のように裁判の傍聴に行っていました。そしてそれだけでなく、起訴された人びとのうちには、労働者で解雇された方々もいらしたので、そうした人びとの支援活動や解雇反対闘争などもずっとやっていたようです。

　質問08.　宮岡氏はそれ以外の裁判闘争でも中心になって活躍して反対同盟の「法務大臣」などとも呼ばれたわけですが、伊達判決に関して、宮岡さんはどんな感想を持ったのでしょうか。

◆福島：それはもう、本当に画期的な判決だと捉えており、裁判長の英断を讃えておりました。この判決が今後の闘いの大きな原理となると強く感じていたと思います。しかしすぐに「跳躍上告」となりましたので、このやり方に対してたいへん疑問をもっておりました。ただ、日米安保条約の改訂が近づいていたので、ここで国の力が裁判過程に大きく影響を及ぼすこと予想ができていたようです。60年安保改定が近づいていた時期で、国としては違憲判決が出てしまったのでぜひともそれを覆さなければならないと考えたのでしょうが、「跳躍上告」ということまでやるとは予想がつかなかったと思われます。

質問09. そして、その跳躍上告で、同年の12月16日に最高裁判決が出て、審議のやりなおしで事実上の有罪判決となるわけですが、最高裁判決が出た際の宮岡氏の心情はどのようなものだったのでしょうか。

◆福島：そうですね、これで日本の司法権は失われたと捉えて、最高裁判決には非常に落胆していました。父は砂川闘争が始まってから六法全書と広辞苑を買い求めて常に手元に置いて、法律を大事に思い、必死に勉強していましたから、この判決によって日本の司法権は失われてしまったと考えたようです。夜は六法全書を紐解きながら、どう解釈したら主権者のためになるのかを常に考えていましたから、この判決に対しては司法権の放棄だと本当に落胆していました。

質問10. この最高裁判決のすぐ後の1960年1月には新たな日米安保条約が結ばれ、その後の6月の国会批准の段階に進むのですが、その間に展開されたいわゆる60年安保闘争に対しては、宮岡氏はどんな思いだったのでしょうか。

◆福島：はっきりと反安保の立場です。安保条約は日本の基地問題と直結しているもので、新しい安保条約も同じ状況で、しかも日米の行政協定が地位

協定に代わっただけで、同じように日本の主権などが及ばないものですから、これでは基地の問題も解決せず、そこでの主権者の命さえも守られない状態が続くと捉えていました。そして、この間にも弁護士さんとつねに打ち合わせながら、各種の裁判闘争も担っていましたので、その打ち合わせを含めて多忙な日々も過ごしていました。

　質問11.　その当時の宮岡氏の生活が目に浮かぶようですが、そうして自然承認の形で新たな安保条約が決まった後の1960年代についてお聞きします。とくに宮岡氏は1960年代半ばの、中国文化大革命、そしてベトナム戦争開始(北爆)に関しては、どのような思いだったのでしょうか、そしてその間の主な活動に関しても教えていただければと思います。

◆福島：60年代に入っても、砂川闘争は収用認定などの闘争も含めてまだ続けられていたのですが、一部では闘争は終わったという雰囲気もあって支援者の数も減ってきたので、父はなんとか砂川闘争や反戦平和のことを考えてもらいたいと思い、頑張っていました。そうしたなかでベトナム戦争も本格化し、測量は中止になったとはいえ、また不当な最高裁判決も出たとはいえ、まだいつ農民の土地の収用認定が行われて、農地が一方的に取り上げられてしまうかもしれないという切羽詰まった状況の中で、生活していたわけです。
　そうした中で、ベトナム戦争に向けて、米軍立川基地からも飛行機が飛び立っていく状況が生まれてきたわけです。そのなかで、ベトナム戦争に反対し、沖縄とも連帯して、米軍立川基地反対の新たな闘いとして展開するようになったのです。そして砂川に再び基地反対の旗がなびくようになったのです。長い旗竿が飛んでいく飛行機の進路を妨げるような新たな闘いが始まったのです。さらにまた、残された裁判闘争の中でも、弁護士とともに、収用委員会への申し入れなど地味な闘争をずーと続けていました。
　そうした砂川闘争は、外国にも知れ渡り、中国や旧ソ連からもアプローチがあったようです。旧ソ連のプラウダからの取材やお誘いもありました。外国のメディアが非常に注目していたようです。

質問12. 基地問題は、外国との関係が焦点ですから、外国から注目される
のはよくわかりますね。朝鮮半島から戻ってくる米軍輸送機が1953年には
立川の隣の私の住んでいた小平市の農地に墜落し、乗員129名全員が死亡
する事故もありました。住宅地に落ちたら大変でした。外国と繋がってい
る米軍基地というわけですが、宮岡氏は、1960年代後半の、ベトナム反戦、
三里塚闘争、沖縄返還問題に関して、さらにはそのころの支援者側にはい
わゆる三派系全学連なども加わっていたようですので、そうした点に関し
て、宮岡氏は何を思い、どんな活動をしたのでしょうか。

◆**福島：**米軍立川基地からベトナムや沖縄の基地との間を行き来する飛行機
はつねに墜落やオーバーラン等の危険と背中合わせですので、砂川闘争関係
者は市民団体とも連携していました。また、このころ新しい全学連の運動も
盛んになり、砂川にもしばしば来てくれました。父は、つねに「来る者は拒まず、
去る者は追わず」という姿勢でした。ただし、砂川闘争は反対同盟をはじめと
する砂川の人びとが中心となっているので、その方針に合わないような場合
は緊張関係が生まれることもありました。ただ、あくまでも農民中心の、暴
力を振るわないという砂川闘争の担い手の方針のもとで行動していました。

質問13. その時期の1960年代後半からの砂川での動きは、いわゆる「第2
次砂川闘争」とも呼ばれていますが、それを少し追ってみたいのですが、次
のような点が注目されましたね。つまり、砂川を記録する会編による『写真
集 ベトナム反戦闘争 1965-69年 砂川』という本にも記されているように、
1965年5月には、反対同盟と三多摩労協共催で「ベトナム反戦集会」が開か
れ、その後に立川駅までデモ行進が行われました。また、翌年の1966年6
月には、「三里塚新国際空港設置反対同盟」が結成され、1967年1月には、
いわゆる三派系全学連が砂川に来ます。そして同年の5月28日には、「ベ
トナム反戦＋基地拡張阻止」という集会が、反対同盟、総評/社会党、共産
党などの参加のもとで開催されています。なお、68年には1月に佐世保米
軍基地への空母エンタープライズ入港反対運動、5月に日大全共闘、7月

に東大全共闘が結成され、10月21日には国際反戦ディで盛り上がっていた。そうした時代背景の中で、1969年の2月には、立川基地に隣接する砂川の農地に「反戦塹壕」ができ、砂川反戦塹壕行動隊が反戦櫓や地上8メートルほどの反戦旗を10数本立てる活動を行っていたわけですね。その時代、宮岡氏は、沖縄の阿波根昌鴻さんとも交流があったようですが、三里塚の戸村一作さんや北原鉱治さんなどとも交流していたようですね。三里塚の人びととの交流の様子についても教えてください。

◆福島：三里塚に空港建設が正式に決まる前後から、戸村一作さんや北原鉱治さんらが、ちょくちょく父のところに来て、砂川闘争はどんな様子だったのかを聞いていました。父はその時、とにかく「絶対反対」を貫き通すことが大切で、一つでも条件を挙げてしまうとそれで闘いは終わりになってしまうということを話していたようです。そしてお互いに行き来し、集会があれば、お互いがお互いの集会に参加して交流し合う関係となりました。そのなかで全学連の若い人を紹介することもしたようです。ただし、砂川の場合はつねに砂川の人びとがイニシアティブをもつということを強調してました。時には支援の人の力が前面に出て混乱することもあったので、この点は譲れない点だと考えていたようです。砂川闘争はその後もずっと続いており、全学連の学生たちの参加が減っても、裁判闘争を含め闘いは続いていたのです。1976年に基地内の民有地が返還されるまで、砂川闘争はずっと続いたのです。

質問14.　その過程で1968年末には米軍立川基地拡張中止が発表され、翌年には拡張のための土地収用認定も取り消されて、69年の末には米軍立川基地から米軍の飛行部隊が撤退しますね。といっても、横田基地に移動するわけですが、しかし1972年の沖縄返還のとき、まさにその年に米軍に代わって立川基地への自衛隊強制移駐が始まりました。そうした時期の宮岡氏の活動はどんなだったのでしょうか。

◆福島：この間も基地内の民有地の返還訴訟は続けられており、1961年の初

公判から約15年、ようやく1976年に地権者の青木市五郎さんの土地などを取り戻したのです。そしてその間に1972年の自衛隊の強制移駐が始まったのです。市民の80％以上が反対し、市長も反対したのですが、それを押し切って空からヘリコプターで進駐してきました。当初は、3年間の暫定利用という名目でしたが、結局、現在まで続いています。

　そこで父は、「自衛隊の砂川移駐に反対する立川市民の会」を砂川ちよさんたちと立ち上げて、その代表となり、さらに「全国住民運動連絡会」も作って、これからは間接民主主義だけでなく直接民主主義も重要で、全国の基地問題、公害問題、騒音問題、その他のさまざまな住民運動が結びついて一緒に活動できるように呼びかけ、第1回目の集会も開かれました。ただ、その直後の1978年に父は脳溢血で倒れて半身不随となり、残念ながらこの活動はできなくなりました。ただ、地元の砂川では、自衛隊移駐反対の運動が芽生えて継続していき、連絡会の方々も砂川に来て地元の人たちとの連帯が見られました。また、買収された土地、農地が空き地になっており、そこを自主耕作する活動も始まりました。

　そして運動の焦点は、国の案に従い立川市が進める基地跡地の「三分割」、要するに自衛隊・公園・行政ゾーンの三分割に反対する運動につながっていきました。三分割を認めることは、自衛隊の基地存続を認めることになるわけですが、1978年には国のその跡地利用を立川市が承認して、自衛隊基地の存続も決まってしまいました。

質問15.　宮岡氏も悔しい思いをしたと思われますが、亡くなる1982年の1か月前には、自衛隊の基地反対の「立川自衛隊監視テント村」主催の地元での集会で発言したのが、最後となったわけですね。その前には、記者クラブでの会見で、「憲法改正阻止」について最後の訴えの場として、日本列島を人間が住める日本列島にするために、日本列島の住民の総意で日本の自然と産業を保持するために、非武装列島とすることを、命の限り訴える、と発言したようですね。そしてその後、1983年に天皇陛下在位50周年記念の国営昭和記念公園の開設、2005年にその入り口付近に昭和天皇記念館の

開館と続くのですが、2008年にはアメリカ国立公文書館などでの機密解禁文書による上述の「跳躍上告」や最高裁判決に関わる米国・日本の密談・密約が明らかになったわけです。そして2010年に、「砂川平和ひろば」開設となるわけですね。

　そこで今度は、宮岡政雄さんの御遺志を継ぐ形で活動をしている福島京子さんご自身のお話を少し聞かせてください。まず、2005年の『砂川闘争の記録』の再刊（お茶の水書房）の経緯ついてお聞かせください。

◆福島：2005年は砂川闘争開始からちょうど50周年に当たるわけで、父が生きていれば50周年の集会を開くだろうと思いましたが、その当時の私には集会を開く準備はなかったので、どうしようかと考えておりました。父のこの『砂川闘争の記録』の初版（1970年、三一書房）は立川の図書館でもコピーされたものしかないと言われ、ときどきこの本の問い合わせも来ていたので、私にできることは何かと考えましたら、この本を再刊することはできるのではないかと考えました。ちょうど50周年でもあるし、父はこの記録は歴史的記録で、後にも重要な証言ともなると考えていましたから、50周年記念として再刊して、沖縄との連帯も考えまして、砂川闘争の記録を残して、そこから学ぶ機会にしてもらいたいと考えたのです。

　質問16.　そうですか。いま沖縄の話も出ましたが、この本の「再刊にあたって」は短いものですが、沖縄の話を含めて感動的な文章で、福島さんご自身が書かれていますね。そして、2010年に「砂川平和ひろば」の開設とつながっているのですね。

◆福島：そうですね。それから5年後、今度は55周年という時期で、50周年の再刊の記念会合などで書いた文章や当時の写真なども集めて、父が建てたこの今いる建物を「砂川平和ひろば」として活用して、写真展示などをおこなって、「ひろば」をスタートしたのです。それは私も還暦を迎える年であり、それまでの学校教師の経験をふまえ、さらに母親の介護も残念ながらいずれ終

わりが来ることも考え、闘争開始55年後のこの時期に、私のライフワークとして、沖縄や広島などとの連携も視野に入れて「砂川平和ひろば」を始めたわけです。

質問17.　そうですか、一人で始めたのですね。そして、2015年からはさまざまな集会も開催されるようになり、活動が活性化されてきますね。

◆福島：そうですね。2015年は砂川闘争60周年になります。その前年に残念ながら母親が他界しましたので、時間が取れるようになりました。それまでは夜の会合や宿泊を伴う活動は出来ませんでしたが、自由に活動できるようになりました。そこで平和活動の人間関係もできましたし、60周年の集会をやりましょうという声もありましたね。さらに、父の本の再刊以後、たくさんの方々からのアクセスもありました。砂川平和ひろば開設で、さまざまな繋がりもできてきましたし、沖縄との繋がりができて訪問もしましたし、そうした多くの方々との繋がりのなかから、2015年に皆さんの協力を得て、60周年の比較的大きな集会をもつことができたわけです。

質問18.　それ以後、毎年秋に、伊達判決を問い直す集会や安保や基地を問い直す集会などが開催され、最近では2021年に「基地問題と東ジアの平和」、2022年に「砂川／沖縄から問う移駐と復帰50年」の集会が、沖縄からの講師を招いて開催されましたね。それ以外にも、砂川闘争に関するフィールドワークや「砂川平和しみんゼミ」というオンラインゼミを開催したりしていますね。

　そうした集会で、60年安保の時に樺美智子さんと大学の同級生であった方がいまも活動していることや、砂川闘争に関心をもって平和や環境の問題にレイクランド大学の先生と学生が取り組むなど、印象に残っていることが多々ありますが、ただ、私が興味深いと思っているのは、「砂川平和ひろば」が不登校児の学習支援や子ども食堂なども行っている点です。この点に関してお話ししていただけますか。

◆**福島**：学習支援はもう４年目になるのですが、平和というのは１人１人の人間を大切にするということですし、居場所がない子どもたちが少しでも幸せに感じてもらえる居場所を提供したいと思いました。ここで学習支援や子ども食堂をやっているときに、すぐ前の基地からヘリコプターが爆音を立てて飛んでいるのを実感することもできます。私は子どもたちが集う場所があって、居場所があって、ここで個人が認められて、幸せを感じ、心が満たされれば、それで「ひろば」の少しは意義があるのではないかと思っているのです。子どもたちはいわば社会の縮図です。それは大人にとっても同じ面があり、こうした活動で少しずつでも社会の問題点を感じ取りながら、少しずつでも成長していければいいなと思っています。同じ砂川に住んでいても、基地の近くの人と基地から離れた人では感じ方が違うわけです。なぜヘリコプターが飛ばなければならないのか、なぜ訓練をしなければならないのか、そうしたことをこの「砂川平和ひろば」で体ごと感じ取って、いまの社会のおかしさや矛盾を感じ取れればと思っています。

質問19.　ありがとうございます。私としては、こうした活動が、平和学者のガルトゥングの言う積極的平和、つまり戦争がない状態の消極的平和だけではなく、日々の生活の中で暴力や差別などのない状態、そういう意味での積極的平和に向けた実践を、まさにいまここで実践しされているのだと感じています。しかもそれを若い世代に伝え、体感してもらうという重要な機能を果たしているように思われます。運動が一時的にワーと盛り上がるだけでなく、平和運動のいわば持続可能性をこうした活動が追求しているようにも思われます。

　そこで最後近くの質問ですが、先般、石川県内灘町の内灘闘争の記念館・資料館に私が行って来た時、内灘町がこの1952-3年の闘争の歴史を年表や写真で丁寧に説明し、展示していたんですね。砂川の場合は、砂川学習館という公民館的な場所に砂川闘争の展示室があるのですが、建物の老朽化に伴う建て替えの際に、その展示室を廃止してしまってはどうかという立川市議会での意見が出てきて、砂川の人びとが連絡会を作って展示室廃

止の反対運動を始めています。この問題については、福島さんはどうお考えですか。

◆**福島**：砂川学習館のなかには、狭いコーナーではありますが、砂川の歴史文化というコーナーに砂川闘争の展示があります。ところが、立川の市議の１人が、こういうものがあると市民が気持ちよく過ごせないという意見を声高に叫んで、廃止ないしは縮小という案が出てきているのです。それは砂川闘争の歴史を、そして砂川の歴史と文化を消し去っていこうと動きで、たいへん危惧しています。お話のあったように、内灘ではきちんと保存されているのに、立川市では、いまあるものをなくしてしまおうということで、非常に驚いています。そこで、砂川平和ひろばのメンバーも参加して、「砂川の歴史文化展示コーナーを存続させる連絡会」を作って、市に要望書を提出する活動もしています。そうした活動によって、少しずつ良い方向に進んでいるように思われますが、まだ最終決着は見ていません。

質問20. 分かりました。よい方向に進むことを願っています。さて、では最後の質問ですが、もう一つこの砂川で新たな大きな問題が起こっています。それは、今年（2022年）の11月に入って告知されたのですが、この「砂川平和ひろば」の目の前の自衛隊基地に、ついにオスプレイが毎月、定期的に訓練のために飛来することが決定したという問題です。この問題に、福島さんたちはどう対応しようとしているのですか。

◆**福島**：この件は、11月7日に告知されたのですが、そしてそれに対して周辺の市や町が政府に要請文を出しているのですが、その要請文はオスプレイが来ることを前提に安全性確保などを要求する内容で、それに対しても驚いています。しかもそれは、市のホームページに掲載されているだけで、個々の市民には知らされずになされていて、それにも私たちは怒っているわけです。かつて、立川への自衛隊移駐に関して80％以上の市民が反対したわけですし、このオスプレイの立川の自衛隊基地への定期的な飛来とここでの飛行

訓練に市民は賛成するのでしょうか。もし事前に知らされていたら、反対の声が上がったはずです。ましてこの内陸の市街地でオスプレイの訓練をするなど、考えられません。沖縄でも墜落事故が起きています。そこでもオスプレイの飛行に関する約束事が守られていないという話も聞きます。ここ立川では、防災目的のオスプレイの飛来と訓練だとのことですが、そもそもこんな市街地で、ヘリコプターでなく、オスプレイが必要なのでしょうか。さまざまな国でオスプレイの導入自体に否定的なのに、日本が前向きに対応するのは、おかしなことです。とくに米軍基地ではなく、日本の自衛隊の基地への飛来でもありますので、私は徹底的に立川の自衛隊基地のオスプレイ反対の運動をしていきます。それが沖縄との連携にもつながっていくと思っています。

　質問者：どうも長時間、ありがとうございました。

「立川基地」と向き合う「砂川平和ひろば」全景（2023年2月撮影）

戦後平和運動の「説得力」
──砂川農民の思想と行動から

高原太一 ｜ TAKAHARA Taichi

はじめに

　平和という言葉を、手に取ったビラや集会の案内、街頭でのアピールで目や耳にするとき、それだけで目をそらすという習慣がいつの間にか身体化していた。「平和と言われてもねえ」という実感とも言い難い反応がこみ上げ、思考停止に陥る。それは、ある種の教育の、それ以上に歴史の副反応なのではないか。このときイメージされている「平和」とは、抽象的な概念としての平和である。

　筆者が、平和ということを真摯に考えなければならない、と思い始めたのは、ある場所とその場所を生きた人びとの歴史的諸経験とを結びつけながら、つまりは「○○という場所にとって平和とはなにを意味するのか」、そう問いを立てることが覚束ないまでも可能になって以後である。

　その場所とは、かつて米軍基地が存在し、それ以前には帝国陸軍の飛行場があり、現在は国営公園と自衛隊駐屯地が隣接している東京郊外1950年代には基地滑走路の延長計画をめぐって「戦後日本における最も大きな政治・社会運動のひとつ」（明田川2000：56）と評される熾烈な反対闘争が展開された砂川を知ってからである。以後、砂川にとって平和とはなにか、より具体的に言えば、砂川闘争に参加した砂川農民にとっての平和とはなにかを思考する行為を通じて、私たちが生きている日常と彼／彼女たちによって期待された「平和」とのあいだに存在する乖離を測定しながら、平和について考えるよう心がけている。

　本稿の結論を先取りして砂川農民たちにとっての「平和」とはなにかを記せ

ば、戦時中に陸軍によって取り上げられた土地が、終戦後に返還され、これまで通りの（ただし戦時下においては統制のため廃業を余儀なくされた桑苗生産業を含む）農業をその土地でふたたび営むことだった。しかし、その「平和」への期待は敗戦直後の米軍による「無断接収」によって早くも潰えた。のみならず、1952年4月に発効した日米安全保障条約によって土地の占有は恒久化され、1955年に新たに持ち上がった基地拡張計画によってその地平は遠のくばかりであった。その意味で砂川農民たちが希求した「平和」は現在も実現されていない。その状態をなによりもの語るのが、1972年に強行移駐をして以降、米軍撤退後も存在しつづける自衛隊駐屯地のフェンスである。その向こうには砂川農民たちの「未返還」な、法的には国有地となった土地が拡がっている。

　本稿の主題は、砂川闘争に参加した砂川農民たちの思想と行動から砂川闘争をはじめとする戦後平和運動の「説得力」とはなにかを検討することである。ここで「説得力」という術語を用いるのは、自身も砂川闘争を支援した知識人であり、戦後平和運動の理論的な支柱でもあった哲学者・久野収（1910-1999）の思考を補助線としながら上記の作業を展開させたいからである。

　久野は、1964年に雑誌『思想の科学』に発表した論考——もともとはその前年にYMCA・YWCA学生部の合同集会において「戦後の思想状況」をテーマとした講演内容——「強制力と説得力」で、日本の現実を考えていくさいの方法として「強制力と説得力」の2つを軸に据えることを提起した。久野の定義によれば、強制力とは「権力、暴力、武力というように人間を外側から、あるいは内側にたちいって動かす力」のことであり、これに「対抗する力」を説得力と名づけている（久野1964：83）。

　前者の「強制力」が最大限行使される事態が戦争であることに異論はないだろう。砂川闘争の原因となった米軍立川基地の滑走路延長計画とは、久野の言葉を借りて表わせば「平和の中にある戦争準備の要素」（久野1954：7）に他ならない。砂川農民を含む拡張計画に反対する者たちに容赦なく振り下ろされた武装警官隊による暴力が「強制力」の典型であろう。そして、それに対抗する力としての「説得力」について単純に捉えれば、それは運動の担い手である砂川農民の思想や行動の分析から析出することは可能であろう。

　しかし、本稿ではこの「説得力」について警官や戦争に対抗する力に留まらず、「対抗する力」すなわち戦後平和運動自身がもつ「強制力」に対抗する「説得力」についても考察したい。なぜなら、砂川闘争を含む戦後平和運動を考えるさいには、個別の運動が備える「説得力」の対象について二重の検討を要すると考えるからである。その対象とは、第一には、運動が対峙した「強制力」——砂川闘争の場合なら警官隊による暴力や基地の騒音——であるが、もう一つ見逃せないのが、既存の運動がその展開過程において身につけてしまった「強制力」である。戦後平和運動の軌跡とは、過去の運動（「既成左翼運動」としばしば名指されるもの）を批判し、それとは別の主体や抵抗のあり方を編み出すことを宿命としながら、つまりは二重の「説得力」を練り上げながら展開される過程であった。

　それゆえ、砂川闘争の「説得力」について考察する本稿では、一方で、砂川農民を中心とする運動主体に行使された「権力や暴力、武力」の正体を突き止めるため、砂川という土地の歴史や砂川農民の個人史にまで分け入り、その「強制力」が作用する実相を浮き彫りにしなければならないが、他方で、砂川闘争が備えた「説得力」とは、これまでの運動に対しての批判を含むものであったがゆえに、運動が置かれた時代状況や思想的な布置といった思想史的な検討をも要するのである。言い換えれば、砂川闘争とはいかなる「強制力」に対抗した運動であったのかという「説得力」を探る本稿の考察は、砂川闘争が戦後平和運動（思想）史にとっていかなる「説得力」として立ち現れたのかを論じなければ不十分となる。

　本稿の考察を先回りしていえば、砂川闘争のなかで語られた「平和」は、現在語られる「平和」がその言葉だけでは上滑りするのとは対照的に、それだけを取り出して単独で論じることが困難な政治・思想的な言葉であった。1950年代のこの時期、「平和」が語られるときにはおうおうにして「民族の独立」や「革命」といった言葉が接合されていた。平和運動は革命運動と同義である、ないしは革命ための手段であるというのが同時代の「平和」を論じるさいの支配的な言説であった。その政治・思想状況に対抗して「平和」を「革命」からいったん切り離したところでまずは論じようと試みた思想家たち——その代表格

が久野収である——が、砂川闘争を支援したのはなぜか。その歴史的水脈を掘り起こしていく。

けれども、そのような政治・思想状況であったがゆえ、運動の中心主体であるはずの砂川農民たちの「平和」思想については、彼／彼女たちによって語られながらも、見落とされ続けてきた。本稿では、戦後平和運動における砂川闘争の位置を確認するに終わらず、そのなかでの砂川農民の位置づけ（戦後平和運動にとっての「砂川農民」とはなにか）についても検討しなければならない。その上で改めて砂川にとっての「平和」とはなにかを砂川農民の視座から問い返したとき、戦後平和運動（思想）が無自覚のうちに行使してきた「強制力」の姿が捉えられるのではないか。問題は、語られながらも見過ごされてきた砂川農民たちの「平和」思想の方が、同時代の支援者や運動の指導者たちが声高に語った「平和」や戦後平和運動（思想）史のなかで提示される砂川闘争の「平和運動」性よりも、「強制力」に対して根源的な批判を加えることが出来る「説得力」を内在していたということである。その意味で、本稿は、戦後平和運動の潜在的な「説得力」について、砂川農民の思想と行動の検討から再発見を試みるものである。砂川闘争から65年以上が経過し、出来事の風化と未来へ向けての歴史化がせめぎ合うような現在（高原2020）、私たちが継承すべき戦後平和運動の「説得力」とはなにかを砂川闘争をめぐる分析から汲み出したい。

以下、1においては、砂川闘争を平和運動の文脈で論じた諸先行研究を取り上げ、戦後平和運動史のなかでの砂川闘争の位置づけを確認していく。砂川闘争が戦後平和運動史に与えた「説得力」は運動のどのような側面にあったのか。

2では、砂川闘争の同時代に生産された諸言説のなかでも、主として運動の支援組織（社会党＝総評ブロック）によって書かれ／発表された文書や大会宣言文の分析から、「平和」という言葉がいかなる文脈のなかで用いられていたのかを考察する。それと同時に、ここでは久野収を中心とする非マルクス主義知識人の砂川闘争支援にいたる平和運動への取り組み（「平和問題談話会」での諸活動）やその思想（「全面講和」論）について言及することで、両者の比較を通じて戦後平和運動が持っていた「強制力」を明らかにしていく。

　3では、砂川農民にとっての「平和」とはいかなる状態を意味していたのか。裏返せば、どのような「強制力」が彼／彼女たちに歴史的に圧し掛かっていたのかを闘争のなかで発せられた言葉から透かし見ていく。

　おわりでは、本稿の総括をおこなうとともに、砂川闘争が現在の私たちに迫る「説得力」とはなにかについて筆者の見解を述べる。

1．戦後平和運動史における砂川闘争の位置づけ

　以下では、戦後平和運動史における砂川闘争の位置づけを確認し、運動が同時代／歴史に及ぼした「説得力」について考察する。検討素材として用いるのは、熊倉啓安 (1959)『戦後平和運動史』大月書店、小山弘健 (編) (1960)『講座　現代反体制運動史』青木書店、清水慎三 (1966)『戦後革新勢力』青木書店、日本平和委員会 (編) (1969)『平和運動20年運動史』大月書店、平田哲男 (編) (1978)『戦後民衆運動の歴史』三省堂、高畠通敏 (1979)「大衆運動の多様化と変質」『年報政治学1977』、塩田庄兵衛 (1982)『日本社会運動史』岩波書店、歴史学研究会 (編) (1990)『日本同時代史3　五五年体制と安保闘争』青木書店、藤原彰・荒川章二・林博史 (1995)『新版　日本現代史』大月書店という9つの通史または問題史と括れる歴史叙述である。ただし、紙幅の限りがあるため、個々の記述に細かく立ち入ることはおこなわない。歴史学者や政治学者が記した「戦後平和運動」の記述のなかで砂川闘争が取り扱われるさいの特徴やその論点を抽出するのが、ここでの目的である。

　はじめに、砂川闘争が取り上げられる時代の文脈を押さえれば、「大衆的諸運動の展開」(歴史学研究会1990) や「平和と独立のための国民運動」(小山1960)、「安保体制 (1952-1960)」(藤原・荒川・林1995) というように、1952年4月28日に発効したサンフランシスコ平和条約ならびに日米安全保障条約下での「平和運動のたかまり」(藤原・荒川・林1995) のなかでの出来事というのが砂川闘争を解釈する一般的な枠組みである。その前提として、「日本の『独立』後も米軍基地はなくなるどころか、逆に拡張され、あわせて東京都の七割の広さにあたる一四〇〇平方万キロが米軍に提供された」(藤原・荒川・林1995：107) という事実を押さえておく必要がある。

　そして、運動を取り巻くこの政治・外交的条件は、前述した「大衆的諸運動」や「国民運動」といった平和運動の担い手についてと「平和と独立のため」というような運動が目指す方向性とを水路づけていく。後者の「平和と独立」というスローガンは安保体制下においてより強く意識されたが、そもそも戦後日本における平和運動の「特殊性」を示すキーワードでもあった。熊倉が指摘するように「日本における平和運動の特質は、戦後わが国が、アメリカ帝国主義による占領体制下におかれていたこと、そしてその条件のもとで出発し、展開されてきたという事情に根ざして」おり、そこから生じる「第一の特殊性」が「アメリカ帝国主義による直接的軍事支配、後には安保体制という条件のもとで、平和と民族独立の問題とがつよく結びついた形でとりあげられてきた」点にあった、と『戦後平和運動史』は語る（熊倉1959：26）。この「平和と独立」が切り離せない形で語られるというのが、この時代の特徴である。その認識枠組みが運動に与える諸影響については、2で詳しく述べる。また、「平和と独立」なのか、「平和と民族独立」なのか、という違いが意味する差異についても独自に論じなければならない点であるが、ここでは一先ず措くとして、熊倉も強調していた「安保体制」という政治・社会状況下で起きた「平和運動」であるため、「大衆」や「国民」といった大文字の主体が持ち出されたことは理解可能であろう。しかし、このような運動主体の設定は、敗戦直後から一貫していたものではない。この時期（1955年前後）に新たに生まれた潮流であった。

　その状況をたくみに表現したのが、『戦後革新勢力』のなかで清水慎三が砂川闘争に言及した節の見出しである。清水は「国民運動の登場、活動家層の台頭、共闘の前進」という3つの新しい状況を指して、当該時期の特徴を論じた。そして、砂川闘争については「五五年と五六年の二年にわたる東京都下砂川の軍事基地反対闘争では社共の間、労働者と学生の間、支援団体と現地農民の間に立派な共闘態勢が実現した」という評価を与えたのである（清水1966：219）。本稿の主題に引きつけて言えば、清水は砂川闘争のなかで取り結ばれた「共闘態勢」に「説得力」を見出していた。

　その評価点は、『日本社会運動史』の塩田庄兵衛とも合致する。塩田は「幹部闘争から大衆闘争へ＝統一と団結のひろがり」という節で砂川闘争を取り上げ

た。「首都東京の近郊に、核戦争の航空基地を設けることにたいする強い反発
は、地もと農民の父祖伝来の土地を守ろうという根強い要求と結合して、労
働者、学生、知識人など広範な人民を起ちあがらせた」（塩田1982：235）。塩
田も、清水同様に砂川闘争のなかで実現されたとされる支援者の統一と団結
を重視していた。

　このように砂川闘争は、『戦後民衆運動の歴史』の平田哲男が簡潔に整理し
たように、その「たたかいは、広範なひとびとの共同闘争に発展し、サンフラ
ンシスコ体制下の軍事基地反対闘争の"天王山"となった」（平田1978：61）が
ゆえに、戦後平和運動史に名を刻む資格を得た。そして、この特徴を取り出
して論文「大衆運動の多様化と変質」のなかで高畠通敏は、砂川闘争を「革新
国民運動」の一つに数え上げた（高畠1979：332）。しかし、高畠は次のような
批判を「革新国民運動」と呼べる運動形態に対して加えていたことを見落とす
わけにはいかない。「運動のスローガンは、各個別の団体の事情をすべて網羅
的に組み込んだ「諸要求」の＜並列＞方式によってつくられ、すべての大衆団
体が受け入れうる＜最低公約数＞によって集約される＜幅広主義＞がはばを
きかすことになる。また、運動の中央組織も、形式上は参加団体のすべてを
横断的に勢揃いさせた『国民会議』方式が自然ととられるようになる。（中略）
運動がもっとも力を発揮したのは、政府が能動的に＜逆コース＞施策をとる
のに対して拒否的に反対運動を展開するときであり、いったん既成事実がつ
くられると、運動は潮の引くように収束してしまうのがつねであった」（高畠
1979：329）。

　この高畠が指摘した「革新国民運動」の特徴や限界が、砂川闘争にどれほど
まで当てはまるのかは、次の2のところで確認していくが、この問題提起を
踏まえた上で改めて問いたいのが、この「革新国民運動」の特徴が「平和と独立」
という砂川闘争で掲げられたスローガンにも適合するのではないか、あるい
は「革新国民運動」がそのあとに経験する形骸化からは免れるような特権的な
位置に砂川闘争はあったのかという点である。高畠は砂川闘争を「戦後日本の
労働運動が、同じく支援の全学連とともに農民や漁民あるいは住民と広汎な
共同闘争を行なう最初の事例」（同上：332）と位置づけていたが、それである

ならば「革新国民運動」の限界はその「最初の事例」から本質的に存在していたのかを考えなければならない。

　このように「共闘」や「支援者の統一」が、砂川闘争が戦後平和運動史に与えたインパクトであったのは、上記の通りである。しかし、これらの記述において決定的に抜け落ちてしまうのが、地元砂川の人びととの、とりわけ「土地を守ろう」とする農民たちの思想や行動であった。歴史のなかで語られる「砂川闘争」において、第一に数え上げられるはずの彼／彼女たちの姿は支援者の後景か、あるいは「共闘」の外側に実質的には置かれ、その「平和」思想は等閑視される。この視座構造にこそ、砂川農民たちを周縁化する「強制力」が伏在していないだろうか。本稿が問題とするのは、戦後平和運動史が自明のものとして語る「平和と独立」の接合関係であり、砂川闘争において達成されたと見なされている「統一と団結」の実相である。

　2では、砂川闘争の支援に加わった知識人の一人、哲学者・久野収の戦後平和運動との関わりや砂川闘争への参加に至る軌跡を押さえつつ、砂川闘争を組織的に支援した社会党＝総評ブロックに属する指導者たちによって形成された言説群とを比較検討していく。久野やその盟友である鶴見俊輔は、砂川闘争を戦後思想史のなかで把握していた（久野・鶴見1956：229）。それは、砂川闘争のいかなる「説得力」に応答してのことであったのか。その位置づけは、久野＝鶴見ら戦後平和運動を牽引した非マルクス主義知識人が見通した砂川闘争に加えられた「強制力」の理解と関わっている。

2.「全面講和」論と砂川闘争

　以下では、戦前の1933年、京都大学在籍中に起きた「滝川事件」への反対運動を皮切りに、中井正一らと雑誌『世界文化』を発行するなど、つねに「共産主義運動とは一線を画す」（寺島2014：37）かたちで反ファシズムの抵抗運動の可能性や実現を模索してきた久野収が、非暴力・不服従を行動倫理とする砂川闘争に注目し、史料で確認可能な限り、1955年12月17日（砂川町基地拡張反対同盟1957：29）と、1956年10月13日の「流血の砂川」と呼ばれた警官隊との衝突現場に立ち会っていたこと、とりわけ前者の「文化人の砂川訪問」に際して

は呼びかけ人の一人でもあったこと（無署名1955：1）は、戦後平和運動（思想）史においていかなる意味を持っているのかを検討していく。

　久野は、砂川闘争について後年、「戦後、ぼくの加わった運動で、成功したのは、この砂川闘争と警職法反対運動の二つで、深く記憶の底に残って、いつも生き生きと思い出されます」（久野1995：190）と語るように、忘れ難い出来事として記憶していた。もう少し、久野の記憶に触れていこう。

　　最初、ぼくらが砂川へ行った時、保守派の徳川夢声たちまで来ていました。それほど朝鮮戦争下での砂川軍事基地問題——現にぼくの小平の家の二〇〇メートル付近で大型米軍輸送機が墜落し、乗員百人以上が死亡したのです——は党派を超えて重大な運動目標だった。そしてこの運動は、最後までデモ、座りこみ、大衆アピールという非暴力直接行動の市民運動として闘いぬかれた。一歩誤れば暴力闘争になりかねなかったが、そこは学生たちにも知恵があって、機動隊と激突寸前のところで、一発触発のはりつめた緊張をゆるめるため、彼らは童謡の『赤トンボ』をうたい始めるんです。これは誤解されるかもしれないけれど、素敵な運動様式でしたよ。これで暴力闘争寸前で両方が鎮静したのです(同上)。

　この証言から、久野が砂川闘争が「党派を超えて」闘われた点と「非暴力直接行動の市民運動」として闘われたという2点に着目し、その2つの達成を象徴する「赤トンボ」の合唱に固有の「説得力」を感知していたことが分かる。

　しかし、同証言からだけでは、そもそも久野がなぜ砂川に足を運んだのかに答えることは出来ない。久野が砂川闘争に参加する前史について、ここでは「軍事基地問題」に取り汲む久野の戦後平和運動との関わりの軌跡に照明を当て、砂川闘争支援に至る経過とその行動を支える思想的基盤について探り出していく。その作業は、なぜ久野が「赤トンボ」に新たな可能性を見出したのか。砂川闘争に萌芽していた二重の「説得力」と、それとの裏返しである二重の「強制力」の正体について、久野の視点から解き明かすことになるだろう。

　久野と戦後平和運動の関わりを捉えるさいに最も重要な位置を占める論文

が、雑誌『世界』(1949年11月号) に発表した「平和の論理と戦争の論理」である。鶴見は、同論文について「平和の理論を革命の思想に従属させて考えるのが只一つのまっとうな道だとする考え方がひろく知識人たちをとらえている時期に、平和への要求から出発して一つの思想体系を作る道もまた開かれていることを示した」画期的なものとして評価し (鶴見1968：11)、自身が編者を務めた『戦後日本思想体系 4　平和の思想』(1968) に収載した。

　しかし、鶴見が1949年頃を指して「平和の論理を革命の思想に従属させて考えるのが…ひろく知識人たちをとらえている時期に」と語る、その「知識人たち」には限定を付ける必要がある。その「知識人たち」は、端的にはマルクス主義知識人を意味し、より狭義の意味では共産党や社会党と関係を持つ党派的な知識人がそれであった。そのような政治・思想的な後ろ盾から距離を保ったところから「平和」や戦後日本の進路について思考しようと試みる「知識人たち」の群像が、マルクス主義における革命の問題とは離れて「平和の論理」を独自に打ち立てるために結成したのが、久野を含む「平和問題談話会」であった。本稿では、同会が結成される経緯やその活動内容について詳しく触れる余裕は持たないが (それについては矢崎1993が詳しい)、同会の活動の第一歩目に当たるのが、先述した久野論文が発表された 8 か月前の1949年 3 月号の『世界』に掲載された「戦争と平和に関する日本の科学者の声明」であり、それは1948年 7 月にユネスコが「平和のために社会科学者はかく訴える　戦争をひきおこす緊迫の原因に関して、ユネスコの八人の社会科学者によってなされた声明」を受けての、日本知識人からの応答であった。以後、同声明の討議——「平和問題討議」と名付けられた——に参加した久野ら知識人は「平和問題談話会」を組織し、1950年 3 月には『世界』や『人間』などの雑誌に「講和問題についての声明」を、同年12月号の『世界』には「三たび平和について」を発表するなど、「全面講和」論の主軸を担っていく。

　そのなかでも、1950年 1 月25日に作成された「講和問題についての声明」は、「軍事基地」に対する同会の姿勢が明快に打ち出されたものである。「一、講和問題について、われわれ日本人が希望を述べるとすれば、全面講和以外にない」から始まる「結語」の最後「四」には、「理由の如何によらず、如何なる

国に対しても軍事基地を与えることは、絶対に反対する」という文言が並び、軍事基地提供へ「絶対反対」の共通意思を示したものである。それは、しかし、講和問題への態度が同会員のなかでも分裂傾向にあるなかで、高畠の言葉を借りていえば＜最低公約数＞的な要求だった。「軍事基地反対」は、実践的に取り組める課題であった一方、他方で「全面講和」が目指す期待の地平から見たとき、思想的には一歩後退したものといえよう。少なくとも「全面講和」論が描いていた「共存」の観点からは程遠い、久野が好んで用いたアンドレ・ジイドの言葉で言えば「他国に対する憎悪によってしか発揮できないような祖国愛を自分はきっぱり否定したい」という排他的な「祖国愛」に結果する「統一」のされ方を孕んでいた。それに対して「全面講和」論で掲げられた理想や希望——「日本国民が講和の確立を通じて世界の諸国民との間に自由な交通と誠実な協力との関係を樹立すること」——は、より他者へと開かれた寛容性に基礎づけられていた。両者の差異を大胆に「共存」と「共闘」が持つ意味あいの違いと整理することも出来るだろう。ただし、同「声明」の肝であった「軍事基地反対」は、社会党がその直前に発表した「平和三原則」（のちに「四原則」となる）とも合致し、戦後平和運動を支える思想的なバックボーンとなった。そして、ここに久野が米軍立川基地の拡張計画に抵抗する砂川闘争へと関わる一つの道筋が生まれていた（マルクス主義知識人の砂川闘争への関わりについては、高原2019、高原2022がある）。

　ただし、話しをもう一度「平和の論理と戦争の論理」論文にまで引き戻せば、なぜ同論文が、そして「平和問題談話会」が戦後平和運動（思想）史において独特の存在感を放っていたのかを考えることが、もう一つの道筋を浮かび上がらせることになる。その作業は砂川闘争の支援において実質的な中心主体であった社会党＝総評ブロックに属する指導者たちが発表した声明や議事録を参照したとき、より明確になるだろう。別の言い方をすれば、「全面講和」論の目指した思想的境位から砂川闘争において達成されたと語られる「統一と団結」の実態を測定してみよう。

　1で挙げた諸先行研究が強調するように、1956年10月の強制測量阻止の現場「流血の砂川」には、労働者、文化人、大学生、諸平和団体員と広範な人

びとが駆けつけ、非暴力直接行動の抵抗を展開した。しかし、文化人や大学生が組織的に関わるようになったのは、前者は久野が初めて砂川を訪れたのと同じく1955年12月のことであり、後者は1956年10月が初めての経験であった。それまでの期間、すなわち拡張計画が通達された1955年5月から11月までの約6か月間は、労働組合運動（三多摩労協から東京地評、総評と積み上げられた）に支えられて、この「平和運動」が闘われていたことは見落とされがちな点である。砂川闘争における「統一と団結」とは、第一に地元三多摩の労働者と砂川農民の「労農提携による共闘体制」（砂川町基地拡張反対支援労組協議会1957：90）の確立を意味した。しかし、その状態は当時の労働組合運動の組織形態や運動方針、内部事情に影響されることを意味する。

　それが運動になにをもたらすのかを典型的に示すのが、1955年9月8日に開かれた「総評第一回幹事会」の議事録内容である。そこでは、砂川闘争を支援していく上で以下のような方針が定められていた。

（イ）　基地反対闘争は、その中心を地元農民、漁民、労働者の生活を守る闘い、めしを食う権利を奪われる問題として把握す可きである。このために農漁民の生活の要求を正しく捕えて労農漁民提携の場として共闘を組まなければならない。

（ロ）　「全国基地反対共闘会議」を9月初旬開催し緊密に連絡を進め、新潟、立川、横田、伊丹、小牧等には地評、地区労の単位に重点基地の「反対闘争協議会」を設け各基地反対闘争組織の交流をはかり、共通の問題を出してその都度、政府、国会をはじめ各所に抗議陳情を行う。

（ハ）　闘いの法律的根拠を明らかにするため「基地反対特別弁護団」を結成しオルグ調査団を派遣し国民的与論の昂揚に努める。

（ニ）　8・6大会に示された原水爆禁止動議を一層発展させる。

（ホ）　各地評毎に総ゆる国民諸階層と共に平和の集会等を組織する。

（ヘ）　之等の全般的平和運動の発展は常に平和憲法擁護を基調とするものであることを考え政党を前面に立て、護憲連合をして当面の行動方針を具体化し全組合の協力と共に幅広い戦線の拡大に努める（大河内

1966：321）。

　ここで掲げられた「労農提携」という目標、「政党を前面に」という方針は、砂川闘争を通じて一貫していた。また、それ以外の方針も同会議で定められたように進められたのである。その限りにおいて、砂川闘争における「統一と団結」とは、社会党・総評・東京地評・三多摩労協と地元とが足並みを揃えることを意味し、警官隊による強制測量を阻止するのに不可欠な「動員」については「支援協が計画し、総評傘下については下部機関と協議のうえ、総評が行う」（同上：321）という取り決めがなされていたから（1955年11月7日「支援協声明」）、「統一と団結」の実質はこれら労働組合の幹部と社会党国会議員たちの指導力にかかっていたのである。また、社会党＝総評が、1955年11月の測量時に「戦術転換」のため運動から手を引こうとしたのをきっかけに、その隙間を埋めるようにして新たに支援に加わったのが先述してきた「文化人」たちのグループであった。しかし、そのような動きについても、総評の指導者たちの認識からすれば「民主的諸団体に働きかけ、連絡会議の周囲に集結させる」（同上：322）と、あくまでも自分たち「労働階級」を「中軸」に据えた上で、他組織・団体はその周囲に組み込むという意識であった。そして、共産党はその他の組織・団体に最後まで含まれることがなかったのである（同上：325）。

　このような意識と構造の下で展開され、そして勝ち取られたのが、砂川闘争の勝利であった。1956年10月15日、測量の一時中止が発表されたあとに地元神社で開かれた大会の名前は「砂川基地反対闘争勝利への国民総決起大会」である。その「大会宣言」には、次のような言葉が並んだ。「砂川の闘いの勝利の日がきた。鉄カブトと警棒を振って暴れ狂った2000の武装警官の前にも一歩もしりぞくことなく、民族の独立と、愛する祖国の平和のためにガッチリと団結した労働者、学生、農民とこれを支持して全国の至るところからかけつけたあらゆる層の人々の広範な民族の闘い」、「1000名を越える犠牲者の尊い命は平和と独立のための民族の闘いの歴史の中で永遠に記録されるであろう」、「われわれは、この闘いの中でいままでのあらゆる闘いにみられなかった多くの教訓を得た。その第一は労働者と学生農市民の心と心とが結び

合い、手と手がガッチリと結ばれたことである…その第二はこの闘いが…全国の基地闘争の天王山としてあらゆる国民の広汎な支持のもとに闘われたことである…その第三は社会党を先頭とするすべての革新政党が院内外のみならず現地においても、その総力を傾注して闘いを進めたことである」、「労働者、学生農市民の団結と友情万歳！砂川の測量阻止万歳！」（砂川町基地拡張反対支援労組協議会 1957：217-218）。

　砂川闘争のなかでも最大の「衝突」が発生した 1956 年 10 月 1 日から 15 日の測量期間において、砂川町基地拡張反対労組支援協議会（支援協）は、連日の動員指令によって計 32468 名を動員し、現地に宿泊する者も 11475 名に上った。しかし、抵抗運動に加わったのは、必ずしも労働組合からの動員指令によって割り振られた労働者だけではない。自発的な参加者は、労働者のなかにも、大学生のなかにも多数含まれていた（高橋 1956）。当然、その人びとの数や存在は公的な記録のなかには姿を現さない。それゆえ、砂川闘争の展開すべてが社会党＝総評のプログラム通りに進んだわけでも、その指導と政治力だけで「勝利」が勝ち取られたわけでもない。運動の現場ではさまざまな偶発的な出来事が発生し、それが状況を変える思わぬ力として作動することもあった。

　その代表例が「赤とんぼ」である。現場の責任者であった全学連の森田実が回想するように、警官隊と対峙した大学生や労働組合員たちは、当初各大学の校歌や「インターナショナル」、「国際学連の歌」、「民族独立行動隊の歌」を歌っていた。しかし、それらを歌うとより警官隊の暴行が激化するため——森田の言葉でいえば「警官が攻め込んでくる」（森田 2005：55）——という状況もあり、また歌う歌も尽きたというところで「ふるさと」や「赤とんぼ」を歌い始めた。その意味で、「赤とんぼ」の合唱は窮地に陥った抵抗側のやむに止むを得ない即興的な戦術でもあった。混乱する現場においては、誰が社会党員で、大学生で、総評傘下の労働組合員で、共産党の活動家かはもはや不分明であり、ただ「かかれ」という上官の掛け声によって棍棒を振り下ろそうと待機する武装警官隊の文字通りの「強制力」のまえで、砂川の人びとは非暴力不服従の抵抗を——その極限的な形としての「赤とんぼ」を歌うという「説得」を——繰り返していた。そこに、久野が目を着け、原風景として記憶していたのは久野

の思想を顧みたとき偶然ではない。

　久野は、1956年3月に雑誌『教育』に寄せた論考「わたしたちの立っている場所（下）」で、ガンジーの思想や行動を「非常に新しい」ものとして紹介している（久野1956：18-21）。そこでの論点を要約すれば、ガンジーは「精神力（ソウル・フォース）」という通常考えられている力とは「違う力」とその拡大によって「武力や暴力や権力」に対して抵抗し、それらをだんだんと駆逐するという考え方、態度、行動を組織した。その力は、叛乱や革命や暴力の形を取るのではなく、あくまでも「違った形において徹底的に表現すること」、その政治秩序を否定することであり、「市民的不服従」というのが、その「力」に当てられた言葉であった。重要なのは、それらの思想や行動が、イギリスによる植民地支配という長年の歴史のなかから練り上げられたものであった点にある。久野はガンジーの次のような演説を同論考で引用する。「二つの道が我々の前にあった。この条令への服従を求められた時に、暴力を用いるか、あるいはこの条令の規定するところのものに対してあくまでも服従せずに、しかも、もしむこうが罰則を加えようとすれば、喜んで次から次へと不服従のままで罰則をうけていく。…我々の中にある精神の力をふるい起して、彼らに彼らのやっていることが悪だ、彼らのやっていることが暴力の秩序であり、それに支配されている人々がその秩序を承認していないんだということをあくまで彼らにみせつけとおすか、この二つしかなかった。そして後者の道を我々はとって、そして抵抗したのだ」（同上：20）。ガンジーは、ユネスコ声明が発表される約半年前の1948年1月に暗殺されていたものの、久野の同時代人であった。そして、その抵抗や思想に久野が着目していたとき、砂川の「赤とんぼ」と出会う。雑誌『法律時報』1957年1月号に掲載された政治学者・中村哲との対談「国家権力と自由――とくに憲法との関連において――」で、久野は早くも「砂川問題」に言及している。少し長いが、その箇所を引用しよう。

　　たとえば砂川問題ですが、今まではああいう基地問題に対して国民の抵抗するしかた、考え方の上でいろいろ分裂していたわけです。一種の実力闘争みたいに考えているような人たちもいたし、そのほかいろいろな派が

あった。ところが今度の砂川問題で一番よく現れているのは、「政府の政策が悪いから、服従はしないけれども、これは暴力を行使して政府をやっつけるのではなしに、無暴力、不服従でいこう」という方針に統一された点だろうと思う。明らかに国民の側からは、苦心して無暴力、不服従という一つのルールを立てたわけでしょう。従来からいえば、反抗というのは、一揆を起す、叛乱を起す、あるいは革命をやるというようなことがあったけれども、今度の砂川問題では、政府に対する批判のジャンルに、市民的不服従――市民的というのは、ガンジーによれば、力に訴えないということです――という新しい様式を一つ加えたと思うのですよ。しかるに。政府の側では、相変らず警察権力一本ヤリで押し倒すということでは非常に困るのですね(久野・中村 1957：47)。

　久野が、砂川闘争のなかで「説得力」として見極めたのが、不服従や無暴力あるいは非暴力という、すべて否定形によって語られる抵抗の様式であった。そのような形で表現されるのは、ガンジーたちインドの民衆がそうであったように、それに到らざるを得ない苦難の前史が存在していたからである。けれども、その結果、揺るぎない実感が精神力 (ソウルフォース) へと昇華されるというのが久野=ガンジーの「抵抗の論理」であった。

　ここでふたたび久野の論文「平和の論理と戦争の論理」に立ち戻れば、久野が「平和の論理」を構築していくさいに最重要視していたのが「戦争に対する積極的嫌厭の感覚」(久野 1949：29) という、これもまた否定形で語らざるを得ない実感であった。だが、その実感は、時間の経過と共に風化していくことから免れえない。そのためにはつねに実感や経験を「追体験し、これを新しく構成する」という作業が不可欠であると論じたのが、鶴見俊輔であった (鶴見 1968：3)。そして、その作業を砂川闘争の過程のなかでおこなっていたのが砂川の農民たちである。

　彼／彼女たちにとって、武装警官隊の「強制力」は身に覚えのあるものであった。警官隊が被る鉄カブトが象徴するのは、米軍のヘルメットであり、陸軍の鉄カブトであった。かつての武力、暴力、権力のさまざまな姿が現在の状

況と二重写しにされたところで、砂川農民たちの「不服従」「非暴力」の闘いがあった。その抵抗の根底にある実感を表現したのが、闘争開始後初めて開かれた「町民大会」(1955年6月18日)の「決議文」のなかに見つけられる。そこでは、次のような歴史と実感が語られていた。

　戦時中は勿論、戦後も数次にわたる米軍基地拡張によりわれわれ砂川町民は多大の犠牲と損害をこうむってきた。…不幸にしてこの計画が実現されたならば、われわれの祖先があらゆる苦しみと悲しみに堪え営々として築きあげた郷土砂川町はその心臓部において分断され、したがって町のあらゆる機能はその活動を破壊され、われわれ町民は明日への生活の根拠を奪われる。かかる意味においてわれわれは、町民大会の名において拡張反対を表明するものである(砂川町基地拡張反対支援労組協議会1957：89)。

この「根拠」を語る砂川町民たちによる「決議文」と、先述した国民総決起大会の「宣言文」を比較したとき、そこに「説得力」の思想的基盤において大きな違いがあることは明らかである。1956年10月の「国民総決起大会」のそれは、「民族の独立」や「基地闘争の天王山」など言葉こそ勇ましかったものの、そこで語られる「歴史」は未来志向的であり、過去への反省を含むものではなかった。それとは対照的に、砂川町民による「絶対反対」の決議文は、過去へと向かうまなざしによって現在の問題が捉えられていた。彼／彼女たちがしばしば口にした表現でいえば「くやしい」や「もうこりごりだ」といった実感が新規接収に対しての「絶対反対」の決意を裏付けていたのである (砂川町基地拡張反対同盟1955)。そして、久野たち「平和問題談話会」による「声明」も、過去への反省のうえに立って表現されていた。その点で砂川農民たちと「平和問題談話会」さらにガンジーの思想は同じ土壌に根ざしていた。
　「平和問題談話会」の問題意識をもっとも明確に押し出したものが「戦争と平和に関する日本の科学者の声明」を掲載した『世界』1949年3月号の「平和問題特集について」という序文にあたる文章である。同文に署名はないが、声明の母体である「平和問題討議」の仕掛け人であった吉野源三郎によるものと推測

出来る。

　　国民の一人一人が今日の悲惨をあの戦争との関係の中に正視し、さらに
　あの戦争を不可避的とした諸制度との関係のなかにこれを理解し、過去の
　暗澹たる思い出と現在の痛苦から、これらのもの対する徹底的な否定を汲
　みあげる時にのみ、われわれは眼を未来に向けて投げることを知るのであ
　ろう（無署名1949：3）。

　そして、同「声明」には「われわれ日本の科学者が自ら顧みて最も遺憾に堪え
ないのは…わが国が侵略戦争を開始した際にあたって、僅かに微弱な抵抗を
試みたに留まり、積極的にこれを防止する勇気と努力を欠いていた点である」
と、過去への忸怩たる思いが綴られていた。その「身を以て得た経験の教訓」
を無に帰せないため、久野たち「平和問題談話会」は活動をスタートし、その
思想的な表現が「全面講和」論であった。それならば、久野が砂川闘争におい
て共鳴すべき「説得力」は、「赤とんぼ」以上に砂川農民たちの「言葉」に含まれ
ていたのではないか。

　地元リーダーの青木市五郎が、内閣総理大臣による土地収用認定が手続き
上可能となった1955年9月13日の強制測量直後に開かれた集会で述べた言
葉、のちに砂川闘争のスローガンとなる「土地に杭は打たれても心に杭は打た
れない」は、まさしくガンジーの「精神力（ソウル・フォース）」に通じるだろう。
政府と警官隊による圧倒的な「強制力」に対して、追いつめられた砂川農民た
ちがみずからの「心」を頼りに次の段階へと進もうとしていたことは、日本史
における「通俗道徳」や「心」の思想とも重なり合うところが多いだろうが（ひろ
た1994）、青木もまたガンジーの同時代人だった。問題は、久野も、そして総
評など労働組合の指導者たちも、青木たち砂川農民の自前の「平和」思想やそ
の実践について無自覚であった点にある。

　先述した「総評第一回幹事会」の議事録冒頭で述べられていたように、「基地
反対闘争は、その中心を地元農民、漁民、労働者の生活を守る闘い、めしを
食う権利を奪われる問題として把握す可きである」と規定していた。その認識

において欠落しているのが、「地元農民」たちの歴史意識であり、基地／軍隊とのあいだで取り結ばれてきた歴史的諸関係であった。3では、砂川農民たちの戦前・戦時下・敗戦直後・占領下での「基地経験」を駆け足で確認していく。砂川農民たちにとって夢見られた「理想」と久野たちにとっての「理想」は、「全面」という意味で同じ期待の地平に位置していた。後者は「全面講和」であり、前者のそれは基地／軍隊によって戦前／戦後と取り上げられた土地の「全面返還」であった。

3．砂川農民たちにとっての「平和」とは

　以下では、本稿のもう一つの主題である、砂川農民にとっての「平和」とはなにかを考察していく。砂川農民たちの「平和」思想は、久野たち知識人とは異なり「全面講和」論のような形でまとまって表現されたわけではない。とりわけ闘争の只中にあっては、日々の農業経営と抵抗運動が一致したような「日常生活」であり、なにかを語るという行為は必要に応じてのみなされていた。そのような断片的な砂川農民たちの語りから、久野たちのような「思想」を読み取ることには懐疑的な意見もあるだろう。しかし、そのような状況に置かれた者たちの語り——民衆思想と呼べるだろうそれら——には、これまで明かされることがなかった経験や痛苦への言及が含まれている。砂川の人びとの経験は、国会委員会や法廷といった異議申し立ての場において開陳されたが、その目的は目の前にいる「強制力」を手の内に持つ相手への「説得」に置かれていた。ここでは、地元反対同盟の行動隊長を務めた青木市五郎の証言とその「説得力」に着目していく。そこではなぜ砂川農民たちが「絶対反対」を唱え、非暴力・不服従の抵抗をするのかという根拠と正当性が示されたに留まらず、それ以上の願望が、あるべき世界への見取り図も提出されていたという意味で思想を語る言葉だったのである。

　青木市五郎が、拡張予定地内に土地を持つ農家（地元民）と砂川町の農家の2つを代表して国会内閣委員会に参考人として出席したのは、1955年6月3日のことである。それは、地元に拡張計画が通知されてから約1か月後であったが、すでに東京調達局は6月には立入測量を開始し、10月1日までには米

軍に引き渡したいとの発表をおこなっていた（砂川町基地拡張反対同盟1955：26）。そのため不測の事態が刻々と迫るなかで、地元関係者による意見陳述の場が設けられたのである（その細かい経緯については高原2022が論じている）。

　青木は、「私は立川基地のすぐそばの砂川町に住み、毎日飛行機の昇降によりまして砂塵をかぶり、爆音に悩まされつつある農家の青木市五郎でございます」と自己紹介を行った上で、なぜ「今回の基地拡張に絶対反対」をするのかという理由を述べていく。そこで第一に語られたのが、戦前、戦時下、そして占領下での基地によってもたらされてきた被害の歴史であった。1922年に立川と砂川のあいだに陸軍飛行場が開設されて以降、砂川の農民たちの土地は次々と接収されていったが、それに留まらず敗戦間際には空襲被害を受け、また敗戦直後の1945年秋には米軍による「無断接収」によって、ブルドーザーで作物もろとも農地が削り取られた。それゆえに「わが町民の老若男女を問わず三つ子に至るも、基地ということについては、もうまっぴらごめんなのでございます。それがゆえにこのたびの基地拡張に対しましては調達庁よりの御来町がございまして、基地拡張の基地の基の字が出たときに、われわれはもう基地拡張についてはまっぴらごめんだ。われわれはそれ以上何も聞く必要はない。これまでわれわれは基地があるがゆえに非常な災害をこうむっておる。これ以上大きな災害をこうむることは絶対にわが町民としてはできない」と、調達庁長官や警察庁長官が居並ぶ前で訴えかけた（青木1955：5）。このような、ともすれば頑なな態度の裏には、戦前・戦時下において軍／政府の「強制力」の前で「黙従」を強いられたという前史があった。

　青木は、戦時下での陸軍による土地接収の様子について、砂川闘争に関わる裁判で次のように語っている。「戦争中になったらこれは非常に反対したんです。しかし戦争中はもうわれわれ農民が反対すると、すごく役場あたりも憲兵さんが来て、きょうはこれだけの土地を拡張なんだからはんこ持ってこいと、こういう村長さんの命令で町民が行く、それへは必ず警察官も来る。憲兵さんも出張して、そんな不平なんか言うどころじゃない。これははんこ持っていって村長さんによろしくぐらい以外になかったんです」と述べた（青木1963：10）。ただし、このとき農民に対して諦めるよう力をかけたのは軍隊／政

府の側だけではなかった。青木と並ぶ地元リーダー、反対同盟の副行動隊長を務めた宮岡政雄は、戦前に土地を接収された一人であったが、そのさい地元の「指導的な人」から「何を話しても無駄だよ。大欅にセミが止まった様なもので、動きはしないよ」と諭されたという（宮岡1974：21）。

　しかし、ここで宮岡や青木が問題としているのは、戦争のため、あるいは米軍占領のために土地を取り上げられたということでは、じつはない。砂川農民たちが問題としているのは、戦争が終わったにもかかわらず、あるいは占領が終わったにもかかわらず、土地が返ってこないどころか、さらなる土地の接収が行われ続けているという現状にあった。青木の参考人陳述内容に戻れば、自分たちは拡張計画に絶対反対であるし、いかなる土地の買収条件にも応じないと主張したうえで、「むしろわれわれは、この際接収されている農地は、もとのようにして返してもらいたいと思います」（青木1955：5）と言い放った。また、宮岡政雄の次女にあたる福島京子は、父は戦争が終われば土地が返ってくるだろう、払い下げになるだろうと、ある意味当然のこととして考えていたようだと語る（2022年1月14日聴き取り）。実際、沖縄の旧陸軍読谷（北）飛行場建設のさいには、用地買収を担当した陸軍将校が「戦争が終わったら、土地は地主の皆さんに返します」と述べて強制したという証言も残されており（山内・水島1997：8）、同様の証言は多く見つけられる（横浜弁護士会1989：160）。つまりは、戦争が終われば、軍によって接収された土地も返還され、これまで通りの農業がふたたび安定した形で営める、それが宮岡たちが思い描いた「戦後の世界」であり、それを「平和」と呼んでも間違いではないだろう。けれども、事実は、米軍によってさらなる土地が「無断接収」され、日々米軍機による爆音と爆風に悩まされての日常生活と農業経営であった。しかも、状況は「講和」後も変らないどころか、逆に日米安全保障条約と行政協定によって固定化され、そのために青木たちは「駐留軍」のために新たな「土地建物等賃貸借契約書」を東京調達局とのあいだで締結させられていた。その契約書には「日本国トアメリカ合衆国トノ間ノ安全保障条約第3条二基ク行政協定ヲ実施スルタメ二、日本国二駐留スルアメリカ合衆国軍隊（以下駐留軍トイウ）ノ用二供スル目的ヲモッテ」と記されていたが、その土地こそ米軍によっ

て無断接収された土地であり、その行為と違法状態を法的に後付けで正当化
するための契約書であった。つまりは、賃貸借契約という形式を取ることで「無
断接収」状態を黙従させ続けたのである。

　それゆえ、青木が「返してもらいたい」と切り出したのは、この「強制力」に
抗うためであった。そして、この言葉通り、砂川闘争期間中の1956年4月に
土地返還訴訟を提起する。その基地内の土地の測量をめぐって発生したのが
1957年の「砂川事件」であり、「伊達判決」、最高裁での「砂川判決」へとつながっ
ていく。その土地が「同地上に存するコンクリート舗床を撤去した上、畑土を
もって覆土し整地して」青木のもとに「明渡」されたのは、それから20年後の
1976年7月31日であった。それは、青木や宮岡が希求した「理想」の一部が
実現したともいえようが、周囲には自衛隊の駐屯地が存在し、なによりも宮
岡分をはじめとする陸軍時代に接収された土地のほぼ全てが「未返還」のまま
である。その意味で、砂川農民たちが望んだ「全面返還」は久野が「全面講和」
を求めたのと同様、果たされないままである。この基地／軍隊と砂川農民／
土地とのあいだで取り結ばれた諸関係とそれに関わる諸体験（本稿では米軍占
領下における青木の「抵抗」と「説得」については割愛せざるを得ないが詳しくは高原
2022を参照して頂きたい）が、砂川闘争の「説得力」を根底で力づけていた。こ
こでも「説得力」は「もうまっぴらごめんだ」、「返してもらいたい」という否定
の形で言葉に重みを加えていた。それは、なにも出来なかった過去の自分（た
とえそれが黙従を強制されてのことであっても）への後悔と反省を含んでいたので
ある。

　その「黙従」を内破することから「平和の論理」と「抵抗の論理」を積み上げよ
うとしていたのが久野収である。久野は、1948年10月に出版された終戦間際
に獄死した哲学者・戸坂潤への回顧文で、次のように語り、後悔の念を通じて、
現在の自分を行動へと奮い立たせていく道を語っていた。

　　われわれは積極的にナインといい切る勇気を持たなければならない。否、
　否定を口にするにとどまるのではなく、行為を否定の具体化として実現す
　る粘り強さを持たなければならない。沈黙は黙従に通じ、黙従は肯定に通

じる危険を、われわれはいやというほど味わったはずである。黙従していたものを取り出して措定し、それに否定の作用を加える以外に、われわれの行くべき道はないのである（久野1948：253）。

この道のうえに「全面講和」論があり、そして青木たち砂川農民たちの行動──砂川闘争という出来事──もまた同じ道を進んでいったものだろう。青木たち砂川農民は、久野収の同時代人であった。しかし、そのよき隣人について久野はどこまで知っていただろうか。もし、青木たちの「平和」思想と久野の「平和の論理」のあいだで交流と接合が起きていたならば、どのような新しい生命を戦後平和運動と思想に付け加えていただろうか。このような決定的な出会いを久野が果たすのは、1960年の「安保闘争」のときだったと筆者には思われる。安保体制下の平和運動の一つ砂川闘争は60年安保闘争へと久野収や森田実ら支援者と共に向かっていく。1956年10月の「勝利」以降の歩みについては、別稿で改めて論じたい。

おわりに

本稿では、戦後平和運動が持つ「説得力」について、1955年に始まった米軍立川基地拡張反対運動、いわゆる砂川闘争を事例に考察した。砂川闘争の「強制力」といえば、佐伯義勝の傑作写真「砂川」が写し取ったような鉄カブトに棍棒を携えた武装警官隊が砂川の地元農民や支援の労働組合員、学生に加えた暴力が第一に思い浮かべられるだろう。強制測量に対抗する人びとの不服従・非暴力の市民的抵抗は、日米安全保障条約が新たに生み出した日米合作の「占領」状態（「独立という名の従属」）に異議申し立てをおこなうものとして、同時代の人びとの共感と関心を呼び寄せ「革新国民運動」と呼ばれるのに相応しい支援の拡がりと奥行きを見せた。その根底には、個々人の生々しい戦争体験が息づいていたことが、1950年代の平和運動の特徴であり、それは戦後平和運動の「説得力」の核心部分を支えていた。けれども、戦後平和運動がその発展過程において形成した「説得力」は、国家や軍隊による暴力や権力に対抗しただけに留まらない。「二つの世界」と呼ばれた世界大の冷戦構造の下で、日本

の知識人たちは抵抗運動が持つ「強制力」にも抗いつつ、第三の道を探ることに注力していた。そのもっとも早い試みの一つが、本稿で取り上げた久野収を初めとする非マルクス主義知識人が主軸となり結成した「平和問題談話会」の活動とその政治・思想的な到達点である「全面講和」論の提唱であろう。彼／彼女らが目指したのは、現状追認的に国家が示す路線に上乗りするのでもなく、かといって革命によって権力を奪取するのでもなく、「平和」を自分たちのものにする方法とその実践であった。そして、そのとき真に問われたのが「平和」の中身である。砂川の農民たちにとっての「平和」とは、戦前・戦時下・敗戦後の占領下で、基地・軍隊のために取り上げられた土地が返還され、そこでふたたび農業を営むことであった。その意味で、砂川農民が希求した「平和」は、青木市五郎たちの土地がわずかに返還されたことを除いて、現在に至るまで実現していないままである。その状況は、久野たち「平和問題談話会」が目指した「全面講和」という理想についても同様である。二つの「平和」は、未完のまま、一つの問いとして私たちに向けて投げ出されている。それゆえ、戦後平和運動（思想）史にとって「砂川闘争」とはいかなる出来事・位置付けにあるのかという問いに答えるためには、一時の「勝利」の記憶として歴史のなかで語られるだけでは不十分であり、その運動が持った「説得力」を十全に汲み出しているとは言いがたい。砂川の現場で、この運動に参加した人びとが掴みながらも握り潰してしまったかもしれない期待や理想の記憶とともに、つねに立ち戻るべき原点として想起されるのが適切な歴史的出来事ではないか。そのさい、戦後平和運動（思想）史にとって「砂川農民」とはいかなる存在であった／るのかを問いかける視点も重要であろう。それは戦後平和運動を形成した主潮流の一つ「革新国民運動」の限界と課題を見据える視座を提供する。果たして、砂川闘争をはじめとする戦後平和運動、とりわけ「戦後革新勢力」が主導する「革新国民運動」はその運動内部に対して「強制力」を行使するものではなかったか。そこで達成されたと語られる「統一と団結」の質を問い直すという検証作業は、砂川闘争以外の事例からも積み上げていかなければならないだろう。

　本稿の最後に、砂川闘争という歴史／出来事が現在の私たちに訴えかける

「説得力」の所在について一言する。本稿を纏めているあいだに、立川駐屯地内の立川飛行場に陸上自衛隊のオスプレイが飛来するという報道が流れた（『朝日新聞』2022年11月8日号朝刊など）。そのニュースや今後なし崩し的に既成事実となるであろうこの出来事（2023年2月1日に初飛来した）について、たとえばそれもウクライナやロシアの状勢を考えたときに「仕方がない」のではないか、それも「必要ではないか」と思うならば、それは自然と「黙従」の姿勢を取ることになるだろう。そこで思い浮かべなければならないのが、砂川闘争のときの風景である。当時、砂川農民たちが耕す農地との境界に設けられたフェンスの向こう側には、いつも米軍輸送機の姿があった。それを「共存」とは人びとは考えなかった。それならば、自衛隊基地のフェンスの向こう側に「輸送訓練」のためのオスプレイがいる日常は「平和」なのだろうか。否、もっと自分自身に問いの矢印を向けて「平和の論理は、自分の生命を脅かさんとする悪に対する真の憎悪に裏づけられて、始めて力を持ち得るのである」（久野1949：31）という久野の言葉を＜いま・ここ・わたし＞に投げつけたとき、砂川闘争そして戦後平和運動が持つ「説得力」の大きさを受け止めざるを得ない。もし、来るべき未来の状態になんの違和感もなく黙従するならば、私たちの「平和」への感覚はそれだけ摩耗していると言えるだろう。ちょうど「平和」という言葉を目や耳にしたとき、反射的に目を伏せていた私がそうであったように。「沈黙は黙従に通じ、黙従は肯定に通じる危険を、われわれはいやというほど味わったはずである」と久野収は語った。その「われわれ」に、私たちが含まれるか否か、その答えはまだ問いのまま開かれている。

参考文献

青木市五郎（1955）「第二十二回国会衆議院内閣委員会での参考人発言（1955年6月3日）」『第二十二回国会衆議院内閣委員会会議録』16：4-6

青木市五郎（1963）「速記録　昭和三八年二月一四日」、立川市図書館『砂川事件裁判資料——榎本弁護士資料　26　砂川事件証言録　青木市五郎　砂川チヨ　事件番号S30（行）103・S30（行）105・S31（行）99・S32（行）12』立川市図書館：1-67（立川市中央図書館所蔵）

明田川融(2000)「一九五五年の基地問題—基地問題の序論的考察—」『年報・日本現代史』6：55-102

藤原彰・荒川章二・林博史(1995)『新版　日本現代史』大月書店

平田哲男(編)(1978)『戦後民衆運動の歴史』三省堂

ひろたまさき(編)(1994)『日本の近世　第16巻　民衆のこころ』中央公論社

小山弘健(編)(1960)『講座　現代反体制運動史』青木書店

熊倉啓安(1959)『戦後平和運動史』大月書店

久野収(1948)「戸坂さんの偉さ」、三一書房編集部(編)『回想の戸坂潤』：245-254

久野収(1949)「平和の論理と戦争の論理」『世界』47：25-36

久野収(1954)「平和主義者の武器」『中央公論』790：46-51

久野収(1956)「わたしたちの立っている場所(下)——原水爆と集団平和——」『教育』57：14-24

久野収(1964)「説得力と強制力——講演のノートから——」『思想の科学』23：83-90

久野収(1995)『久野収　市民として哲学者として』毎日新聞社

久野収・鶴見俊輔(1956)『現代日本の思想』岩波新書

久野収・中村哲(1957)「国家権力と自由——とくに憲法との関連において——」『法律時報』320：41-48

宮岡政雄(1974)「私の履歴書」(未定稿)(福島京子所蔵)

森田実(2005)「全学連を指揮——最前線は『引き受けます』」、星紀市(編)『砂川闘争50年　それぞれの思い』けやき出版：53-57

無署名(1949)「平和問題特輯について」『世界』39：2-4

無署名(1955)「砂川町基地拡張に反対する文化人の訪問への御案内」(一橋大学附属図書館所蔵　請求記号Ot1-B1-8-11)

日本平和委員会(編)(1969)『平和運動20年運動史』大月書店

大河内一男(編)(1966)『資料・戦後二十年史　4　労働』日本評論社

歴史学研究会(編)(1990)『日本同時代史3　五五年体制と安保闘争』青木書店

清水慎三(1966)『戦後革新勢力』青木書店

塩田庄兵衛(1982)『日本社会運動史』岩波書店

砂川町基地拡張反対同盟(1955)『立川基地拡張反対闘争資料　第二輯』砂川町基地拡張反対同盟(立川市歴史民俗資料館所蔵　箱39 分類1 企画 分類2 基地 番号3)

砂川町基地拡張反対同盟(1957)『砂川の斗争記録』砂川町基地拡張反対同盟

砂川町基地拡張反対支援労組協議会「砂川」編集委員会(編)(1957)『砂川　ひろがりゆく日本の抵抗』砂川町基地拡張反対支援労組協議会

高畠通敏(1979)「大衆運動の多様化と変質」、日本政治学会(編)『年報政治学1977　55年体制の形成と崩壊』岩波書店：323-359

高原太一(2019)「『砂川問題』の同時代史——歴史教育家、高橋磌一の経験を中心に——」『Quadrante』21：189-209

高原太一(2020)「コロナ渦でいかに活動を継続するか〜砂川闘争65周年記念集会を事例に〜」『年報首都圏史研究』10：33-36

高原太一(2022)「米軍立川基地拡張反対運動の再検討──『流血の砂川』から多面体の歴史像へ──」東京外国語大学博士学位論文

高橋磌一(1956)「闘いの記録」『世界』132：177-188

寺島俊穂(2014)「市民的抵抗の哲学：久野収の思想から」『關西大學法學論集』63（5）：1662-1597

鶴見俊輔(編)(1968)『戦後日本思想体系4　平和の思想』筑摩書房

山内徳信・水島朝穂(1997)『沖縄・読谷村の挑戦──米軍基地内に役場をつくった──』岩波ブックレット

矢崎彰(1993)「『世界』と平和問題談話会──講和と冷戦をめぐる議論を中心に──」『民衆史研究』45：75-94

横浜弁護士会(編)(1989)『基地と人権』日本評論社

特集２：砂川闘争とは何か：平和運動の原点としての可能性

コラム１

暴かれた密談とその後
──砂川闘争関連の解禁文書・新資料発見後の「新たな砂川闘争」

西原和久 | NISHIHARA Kazuhisa

この原稿執筆時に、ロシアのウクライナ侵攻が始まった。「主権国家」を戦闘機や戦車、ミサイルなどの武力で屈服させようとする事態は、R.カイヨワが『戦争論』冒頭近くで述べた「戦争というものが単なる武力闘争ではなく、破壊のための組織的企てである」という一文を想起させる。その企てをロシア軍が実践し、さらに聖なる物語がその企ての一翼を担う。ウクライナの一部を独立させて承認し、その防御のためと称しつつ他国土を破壊へと導きつつ、ロシア国内の言論も統制して単一の物語を創出する。たとえその物語が米国やNATO（の東方拡大）に問題ありとする「正論」であっても、暴力を支える物語はその正当化の手段にすぎない。戦争正当化の物語は、戦争における死の意味を国家への貢献に回収させる装置ともなる。こんな、古い、見え透いた組織的企てがこの戦争の特徴の一つだ。事態は流動的だが、非武装化や中立化は暴力のもとで実現されるものではない。

1950年代半ば、東京郊外でも、戦争と比べれば小さな、だがその意義の点では大きな闘いが生じていた。1945年の敗戦で、日本の軍事施設は占領軍に収用され、米軍基地に整えられた。沖縄の伊江島や伊佐浜などでの「銃剣とブルドーザー」による強制土地収用はあまりにも有名だが、その時期、東京都立川市の北隣の砂川町でも米軍立川基地拡張が通告された。1955年5月のことだ。1950-53年の朝鮮戦争を機に、「民主」国家防衛のため、核弾頭搭載の大型機が離発着できる滑走路が必要とされた。そしてこの間に、自衛隊も成立した。

砂川の拡張予定地は大半が農地で、すぐさま農民を中心に土地を守る運動

が組織された。砂川町基地拡張反対同盟である。江戸初期の新田開発から400年余り続く農地を守ることは、彼らの生活基盤確保のためである。だが、それだけではない。反対同盟の副行動隊長・宮岡政雄氏の著書『砂川闘争の記録』からも読み取れるが、この闘いは同時に平和を求める運動でもあった。兵隊として台湾にいた宮岡氏が戦後復員して、砂川の自宅が終戦直前の立川空襲で焼失したことに驚きつつも、農業による生活再建にようやく見通しが立ちはじめてきた戦後10年目に、基地拡張・土地収用が通告されたのだ。米軍と日本政府の決定だから「従え」という権力者の行為は、被爆国日本の新憲法下での主権在民の民主主義を蹂躙する出来事であっただけでなく、不戦・非戦を謳った憲法9条の平和主義への挑戦でもあった。軍事基地は言うまでもなく戦争用である。そこから朝鮮半島やベトナムでの空爆に向かう出発点だ。だから、反対同盟は不服従、反戦・非戦、そして非暴力を唱えた。だが、砂川闘争後の歴史は、忘却を促す巧みな政治権力と文化装置が大いに機能した歴史でもある。そして、そうした権力や装置が「新たな砂川闘争」の批判対象となった。

　この点の理解には伊達判決への言及が不可欠だ。すでにこれについては多数の文献があるが、「新たな砂川闘争」の原点の一つが、1955-56年の測量阻止の闘争に続く1957年のいわゆる砂川事件（デモ隊の一部が基地内に突入し、23名が逮捕され、7名が起訴された）に対する、1959年3月30日の伊達判決（東京地裁伊達秋雄裁判長による「米軍駐留は違憲」で「被告は無罪」の判決）である。だが、その直後の4月3日、政府は高裁を飛び越して最高裁に上告（跳躍上告）する決定を下し、そして最高裁は統治行為論を用いて同年12月16日に地裁決定を覆し（翌月1960年1月に日米新安保条約は調印された）、2年後に被告は有罪となった。この不自然な流れには「何かある」と人々は思った。しかし証拠はなかった。……だが、その証拠は半世紀後の2008年に見つかった。

　この半世紀、1968年に米軍は基地拡張を断念して基地返還へと方針転換し（ただしその機能は横田基地に移転）、1977年には返還されたが、この米軍基地の場所に、早くも1972年には自衛隊が移駐し（現在も防災「名目」の駐屯地があり）、そして1983年には昭和天皇在位50年記念として国営昭和記念公園が開

園し、さらに2005年にはこの公園入口近くに昭和天皇記念館が開設された。基地跡に、自衛隊のみならず天皇関連施設が存在する。その狙いは、過去の抹消と新たな物語の創出である。国営昭和記念公園には米軍基地の記録と記憶は完全に抹消されている。基地を指示し連想させるものは、緑豊かな公園内にはパンフレットを含め一切ない。昭和天皇記念館も同様で、終戦を決断（御聖断）した平和希求の天皇像が描かれて美化される。米軍基地跡の自衛隊駐屯地と天皇関連施設は、現在も続く政治的・文化的な忘却装置であり、日々新たな物語を紡ぐ。

　こうして2005年までに米軍立川基地の主要部分は自衛隊と天皇施設に変容を遂げた後、2008年に、米国国立公文書館で伊達判決後の米国と日本政府が一体となった密談・密約の諸通信文が発見された。最初の発見者は新原昭司氏で、さらに末浪靖司氏も布川玲子氏も関連文書を入手した（『砂川事件と田中最高裁長官』など参照）。詳細は割愛するが、伊達判決直後にマッカーサー駐日大使（GHQマッカーサーの甥）が日本政府に跳躍上告を促した。さらに田中耕太郎最高裁長官と米国大使館関係者との密談に関する文書も発見され、その場では秘密裏に判決の見通しや今後の手続きが伝えられていた。

　そこで、砂川事件のかつての被告たちは、原判決確定後に免訴理由が発生したとして、2014年6月に憲法37条の公平な裁判を受ける権利の侵害を理由に、不当判決に関する免訴・再審請求を行った。だが、2016年3月東京地裁は最高裁長官と米国関係者との面談は認めても、それは国際礼譲であるとして請求を退けた。そこで直ちに即時抗告を行うも翌年11月には高裁で棄却、さらに特別抗告も2018年7月に論点が憲法問題ではなく特別抗告に該当せずとして棄却された。そこで今度は、元被告の土屋源太郎氏ら3名が2019年3月に国家賠償訴訟を起こした。砂川国賠訴訟と呼ばれるこの訴訟は、賠償金10万円、罰金2千円の返還、そして謝罪広告を求めた。以後、2022年3月現在、口頭弁論は第7回まで進んでいる。この裁判で被告の国側は、新発見文書の存在そのものを「不存在」「不知」などとしたため、原告側は裁判の過程で地裁から米国側への「調査嘱託」を行うこととなり、これも現在進行中である。だが地裁―最高裁―外務省―国務省―州裁判所―国立公文書館へと依頼

文書が送付される過程は、密談・密約の当事関係者の部署であり、どの程度、正確かつ迅速な対応となるかは未知である。第7回口頭弁論では「まだ回答なし」と裁判長は述べた。しばらくは口頭弁論が続く。土屋氏も共同代表の一人である「伊達判決を生かす会」が積極的にこの裁判闘争を支えている。それはまさに現在進行形の「新たな砂川闘争」である。

　ただし、今も続く砂川闘争はこれだけではない。1970年代早々の自衛隊移駐以来、「立川自衛隊監視テント村」も意義ある活動を行っている。特にここで記しておきたいのは、2004年に反戦ビラを立川の自衛隊宿舎に配布したことで3名が逮捕・起訴され、(沖縄の山城博治氏の件を彷彿とさせるような) 75日間の長期拘留を余儀なくされた点である(『立川反戦ビラ入れ事件』参照)。そしてその翌年が、昭和天皇記念館開設であった。「テント村」は、米軍横田基地反対運動も含め、現在も活発な反基地闘争を展開している。

　そしてもう一つ、2010年に前述の宮岡政雄氏の次女・福島京子氏が開設した「砂川平和ひろば」にぜひ触れたい。彼女は小学校教諭退職後に、砂川闘争の意義の再検証や砂川からの平和の声に焦点を当てた多彩な活動を展開している。それは、20世紀半ばと21世紀初めという時代間の溝、新旧の住民間の溝、世代間の溝、そして国家間の溝などを埋めながら、連帯の輪を広げる平和活動を実践するものだ。事実、「ひろば」はこれまでに、砂川闘争の意義を問うシンポ、旧拡張予定地のフィールドワーク、無料の子ども食堂や不登校児を含む子どもたちへの学習支援、さらに外国の関係者との交流など、多様な活動を継続的に行っている。2021年には、さらに砂川平和しみんゼミの開講 (年間16回)、南西諸島ミサイル基地化の写真展、基地問題と東アジアの連帯と平和に関するシンポも催された。これらは、反戦平和運動の深化と拡大を意識した活動で、日々の生活世界からの平和運動である。

　1950年代後半に蒔かれた砂川闘争の種は、不服従や平和、非暴力などの言葉と共に、半世紀後に木々となって成長中だ。ウクライナ問題を境に日本の核武装や核共有論が一部で声高に語られる今、あらためて砂川闘争が育んだ反戦・非戦・平和への想いを実りある形にすべき時であろう。

＊この小論は2022年3月に脱稿し、同年4月にISF独立言論フォーラムに掲載された
　ものだが (https://isfweb.org/post-1632/ 参照)、今回、ISFから転載の許可を得て本誌に
　掲載することにした。本稿執筆後に、砂川では、立川市の公民館的な機能をもつ「砂
　川学習館」の建て替えに伴い、砂川闘争の歴史を伝える展示室の廃止が画策され、さ
　らに11月には立川自衛隊基地に「防災目的」でオスプレイが定期的に飛来することが
　告知された。砂川平和ひろばを始め、関係者は直ちに反対運動を始め、前者は市側
　が存続する方向で動いたが、後者はこれからの運動が問われる状況である。なお、
　砂川国賠訴訟は2022年11月に第10回の口頭弁論まで開かれたことも付け加えてお
　く。

特集2：砂川闘争とは何か：平和運動の原点としての可能性

コラム2

忘却の影に記憶の場

——東京西部の二つの公園における戦後の抗議運動と政治学の具現化

アダム・トンプキンス | Adam TOMPKINS

　都市部最大の緑地である東京の昭和記念公園は、軍事化と反基地闘争の重要な歴史を覆い隠している。この歴史はたまたま消されたのではない。その近くには、昭和記念公園よりはるかに小さく、知る人も少なく、公的名称もない地域の広場があって、こちらの方がむしろ戦後期の記憶をとどめている。そこは「砂川秋まつりひろば」と呼ばれ、地域の活動団体「砂川平和ひろば」が、地元の歴史を今の日本の平和運動における問題関心へと接続するために活用している公園である。二つの公園のある大地は、歴史的連鎖の不協和を共有しているが、その根っこにあるのは、土地の権利をめぐる伝説の闘いであり、戦後日本における公民権や民主主義といった概念についての考え方の違いである。それぞれの公園の成り立ちからは全く異なる歴史のメッセージが伝わり、それが議論を前へ進め、現在へとつないでくれる。

秋まつりひろばで開催された砂川平和ひろばのイベントでスピーチする筆者アダム・トンプキンス

　昭和記念公園が占有している土地は、かつての米軍立川基地、すなわち米国のアジアにおける冷戦対策にとって極めて重要な補給拠点だった所である。1955年、隣接する砂川の農業集落を壊滅させることになったはずの基地拡張計画が提起されて、全国の関心を集める大規模な反対運動が勃発した。警察が平和的なデモを暴力で襲い、農民の作物を踏みにじると、「砂川闘争」に対する一般民衆の支援は一気に高まった。反対運動は、基地拡張を中止させることに成功し、1977年に基地を閉鎖して日本政府に引き渡すという決定に影響を及ぼした[1]。

　歴史学者のジェニファー・ミラーが主張するように、この闘争は西東京の土地争いにとどまらなかった。戦後の日本で民主主義の意味に関する見解の衝突を具現化していたのだ。米国と日本政府が推進したのは、民主主義には、共産主義勢力に対抗して自由世界を守るために絶えず警戒が必要だ、という理解だった。だから立川基地を拡張しなければならないのだ。そのような見解には、日本が米国との同盟によって莫大な利益を得るにつれて経済成長という要因がますます盛り込まれるようになった。このモデルにおいて、市民は大体のところ国家の取り組みを支持する。砂川に参加した人々は、戦時中に苦労したこともあり、また米国が占領当初に伝えた思想の影響もあって、民主主義に対して異なる理解をした。彼らにとっては、民主主義がきちんと機能するには、国家がより公正で平和な社会を創るという目標から逸脱した場合には、民衆があえて国家の権威に立ち向かい、批判的・行動的に闘わなければならない、ということだった[2]。

　1983年に開園した昭和記念公園は、激動の1960年代の後に、政府と民衆との関係を修繕するためのさりげない働きをした。公園内には、米軍基地や「砂川闘争」の形跡は何一つ存在しない。それに代わって、ヒロヒトの生物学への関心を強調する「昭和天皇記念館」があり、生きた農業歴史館「こもれびの里」があり、訪れる人々に対して、昭和天皇在位中期の意味を定めた戦争と占領の歳月を忘れるよう、間接的に働きかける。

　東京都は、昭和記念公園のような公園があれば、一般市民の満足や協同意識が育まれ、かつての運動もボランティア活動へと誘導し得るのではないか

と見込んだ[3]。地元民が自生植物を育てたり、遊歩道を保全したり、こもれび
の里で作物を栽培したりしながら、昭和記念公園の維持管理を手伝う[4]。ボラ
ンテイア団体こもれびの里は、「昭和30年代の武蔵野の心の農村風景を再生
する」ことをめざし、訪れた人々が過去の「古き良き」時代を今につなげること
のできる場所となる[5]。こもれびの里の牧歌的な雰囲気を創り出すには、砂川
の農民が自分たちの農地と暮らしを立川基地からまもるために闘ったことな
ど、一言もふれない方が無難なのだ。

昭和記念公園のこもれびの里。著者による写真。

　今は砂川秋まつりひろばとなっている土地は、基地を拡張しようとして失
敗に終わった後に放置された残骸の一部であり、長い間なんの手入れもされ
なかった。所有者たちは、拡張に反対した他の住民には加勢せず土地を国に
売却したのだが、砂川闘争の勝利後、日本政府は、その土地をなおざりにした。
草は伸び放題となり、ゴミの不法投棄も行われて、地域の景観を損なう存在
となった。1989年頃、住民たちが「樹を植える会」を結成して、ゴミを掃除し
樹木を植え始めた。地域の子どもたちが遊べる素敵な緑地を創ったのである[6]。
ちょうど砂川闘争方式の民主主義のように、その公園は、地元住民のコミッ
トメントをとおして維持されている。
　砂川平和ひろばが主催してその公園で行われるイベントは、昭和記念公園
が物語ろうとする歴史への挑戦である。2010年に砂川平和ひろばを開設した

福島京子は、父親が砂川闘争のリーダーの一人だった。そこは、闘争の記憶を保存し、砂川闘争の歴史的洞察を今の平和運動の取り組みに生かすための場である[7]。2015年には、研究者、学生、活動家、ミュージシャンや人形劇団などの人々が集まって砂川闘争60周年を記念し、オスプレイの飛行・辺野古の米軍基地建設・横田基地・原発再稼働・自衛隊立川駐屯地に、反対の声をあげた[8]。参加者は、砂川の農地でとれた食材や、砂川闘争の参加者が食べたというスイトンを食べた。福島京子と砂川平和ひろばのメンバーたちはまた、広島から届いた被ばくアオギリの苗木を、秋まつりひろばに植えた。このひろばは、記念行事の度に使われ続けている。

　砂川平和ひろばは近年、昭和記念公園内で歴史をたずねるウォーキング・ツアーを企画し、消された歴史の一端を紹介した。ツアーのリーダーたちが、軍事基地だった時代の現場について語り、かつてはそこに存在した基地の建造物の写真を高く掲げたのだ。ただ、そうした努力には限界があり、昭和記念公園が理想化する歴史表象を攪乱することにはなりそうもない。だが、もしそんなことがあるとしたら、砂川の住民たちが信じられないほどに物語を変えてしまうのは、それが初めてのことではないだろう。

注

1　以下の文献を参照。Adam Tompkins, "Un-Occupied Spaces: Demilitarization and Land Use in the Kanto Plain" in Perspectives on Environmental History in East Asia: Changes in the Land, Water, and Air, ed. Ts'ui-jung Liu and Micah Muscolino (London: Routledge, 2021); Jennifer M. Miller, "Bloody Sunagawa" in Cold War Democracy: The United States and Japan (Cambridge: Harvard University Press, 2019), Location 3438-4195, Kindle.

2　前掲書 Miller, Location 92-98, 405-419, 533-483, Kindle.

3　以下の文献を参照。Protecting Tokyo's Environment, translated by Simul International, Inc. (Tokyo: Tokyo Metropolitan Government, 1985), 17, 85, 90, 99; Simon Andrew Avenell, Making Japanese Citizens: Civil Society and the Mythology of the Shimin in Postwar Japan, (Berkeley: University of California Press, 2010), 151.

4　以下の文献を参照。Adam Tompkins and Charles Laurier, "When the Sky Opened: The Transformation of Tachikawa Air Base into Showa Kinen Park," in The Nature of Hope: Grassroots Organizing, Environmental Justice, and Political Change, ed. Char Miller and Jeff Crane (Boulder: University Press of Colorado, 2019), 130.

5 　国営昭和記念公園「こもれびの里について」以下のサイトを参照。https://www. showakinen-koen.jp/facility/facility_komorebi/facility_komorebi_tuite/

6 　著者が、2021年4月26日に福岡愛子の翻訳支援を得て、砂川平和ひろばメンバーの井上森に、Eメールでインタビューした内容。

7 　著者が、2021年5月1日に福岡愛子の翻訳支援を得て、福島京子に、Eメールでインタビューした内容。以下の「英文毎日」の記事も参照。"23-yr-old Joins Group to Preserve Anti-US Base Local History, Promote Peace Movement," The Mainichi, August 20, 2018.

8 　イベントのチラシを須江さやかが翻訳し、2015年9月11日のEメールで著者宛てに送ってくれた内容。

（福岡愛子訳）

＊原文は、Adam Tompkins, "In the Shadows of Erasure, a Place for Remembering: The Embodiment of Postwar Protest and Politics in Two West Tokyo Parks" – NiCHE (niche-canada.org)。著者のアダム・トンプキンス氏は、レイクランド大学日本校の歴史学准教授。米国と日本の環境史を研究。東京に移った後は、日本における米軍の痕跡、米軍基地の日本への返還の調査などを行っている。

大学における平和学教育の試行
——COVID19感染拡大下における島根県立大学模擬国際会議の実践例

濱 田 泰 弘 | HAMADA Yasuhiro

序

> 平和は力では保たれない。平和はただ分かりあうことで達成できるのだ。
> —Peace cannot be kept by force; it can only be achieved by understanding.
> アルベルト・アインシュタイン

　本稿は、島根県立大学「平和学」講義における模擬国際会議の試行例を提示し、模擬国際会議の教育上の成果を探ることを一つの目的とする。第二に冷戦期米ソ間による継続的なコミュニケーション維持の努力が核軍備管理、核軍縮に果たした役割を検証し、第三に模擬国際会議におけるコミュニケーション力の重要性、両者の共通性を探ることを目的とする。

　冒頭のアインシュタインの言葉が示すように核軍縮や核軍備管理においては特に保有国や非保有国も含め、コミュニケーションの機会を持続的に持つことが重要であり、そこから透明性や信頼醸成を構築していくことが最も重要であると考えられる。

　模擬国際会議は、学生が外交官や報道局員となり核兵器廃絶や核削減を目標とし、共同宣言採択に至るまでのシミュレーションゲームである。

　最初に本稿の「模擬国際会議」は所謂「模擬国連」とは異なるものであることを示しておきたい。核軍縮や安全保障問題に係る議題の場合、安保理の専決事項とされ、安保理の決議に付託される。核関連問題において安保理常任理事国が当事国である場合、拒否権行使により会議が座礁する可能性が高い。国連を模した模擬国連にもそのような疑念は払拭出来ないであろう。そのため安保理を排し国連総会を活用しながら主要当事国で会議を行う模擬国際会

議という独自のスタイルを試行するに至った。

　また模擬国際会議は2008年末以降停止中の旧六カ国協議、すなわち米中露日韓北による協議をモデルとした会議である。模擬国際会議の主要議題は核削減であり六カ国の合意形成による共同宣言を採択することがその目標である。

　現実の米ソ間の核軍縮をめぐる対話の歴史は、今日の核軍縮のみならず模擬国際会議のありかたにも重要な手掛かりを与える。キューバ危機以降の両国間によるホットライン開設や透明化、信頼醸成形成の尽力は抑制的ではあるものの相応の発展を見せた。それゆえに現実の核削減交渉において、2000年代に行われた中国や北朝鮮が交渉アリーナに参加した六カ国協議の試行を、模擬国際会議のモデルと位置づけた。

　このような視点に基づき現実の核軍備管理と核軍縮交渉におけるコミュニケーション・チャンネルの設置とその確保、信頼醸成の努力こそ、模擬国際会議において模索されるべき重要な要素であると考えられる。また現実の米ソを中心とした核軍縮を進展させるために必要なアリーナの共有、そしてコミュニケーションの重要性は、模擬国際会議における合意形成のおいても同様に有効なモデルとなり得るであろう。さらにCOVID-19感染拡大時に模擬国際会議は遠隔・対面併用方式で実施されたが特に遠隔会議が学生のコミュニケーションにどのような影響を与えたかという問題にも触れたい。以上のように核軍縮の進展の歴史と並行し模擬国際会議の教育的効果を比較しながら、その共通項を探ることが本稿の課題となる。

1. 大学における平和学と平和教育

　本稿は広く平和学全般を分析の対象とするものではなく、大学の平和学教育における教育、特に模擬国連を模した模擬国際会議を主要な分析対象とする。それに先立ち大学における平和学教育に関する研究の先行研究を幾つか挙げておく必要がある。大学教育における平和学研究の端緒について臼井久和の研究[1]で整理されている。同研究ではラパポートにより創始されたアメリカの平和研究（Peace Research）の歴史を中心に平和学の学際性とその動向が整

理されている。そこにおいて、平和教育とは、学校により制度化されたものを超えて日常生活における活動とも関係するものという理解が示されている。

　世界の大学の平和学教育普及拡大に大きな影響を与えたのが1988年のタロワール宣言であろう。1988年フランスのタロワールで開催された世界の諸大学の学長達が「学長会議タロワール宣言 (Talloires　Declaration of University Presidents)[2]を発表した。

　「私たち、世界のすべての地域と多くの文化圏にある45大学の学長は、世界の諸大学には核時代の恐るべき危険についての理解を深め、それらの危険を減らす重大な道徳的責任があると信じる[3]。」この宣言が契機となり欧米の大学、大学院で平和学研究科設置が促進されていった。特にイギリスのブラッドフォード大学平和学部創設は大学における平和学の創設に決定的な影響を及ぼした。その後欧米を中心に大学の平和学部や大学院平和学研究科が設置されていき、平和学関連の高等教育機関、研究機関が設置された。

　日本国内では四国学院大学に「平和研究」という名称の講座が1976年に開講された。国内初の平和学修士を取得可能な大学院としては恵泉女学園大学大学院平和学研究科平和学専攻修士課程が2009年設立された。2021年には国内初の博士号取得可能な課程として広島市立大学大学院平和学研究科博士後期課程が設置された。現在国内の大学で「平和学」講座を設置する大学は島根県立大学を含め50校以上、大学院は広島市立大学大学院博士後期課程はじめ、修士課程を含めると6校以上が確認され、相応の増加傾向にあることが察知される。しかしながら日本においては依然大学院レベルの学位授与機関が少なく、平和学を志向し、国際平和に尽力する意欲を持つ優秀な学生が海外、特に欧米の大学院に進学する傾向はなお続き、その意味で平和学における海外への人材流出に歯止めをかける施策は今後の課題となるであろう。

　平和学は戦後急速に発展した学問でありその背景には二つの世界大戦の惨禍と冷戦時代の米ソ核戦争の恐怖があり、世界の破局をいかに回避するかということがその目標の一つであった。その背景にヒロシマ・ナガサキの惨状の記憶があったことは言うまでもない。

2．模擬国連の実践

　先述のように、本稿の模擬国際会議は模擬国連と異なるものであるが、両者の相違を整理するために、本節では模擬国連について概観しておきたい。

　模擬国連はハーバード大学で1923年初めて実施され、日本では1983年、上智大学教授緒方貞子氏（当時）が初めて開催した。その際に「模擬国連実行委員会」が組織化され、緒方氏が顧問となった。当初はニューヨークで開催される模擬国連の全米大会に日本代表派遣事業を行うことが同組織の主要な活動であった。しかし現在は活動規模が拡大され日本模擬国連には2016年2月現在で約790名の会員が在籍し、関東では東大、早大、慶大、外大、一橋、上智、法政等の大学が加盟し、関西、北陸地区及び九州地区にも広がっている。

　日本模擬国連による『模擬国連ガイドブック』によれば模擬国連とは「国連をはじめとする国際会議を、各参加者が一国の大使の役割を演じてシミュレーションする活動」であり、「国際会議における意思決定過程をシミュレーションする活動」と説明される[4]。そこで習得される能力として「深いリサーチ能力」、「わかりやすくスピーチする能力」、「議論力」、「戦略力」、「交渉力」、「英語力」が挙げられている[5]。模擬国連と本学開催の模擬国際会議において共通する要素が多く、「議論する力」と「交渉力」は模擬国際会議において最も重要なスキルであると考えている。

　模擬国連の運営には参加費用が嵩むこと、個別参加の場合は相応の費用負担が見込まれること、都心に参加大学が集中するため、都市部から距離のある本学のような地方大学学生にとっては参加のハードルは決して低いものではない。

　国連において人道的問題や核削減等に係るアジェンダは国連安保理の専決事項であり安保理の採択に付託されるが、冷戦時代同様、米露で対立する議案の際、複数国で同時に拒否権が行使される可能性があり、拒否権が濫用された場合に機能不全に陥ることが容易に想像できる。2022年ウクライナ軍事侵攻への即時撤退を求める国連決議案が侵攻国ロシアの拒否権発動により否決されたことは記憶に新しい。安保理の拒否権は安全保障を司る国連の大きな障壁となりかねない。それゆえ本講義では模擬国連ではなく国連総会を軸

とした模擬国際会議を試行している。

　模擬国連の先行研究としてゾラ・陽子の研究[6]が詳しい。平和教育という観点では中内哲[7]や、富田和広・伊東和久・原理の研究[8]があるがFD（Faculty Development）という観点から教育効果を検証するものが多い。また平和教育全般に関する学位論文として高部優子「日本における平和創造力を涵養する積極的平和教育の構築－平和教育実践者と紛争解決支援者の視点から」[9]等が挙げられる。英語を用いた模擬国連の教育効果については、Barry Keith & Adam Murray,「Language in Action: Japan English Model United Nations実践型英語学習としての［日本英語模擬国連］」[10]が挙げられる。

　模擬国連は大学のみならず、高校等でも全国大会の運営実績がある。特に高校模擬国連の実践例については、全国中高教育模擬国連研究会編『高校生の模擬国連—世界平和につながる教育プログラム—』[11]が詳しく、模擬国連の教育効果が以下にまとめられている。1点目は「積極的な発言力や交渉力の涵養と、協働による達成感の獲得」である。2点目は「国際問題への深い関心の醸成とリサーチ力の鍛錬」である。3点目が「英語学習へのモチベーションの向上」である。島根県立大学の模擬国際会議では日本語で会議を行っており、この点は高校や大学の模擬国連との相違点である。他方「アクティブ・ラーニング」つまり「主体的・対話的で深い学び」の教育効果を持つことについては模擬国際会議と共通する要素が多い。以上のようにコミュニケーション力の涵養は、模擬国連及び模擬国際会議に共通する目標である。

3．核軍縮をめぐる対話
3-1．核軍縮をめぐる歴史
　本節では、冷戦以降の核軍縮の交渉過程と成果を概観し、核削減交渉に重要な対応を分析する。その解答が「平和学」講義における模擬国際会議の実践において重要な手掛かりとなると考えられるためである

　冷戦終焉後、核兵器の役割は当初大幅に低下したと考えられた。しかしその後核保有国となった中国が台頭し、核兵器が拡散する状況にあり、今や「第二の核時代（Second nuclear age）」と呼ばれる状況となった。ウクライナ侵攻が

続く現在、核軍備は再び世界の脅威となっている。特に核保有が確実視され、ミサイル発射実験を繰り返す北朝鮮は北東アジア、アメリカにとって安全保障上の懸念材料となっている。さらにはイランの核開発疑惑[12]は常にアメリカや中東諸国に緊張感を与えてきた。

翻って冷戦時代の米ソ間の核軍縮交渉過程を俯瞰すると、双方間で一定の信頼醸成を探る必要が生じ、核軍備に関する一定の情報交換と透明化を促進する努力がなされ、核軍備管理に関する透明化が制度的に構築されてきたことは、再び注目に値するであろう。米ソ、米露、欧州、さらに中国を対象とする核軍備管理の信頼醸成のための情報透明化については、西田充 (2020) の研究[13]が詳しい。以下では同研究をもとに透明性と信頼醸成措置の重要性を俯瞰する。同研究によれば冷戦時代の二大超大国間の緊張関係は1962年のキューバ危機に頂点を迎えた。北大西洋条約機構（NATO）とワルシャワ条約機構間の相互・均衡兵力削減交渉が挫折する一方で、キューバ危機に直面した両国は以降、核戦争を回避するために様々な譲歩と核軍縮の努力を続けて行った。キューバ危機を契機とし米ソ間の核軍縮管理においては、危機回避のための信頼醸成措置が画策され、軍備管理の相互検証を可能とするための透明性措置がなされていった[14]。透明性とは、1991年の国連事務総長による報告書において「非公式又は公式の国際的な取り決めの下で軍事的分野における活動の特定の側面に関する情報を体系的に提供すること」とされる[15]。さらに核軍備管理に関する「透明性」の持つ効果は「信頼と安全保障の醸成、疑念、不信、恐怖の緩和」と説明されている[16]。透明性の目的・意義として第一に「信頼醸成措置」が含まれている。信頼醸成措置とは西田によれば「不信や恐怖の原因を緩和・除去することで相互信頼・理解を醸成する[17]」措置と説明される。西田の研究によれば冷戦時代の米ソ間の核軍備に関する透明措置は、飽くまで最小限にとどめられており、当初は各国の人口衛星使用等の許容に始まりSALT Ⅰ (=Strategic Arms Limitation Talks,1972年成立) 時点の透明措置は極めて限定的なものであった。

しかしSALT Ⅱ署名時 (1979年)、米ソの核兵器保有台数の総量データを相互に交換するという驚くべき進展が見られた。残念ながらSALT Ⅱはソ連の

アフガン侵攻により否決され、批准直前で発効に至らなかったものの、その後米ソ間で初めて一部のデータ交換がなされることになった。SALT IIにおいてはミサイル発射の事前通告制度が新たに規定された。その後にINF全廃条約、地下核実験制限条約、START I・II（=Strategic Arms Reduction Talks）、新START（2010年成立、唯一の米ソの核軍備管理に関する条約）が成立した。新STARTでは現地査察制度も導入されデータベースや通告制度も具体化されていった。特にSTART以降は「法的拘束力」のある通告議定書で詳細に規定された。

　さらに両国間では核軍備管理・軍縮推進のための透明性措置も進められたこともある。米露の透明性措置は、信頼醸成措置や相互検証措置について条約で規定されたこともあり、法的拘束力を持つ、核軍備に関する国際的規範となり得た。

　米ソに続き欧州の通常兵器の軍備管理・軍縮にも透明化措置が推進され、多様な形で深められていった。米ソ、米露の透明化措置は、軍事に関する行為情報に始まり、定量情報を経て、核軍備戦略における意図情報という見えにくい情報の可視化の努力もなされた。西田の研究が示すように、米ソ、米露間の核軍備管理において条約という法的拘束力を持つ国際的規範の次元で、透明性や情報公開性が促進されていたことは、今日の状況を見れば再評価されるべきではないだろうか。信頼醸成と透明性の構築への努力、さらには核保有国間で核軍備管理・軍縮の情報公開と透明化措置が進められていけば、国家間のホットライン確保と信頼醸成が構築され、その関係性の維持は相互の友好関係へと発展する可能性を有すると考えられよう。

　以上のように本節では、米ソ、米露、欧州間で推進されてきた信頼醸成の努力を概観した。特にキューバ危機以降の1963年に始まる米ソホットライン協定は透明性の推進や信頼醸成の歩み寄りの端緒となったと言える。敵側の核軍備の現状と軍事的動向が想像できないことこそ、冷戦時代の米ソ間の最大の脅威であったに違いない。米ソ間でコミュニケーション・チャンネル（Direct Communications）が形成されたこと[18]こそ、冷戦時代米ソによる信頼醸成措置の端緒となったことが多くの研究で評されている[19]。この状況は2022

年現在のロシアとNATO諸国との関係とは真逆の方向にあると言えるだろう。米ソ、米露、そして欧州で相応の成果を挙げた信頼醸成の努力、核軍備に関する一定の情報公開及び透明性を実現していくためには、国家間交渉と継続的な協議が必要とされる。そこから生まれたコミュニケーションこそ、国際関係で危機を回避し、対話や共存共生を探るための最も有効な手段であろう。逆に見れば実効性のある核軍備管理のためのコミュニケーションを成立させるためには、事前の慎重な交渉、協議、コミュニケーションが必要とされることを意味するのではないか。

3-2. 北東アジアにおける核問題と六カ国協議

前節では米ソ、米露、及び欧州間の核軍備管理情報の透明性、信頼醸成の尽力について概観してきた。核兵器保有国の米露と英仏がこの対象に含まれ、その各国では核軍備管理上のリスク回避のための一定の透明措置の深化と多様化が推進されてきた。

だが核兵器は米露英仏以外に中国、インド、パキスタン、北朝鮮、イスラエル等に拡散していることが確認されている。核軍備管理の問題は既に欧米露を超える問題となっている。特に核兵器保有数総量において、核兵器保有国間で圧倒的な格差が存在するのも事実である。現在の非対称で不均衡な核保有国の軍備力を認めつつ、格差を是正しながら軍縮と核削減を進めるという難題に直面している。模擬国際会議で検討する核問題は「核軍備の不均衡」という障壁を割けることは出来ない。その問題について触れておきたい。

1968年、NPT（＝Treaty on the Non-Proliferation of Nuclear Weapons、核不拡散条約）が米英ソ、他56カ国により調印された。このような核兵器を取り巻く国際情勢の変化の背景にはキューバ危機の存在があった。また核兵器廃絶運動の世界的拡大に至る世論の影響も大きい。しかし1964年に中国が核実験を成功させ、世界に衝撃を与えた。その後、国連総会が国際社会の意志として核兵器の拡散防止を決議したことにより、NPTが成立するに至った。また国際世論における核兵器削減に係る大きな潮流が先述の米ソ欧州の核軍備管理における軍縮のための透明性担保や信頼醸成の構築、そして核軍備削減につな

がっていった。

　NPTの主要なポイントは以下に整理される。第一に「核不拡散」が挙げられる。これは米ソ（露）英仏中を核保有国と定め、それ以外の非保有国への核兵器の拡散を防止する。核不拡散義務は核保有国、非保有国ともに負う（第1条,2条、3条）。また「核軍縮」に関して、核保有国は誠実に核軍縮交渉を行う義務を負う（第6条）とされ、5大国の核兵器寡占状態を容認する一方、保有国には核軍縮の義務があること、が定められている。特に第6条の核保有国の核軍縮の義務が核の保有の有無、保有国間の大きな格差 を是正するためには極めて重要であろう。

　米ソや欧州のような単一の国家間交渉で済む交渉とは異なり、核保有国5国と非保有国の間には極めて複雑な国際的な交渉が必要となり、意見の相違があるだけで軍縮への合意形成は困難となる。NPT交渉の困難性は多国間交渉という点にあるだろう。

　特に保有国と非保有国の間の保有量の格差[20]は大きく、多国間フォーラムであるNPTにおいて両者間で埋め合わせが困難なほどの差別的構造がある。それゆえ、NPTにおいて核保有国は非保有国に対する義務である「核軍縮の実効性に対する説明責任」が強く求められる。NPTにおいて核保有国は何等かの報告をすることが当たり前になっており、最も比較検証がやりやすい「定量的情報」を中心として情報公開、透明化が進められてきた。2020年の再検討プロセスにおいては「測定可能性」という概念が提示され、各国の安全保障に支障が生じない程度での軍備管理の定量的情報の情報公開が進んできた[21]。このようにNPTにおいても透明性の確保と言う点で相応の進展が見られてきた。

　次の問題は中国である。中国は世界第二の経済大国に成長しながら、核保有数に関しては依然米露とは相当な格差があると推察される。当面、米露との非対称性を理由に、米露との対等な情報公開を中国に要請することは困難であり、相応の妥協策が必要とされよう。西田によれば、妥協案として米中間で概数レベルの核弾頭保有数に関する透明性に合意点を見出だすという試案が提示されている。定量的情報については米露間のような透明性の歴史も

なく、一定の拮抗状態にすらなく格差を持つ米中間で情報公開を求めるのは困難と目される。中国側からすれば米国の核先制攻撃への懸念が払拭出来なければ、定量的情報の公開は困難であろう。そしてNPT体制維持が中国にとって相応のメリットがあると考えられる限り、上記のような敷居の低いレベルの情報の透明化についてはNPTで議論の余地があると考えられる。

だが核をめぐる国際社会の状況は危機に瀕している。COVID-19の感染拡大で2年間延期されていたNPTが2022年開催されたが、ロシアは2月にクライナ侵攻を開始し核兵器使用も辞さない態度を示し、ウクライナ国内の複数の原発に攻撃を行い、占拠するなど、核兵器使用と原発攻撃による放射線被害という危機に直面している。

2022年NPT再検討会議で国際的批判を浴びたロシアは最終文書案に賛成せず、採択に至らなかった。ここで新たな対立軸が生じたと推察される。すなわち、＜ウクライナ侵攻をめぐるロシアと他の加盟国の対立＞と＜核兵器国である米英仏VS中露の対立軸＞である。特に後者はインド、トルコ、ブラジル等も巻き込み、国際社会のブロック化につながる可能性もある。現実に核兵器使用の可能性を担保するロシアに核の放棄を強制することはできないため、核軍備管理と核軍縮をめぐる国際社会の対立と分裂は深刻な状態に陥っている。

最後に北朝鮮の核をめぐる動向を確認したい[22]。2002年、北朝鮮政府は高濃縮ウラン（Highly Enriched Uranium : HEU）計画についてアメリカから追求され、これを認めた。この計画自体、平和利用を含むウラン濃縮を禁じた「朝鮮半島の非核化に関する共同宣言」（1992年発効）にも違反し、米朝間の「枠組み合意」に対する重大な違反であった。

一般的に一国の高濃縮ウラン計画が核開発につながり得ることは容易に想像される。北朝鮮もその例外ではない。北朝鮮による核開発疑惑が日本の安全保障強化に作用するとすれば、それは中国にとっても脅威となり得る。このような仮説に基づき米国が中国に働きかけ、二国間外交を主としてきたこれまでの外交スタイルを変更し中国（当時江沢民主席）は米朝中の3者会談を2003年に北京で開催し、それが同年8月の米韓朝中日露による六カ国協議（以

下六カ国協議）として実現された。

　六カ国協議に対しては色々な評価があるが、北朝鮮を米日等の多国間交渉につかせたことは少なくとも重要な意味を持った。さらには、中国を議長国として2005年9月の第4回会議では共同宣言が採択される大きな成果が得られた。すなわちそこには「北朝鮮が核を放棄する」「NPTへの早期復帰」「アメリカが北朝鮮と関係改善をすること」「日本も日朝平壌宣言に基づいて北朝鮮との関係を改善すること」が明記されており、北朝鮮により署名がなされている。しかしながら直後にマカオの金融機関を迂回した北朝鮮へのマネーロンダリング疑惑が発覚し米国は突如北朝鮮に経済制裁を科した[23]。アメリカは経済制裁と六カ国協議を別の問題と考えていたようだが、これは北朝鮮には相応の打撃を与えるものとなった。これにより北朝鮮の態度は硬化し、一時的に同協議は再開されたものの2006年に北朝鮮は核実験を決行する。その結果アメリカは態度を急変させ、北朝鮮との二国間協議を行う。だがこれも北朝鮮には核実験が外交カードとしてきわめて有効であるという心象を刻印させることとなった[24]。果たして2008年12月六者協議首席代表会議を最後に、北朝鮮の核放棄は実行されることなく、六カ国協議は開催されることなく2023年現在まで中断状態が続いている。

　模擬国際会議では上記六カ国を対象国とし、国際会議に参加させることに意味があるため、必ずしも現実的ではないが国連総会事務局を参加させ、その仲介により六カ国協議を実践する試行を行うものである。核兵器削減交渉がその主たる目的としながら、最終的には各国合意による共同宣言採択に至ることをゴールとするものである。次章では模擬国際会議の実践例とその課題について検討する。

4．島根県立大学「平和学」模擬国際会議の試行
4-1　模擬国際会議のプロセス

　島根県立大学総合政策学部（浜田キャンパス）では開学以来「平和学基礎論」講義が開講されている。著者は2017年本学総合政策学部の〔政治学・政治思想史の専任教員〕として公募で採用され赴任以来、総合政策学部・国際関係

学部の「政治学」・「政治思想史」並びに「平和学基礎論(国際関係学部では「平和学相当」)」を担当している。新学部設置により名称は「平和学」に改められた。本稿では新学部の呼称「平和学」として記述していく。

　まず平和学講義を概観する。島根県立大学浜田キャンパスは1学年240人程度の小規模大学である。平和学講義は秋学期合計15回で前半9回を講義形式、後半6回を模擬国際会議に割く。当方の担当初年度2017年から2022年現在6年目を迎えている。受講生は38名から48名、68名と徐々に増加傾向で推移し2020年度の110名が現時点の最大受講者数である。以降60名前後で推移し昨年は61名、2022年度は82名の履修登録者になっている。

　第二に講義形式について触れたい。平和学講義も2020年以降、COVID-19感染拡大により大きな影響を受け、多くの大学同様、遠隔授業を導入せざるを得なくなった。2020年度秋学期の平和学では前半9回分講義はTeamsによる収録式の「遠隔講義」、後半の模擬国際会議は受講生110名中各国代表者2名程度とし、感染予防対策を徹底した上での対面参加を中心に、コロナの教室定員33名を遵守しながら、他の履修者77名は原則オンライン参加という「ハイブリッド形式(対面・遠隔併用)」で実施せざるを得なかった。

　だが学生の自主的な運営に任せている模擬国際会議において実況するカメラやマイクは限られた場面の状況しか中継出来ない。結果、会議の全体像を実況中継し対面参加の臨場感をハイブリッドで共有することには自ずから限界があった。さらには各国首脳以外のオンライン参加者は多くが自室で講義を視聴しており、情報共有も難しく、十分積極的な参加は見られなかった。途中からオンライン参加者用にコロナ対策等の小委員会グループをルーム機能により作成し参加させる工夫をすることにより参加する意識はわずかに向上したように思われる。

　ハイブリッド形式においては各国代表者も国内メンバーの意見調整や意見集約に苦戦していた。他方で対面参加のメンバーの会議は相応に白熱しロシアや韓国代表チーム等の活躍もあり共同宣言採択に無事至った。2020年度の経験から、対面参加を主とした模擬国際会議の方がハイブリッド型より教育的効果は高く、会議のパフォーマンスにおいても成果が大きいという印象を

強く受けた。

　第三に講義内容について概観しておきたい。前半の講義形式においては事前収録によるオンデマンド配信で行った。具体的にはグローバル化の弊害や地球環境問題、移民と難民、児童労働と貧困問題、核軍縮やPKO、国連の課題等を扱う。また2021年度は故中村哲氏のアフガニスタンの医療活動及び灌漑用水建設という人道支援のビデオ鑑賞も行った。

表 1　模擬国際会議の決定プロセス

```
　公式討議と非公式討議が繰り返される
①公式討議（各国所信表明演説　代表スピーチ）
　　↓　　↑　　※公式討議と非公式討議が繰り返される
②非公式討議
　Aモデレートコーカス〔＝着席討議（国内の会議）と
　Bアンモデレートコーカス）〔＝B非着席討議（移動自由、外交交渉）〕
③決議案の提出
④修正案の提出
⑤投票行動→採択→各国代表署名→共同宣言発行
⑥国連総長による共同宣言スピーチ
⑦閉会　　　　　　　→その後：「ふりかえり」と「回顧録レポート」作成
```

　後半の模擬国際会議は計6回である。その流れは**表1**のようなチャートになる。平和学講義第10回目に模擬国際会議のマニュアルを説明し、第11回は第1回模擬国際会議①公式討議が行われる。ここで各国代表による所信表明や記者会見が行われる。第12回が模擬国際会議②多国間交渉（非公式討議）で本格的な国際会議が始まる。第13回模擬国際会議③非公式討議（共同宣言案作成）、第14回模擬国際会議④非公式討議・共同宣言原案提出・共同宣言修正案・採択・決議を行う。第15回最終回模擬国際会議⑤は修正案決議の予備日とし時間に応じて会議の振り返りや期末課題「回顧録レポート」の説明を行う。

　上記**表1**が会議のフローチャートであり公式討議、非公式討議を繰り返しながら共同宣言案採択に至るまでが基本的な流れである。最終回までに共同

宣言案を作成し採択のため参加国の投票に付される。国連の決議に準じ出席した参加国2/3以上の議決で可決とされ最終共同宣言案の採択となる。所定時間内に流会となる可能性もあるが模擬国際会議に参加する学生の意欲は相応に高く、概ね協力的であり、共同宣言採択に毎年無事辿り着けているのは学生の能力と献身的努力の賜物である。

模擬国際会議の基本的な表題は「米露・北東アジアにおける平和協議―核軍縮・平和実現・新型兵器開発規制に向けた共同宣言採択」であり、それには年毎に「AIの兵器使用の倫理性」「コロナ感染収束に向けての国際協力」または「超極音速ミサイル開発・使用抑制」等、話題になった問題を付加的条件として加えるが、原則的な主題は変えていない。

模擬国際会議の最終課題として、上記テーマに関する外交回顧録を3000字以上で作成することを課している。外交官や報道官等、様々な外交舞台の成果がこの課題を介し示される。会議後、教員も気がつかなかった各国間の駆け引きや取引、工作員の諜報活動や情報攪乱等の行為が記述されることもある。大学の教室を舞台とした模擬国際会議の表と裏の舞台で多様なドラマが展開されていたとすれば、模擬国際会議も一応のリアリズムを伴いながら機能していたのかもしれない。

2021年度は61名の履修者があり「講義研究棟大講2」を教室として使用した。履修者数は同教室のコロナ対策用定員枠内であり、模擬国際会議は対面で実施出来た。ところが2022年1月の最終回直前コロナが感染拡大したため、感染予防対策のため最終回は当方の判断で急遽オンライン実施に切り替えた。対面実施となった昨年の模擬国際会議の出席率は各回90～95%前後というところであり、やはりオンライン併用型のハイブリッド形式よりも対面形式の方が圧倒的に情報共有とコミュニケーションが円滑で活性化し教育効果は高かったと感じる。それが最終回のオンラインの共同宣言採択に反映されたように考えている。

以上のように平和学講義は合計15回、模擬国際会議6回というカリキュラムにしているが、最終課題は「模擬国際会議の外交回顧録」である。このことからわかるようにこの講義の主軸は飽くまでも「模擬国際会議」にあり模擬国

際会議は平均60名以上で実施する「大きなゼミ」という性格を持つと考えられよう。

4-2　模擬国際会議の実践例—六カ国協議を中心に—

　本節では島根県立大学「平和学」模擬国際会議の実践例を説明する。模擬国際会議は2017年担当初年度当時、金正恩政権下で北朝鮮によるミサイル発射実験が相次ぎ、日本海側に立地し北東アジアから距離の近い島根県に所在していることもあり、北朝鮮の核問題を中心に据えながら、関連諸国による核削減交渉を模擬国際会議のテーマとすることを考えた。交渉参加国の設定も重要であるが、北朝鮮の核開発を抑止し日本、ロシア、アメリカが参加して中国が主導してきた旧六カ国会議の再開を基本的なモデルとして設定した。当然ながら北朝鮮の核削減や核開発抑止という目標が唯一の目標ではなく、核保有国であり安保理常任理事国3国の米中ロ三国の所有する核兵器もそれに合わせて削減していくことが重要な目標でもあり、そのために非核保有国でありアメリカの核の傘下に入っている日本、北朝鮮と隣接する韓国の外交交渉も重要となる。北朝鮮には経済支援や食糧供給、外貨獲得等の需要があり、各国の持つ外交カードを駆使しながら核保有国が譲歩することが重要であり、北朝鮮が核削減に見合う国益を得ることが出来て、双方の折り合いがつけられれば一定の国家間による合意が得られる可能性が生じることになる。その合意内容は国家間で複数のものが形成される可能性があり、そこから共同宣言において明記されるべき具体的な目標や外交成果を、宣言案として文章化することが必要とされる。以上のように北朝鮮、中国、韓国、ロシア、日本、そしてアメリカ、これを国際会議として運営するために、国連総会事務局を進行・調整役に充て、国連総会の運営補助による再開された旧六カ国会議、という表現が会議の適切な性格となるのかもしれない。

　報道局チームが別途編成されるのも模擬国際会議の特徴である。報道局の役割は重要である。まず模擬国際会議初回から次回講義までに新聞記事を発行することが主要な任務である。新聞名は毎年異なるが(2017年度は『三四郎新聞』、2021年度は『浜濱田新聞』であった。合計4，5回程度の新聞発行が

課題となり、毎回取材や写真撮影を次回までに新聞を発行する。また報道局は非公式討議における各国の外交用にメモを記録したメッセージカードの伝達を行う。いわゆるメッセンジャーの役割も果たすため、中立的ながら外交的な役割も果たす。さらに公式討議の際、共同記者会見を行うため、撮影はもとより、公式討議のスピーチに質問を行う役割を持つ。これは所信表明演説の内容の確認とその外交方針の確認にもなり、記者会見により公式討議の重要論点がある程度整理され、整理された情報が会議参加者によって共有されることになる。報道局の最も重要な役割は新聞作成により各国外交官及び大使にとって掴みにくい全体像の把握の一助となり得ることが挙げられる。新聞の見出しから各国の凡その動向が確認され、密接な関係を持つ国とそうではない国も明確に描かれていく。新聞の内容次第で各国の外交方針も戦略を見直すこともあり得る。このように報道局の果たすメッセンジャー機能や情報提供者の役割は会議において不可欠である。

　模擬国際会議では米露北中韓日の六カ国と国連事務局、報道局の計8チームに分かれることになり、人数の不均衡をなくすため第3志望まで記入した上でチームの配分を行う。またその際は希望する職位、役割も記入させる。このような流れを経て、各国のチームと首脳以下の職位が決定されていく。所属チームが決定したら、外交情勢の基本情報をリサーチしておく必要があるため、準備の課題として「リサーチペーパー（型式自由）」を課している。このリサーチペーパーは模擬国際会議参加において問題意識の自覚と下調べの意味を持つことを期待したものである。

　こうしてマニュアル説明の次の回から始まる第1回模擬国際会議で「公式討議」（各国のスピーチ）が行われる。スピーチ原稿は事前に文章化された原稿を事前に準備、提出するという流れになる。初回の所信表明の次に「非公式討議」が開催される。非公式討議は公式討議を受けての各国の協議の開始を意味し、各国の所信表明において示された外交方針の内容を受けて、自国がどの問題をどの国と協議し、外交政策の優先順位を意識しながら、今後の会議の予定計画、外交策の方針を定めていくための会議である。

表2　2020年度模擬国際会議

米露・北東アジアの核兵器削減・コロナ対策に向けた平和実現のための共同宣言（2020年12月22日発効）

　模擬国際会議においてコロナ対策の重要性と共に核削減を推し進める必要性を各国間で確認し共有した。核削減においては各国の前向きな姿勢が見られ、コロナによる見通しの立たない困難な状況下にはあるが、平和に向け、私たち6カ国は歩みを止めてはならない。
　私たち6カ国は以下の4つの項目において、採択することをここに宣言する。

1．北朝鮮に課されている経済的制裁の解除。
2．核削減：2040年までに米露中3割、3国の弾数削減を確認後，北朝鮮1割の削減（北朝鮮に関しては努力目標）。
3．コロナウイルスワクチン開発：中、北朝鮮を除く各国で米に対し、技術提供、資金援助を行うことを確認（中はコロナウイルス発生国として積極的に情報提供することで合意）。
4．北方領土問題：日露間で歯舞群島、色丹島の2島返還を確認。

国連事務総長、朝鮮民主主義人民共和国政府代表、日本政府代表、
中華人民共和国政府代表、大韓民国政府代表、ロシア連邦共和国政府代表、
アメリカ合衆国政府代表

2020年12月22日　　署名

　非公式討議の時間はさらに「モデレートコーカス（＝着席討議）」と「アンモデレートコーカス（非着席討議）」の二種があり、自国などによる打ち合わせの着席討議から打ち合わせや方針を定めまた役割分担を定め、その後非着席討議に入る。非公式討議の「非着席討議」は全員原則起立して、教室内を移動し各国の首脳や大使と交渉が出来る時間であり、自由な移動を可能とする交渉時間に入る。非公式討議の非着席討議こそ、模擬国際会議の交渉過程の中心となる。各国の公式討議のスピーチ原稿は会議を経て何度か修正される。その際、各国の国益に関する重要な事案が共同宣言案に盛り込まれることを考えながら、議題を修正し最終的に共同宣言案が作成される。
　コロナ禍において実施した2020年度、ハイブリッド型で開催した模擬国際会議の共同宣言は以下の**表2**の通りである。

　2020年度の共同宣言は短く簡潔であり４項目から成る。簡潔ではあるが、２つ目の核削減における具体的数値目標が決定されていることは極めて重要な成果である。2020年度はハイブリッドで実施せざるを得ず、参加者全体のコミュニケーションは決して密度の濃いものではなかった。しかし対面参加の国連総長を中心とした北朝鮮、ロシア、中国、韓国首脳は積極的な外交を展開し、終始会議をリードし献身的にこれを支えていった。毎年の会議は実質的にコアメンバーの献身的な尽力により支えられている。いずれにせよ、核削減という困難で重要な目標は妥協の産物であり、合意のために経済支援や人道的支援、エネルギーや領土問題等の様々な外交リソースを駆使してかろうじて合意に至るものである。その意味で交渉や調整、妥協も含めた広義の「コミュニケーション」は模擬国際会議のゴール到達のために最も重要なスキルである。

　翌2021年度は61名の履修者があったが教室定員に収まり、全員対面参加で模擬国際会議を実施することが出来た。しかしながら2022年１月以降コロナ感染拡大が起こり、感染防止措置として最終回のみオンライン会議で実施した。共同宣言案の修正案の作成という最も重要な職務が最終回の課題となった。参加者はWord上の共同宣言案を画面共有しながら全員オンラインで意見を出し合って修正する形となった。国連事務総長が文章策定及び修正に当たった。各国首脳の意見を再確認しながら修正案を作成するというリアルタイムの作業となり臨場感ある緊迫した時間となり教員としても貴重な体験となった。

　2021年度は北朝鮮代表の公式討議の際、工作員が乗っ取り総会でスピーチを行っていたが、その最中、金正恩主席が突如教室に登場し壇上の工作員をモデルガンで射殺、自ら国連総会議場の演壇に立ち挑発的な内容のスピーチを読みあげる事件が発生し強烈な印象を残した。また国連チームの手際や統率力が優れており、会議を牽引したことも注目される。

　だが最後の共同宣言採択の際、北朝鮮金正恩主席は宣言案に多くの反対意見を表明し、自国の国益に有利となるような文言が差し込まれた。この結果共同宣言案は核査察や核開発について当初案よりも後退した内容となってし

まった。制限時間内ギリギリの状況を利用し、国際社会を威嚇、動揺させながら、自国の利益実現のための政策を強行し、押し付けるという手法はまさに北朝鮮の外交政策を忠実に再現したものであった。共同宣言案は内容の豊富な充実したものとなったが、核軍備管理という面では最後の最後に北朝鮮代表にやられたという印象を多くの参加者に植えつけることとなった。講義の感想においてもその点で北朝鮮の行為を批判する意見が多かったが、模擬国際会議を現実に近いシミュレーションゲームと捉えるならば、北朝鮮チームは見事なパフォーマンスを行ったとしか言いようがないだろう。また例年の特徴として北朝鮮チームにはコミュニケーション能力に秀でた人材が集まりやすく会議全体に与える影響力が大きい傾向にあることも興味深い。

　2021年度の共同宣言における核軍縮と北朝鮮の核開発に関する項目を抜粋すると以下である。

表３

3．参加国は核兵器の具体的削減率を早期に決定し実行することを約束する。なお、この約束の履行状況を確認するため、国連の出先機関として新しく監視委員会を設置する。
4．「新兵器開発禁止条約（仮称）」を早期に成文化・締結し、状況を確認するため、国連の出先機関として新しく監視委員会を設置する。また、同条約への参加を世界各国に促す。
5．朝鮮民主主義人民共和国は国際原子力機関（＝IAEA）の査察の無条件の受け入れに対して協議を進める。
6．参加国及び国連は、朝鮮民主主義人民共和国が３の監視委員会の受け入れ、４の「新兵器開発禁止条約（仮称）」締結及び監視委員会の受け入れを確認すると同時に、現在実施している制裁をすべて凍結し、人道支援及び技術支援を行うことを約束する。

　表３から北朝鮮の強引な交渉により他の五カ国が譲歩した内容を見ていきたい。最初に国際原子力機関（IAEA ＝ International Atomic Energy Agency）は国連の専門機関ではなく、保護下にある自治機関である。だが核問題の政治性から国連外に置くことで中立性を確保出来る意味もあり、原子力の平和利用も

含む実質的に世界で最も専門的で影響力の大きい原子力監視機関である。以下の「国連の新たな出先機関の監視委員会」は模擬国際会議上の提案であり現実のものではないが、IAEAほどの専門的な技術力や知見を備えた巨大な組織を新たに設置すること、そして既存のIAEAの役割と重複する監視委員会を国連に設置したとしても、その効力は限定的となるであろう。また新組織が設置されたとしてもIAEAと業務が重複するうえに、本来IAEAを安保理のある国連外に置いたことの意味が相殺されるように思われる。

　まず共同宣言3条は「国連の出先機関の監視委員会」を受け入れることが既定され、その点では一歩前進と言えるものの、新兵器開発の抑止が主要な目標となったことから北朝鮮の核査察受け入れには抜け道が存在するように思われる。

　他方で5条の北朝鮮による「IAEA（＝International Atomic Energy Agency）」の核査察の無条件受け入れ」は協議事項とされ、義務事項ではなくなった。3条で新たな核軍縮の監視委員会の受け入れを明文化する一方で、IAEAの核査察受け入れは努力目標に近い内容になってしまい、核査察受け入れ自体が形骸化されたように思われる。そしてIAEAの査察は北朝鮮の経済制裁解除の条件とは紐づけられておらず、IAEA査察の意味が大きく後退したと解される。北朝鮮外交は最後の土壇場の時間のないところを利用して共同宣言を自国に有利な結果に強引に修正させたと理解すべきであろう。

　北朝鮮は自国に対する核査察に圧力をかけ形骸化させた。北朝鮮の核軍備管理は全く透明性を欠いたものとなり、前述した米ソ間で推進されてきた核軍備管理における透明性の確保と信頼醸成措置の努力とは真逆の方向に向うものである。米ソの果たした一定の核軍縮の規範化を成功例とするならば北朝鮮の核をめぐる外交政策は破綻を意味することになるであろう。

　2021年模擬国際会議北朝鮮チームのように核開発を外交カードとし、核削減の国際交渉につかない外交政策は、核軍縮交渉の破綻を導きかねない。2021年北朝鮮外交の事例は、核軍縮を目標とする模擬国際会議において円滑なコミュニケーションと政策の情報公開、信頼醸成措置の重要さを逆に立証したとも言える。他方、北朝鮮と逆に会議の多くのメンバーを個別会議にま

とめ上げ、各国の意見に耳を傾け、共同宣言案に集約させるなど高い外交交渉力を発揮した国連事務局チームの活躍を見れば、模擬国際会議の成否は積極的で交渉力豊かなリーダーの存在と、コミュニケーション能力、さらには信頼醸成のための地道な対話と努力に左右されることを立証したものと言えるであろう。コミュニケーションの涵養こそ、模擬国際会議の目標である。そして模擬国際会議で育まれるべきコミュニケーション能力や信頼醸成への尽力は、米ソ核軍備管理における対話と信頼醸成措置の重要性と極めて近い意味を持つと言えるのではないだろうか。

結論

　以上のように本稿では、大学における平和学、模擬国際会議における教育的意義と冷戦以降の現実の米ソ等を軸とした核軍縮交渉の進展との関連性を検討した。特に島根県立大学平和学における模擬国際会議という実験的な教育を対象に、共同宣言採択に至る学生の積極的な対話とコミュニケーションスキルを涵養することが教育者として最も重要な強調点であることを示してきた。講義形式を通じ、積極的な外交を展開し、核軍縮交渉というテーマで妥協点を探り合い、コミュニケーションの経験値を高めることに本会議の意義があると考えている。

　そして模擬国際会議の意義と現実の核軍備管理双方の検証において、共通項としてのコミュニケーションと信頼醸成措置への努力の重要性という結論が導かれた。米ソを中心とする核軍備管理におけるコミュニケーション・チャンネルの維持、信頼醸成は模擬国際会議の共同宣言案採択においても重要となり得るという仮説は数値により立証されたわけではないが、概ね妥当であったと考えられる。コミュニケーション・チャンネルの確保の重要性はキューバ危機に瀕し米ソが「ホットライン」を開設したこと、また六カ国協議が2008年に中断して以来、北東アジアの核削減交渉が停止状態に陥ったことからも説得力を持つ。

　またコロナ禍におけるハイブリッド形式及びオンライン会議よりも、やはり対面参加による会議の方が、合意形成に際しより適切な環境であることも

察知された。さらに「六カ国協議」という現実の多国間交渉を模擬国際会議として シミュレーションすることによって、核兵器削減においては少なくとも核軍縮を推進する方向で宣言案がまとめられていることから、六カ国協議のような対面での交渉アリーナを設定することの重要性が改めて理解されることになった。

　他方、核軍備管理との関係で核不拡散条約や核禁止条約の意義やその発展性については十分論じることが出来なかった。さらに模擬国際会議の改善案を検証する作業も本稿では不十分であった。以上の残された課題は今後の機会に譲ることとしたい。

注

1　臼井久和 (1978)「平和学の可能性―平和研究の発展と課題―」『獨協法学』11号、45-77頁。

2　*Association of University Leaders for a Sustainable Future The Talloires Declaration 10 point Action Plan*(1988).

3　D. C. Thomas & M. T. Klare (eds.) *Peace and World Order Studies: A Curriculum Guide,5th Edition,* Westview Press,1989.

4　日本模擬国連(関東事務局)著 (2015)『模擬国連ガイドブック』(第3版)83頁。

5　同書、11頁。

6　ゾラ・陽子 (2014)「模擬国連教育の一事例」『明治大学教養論集』502号、明治大学教養論集刊行会、155-189頁。

7　中内哲 (2011) [「模擬国連により文明の衝突と対話について考える」について]『大学教育年報』14号、熊本大学、53-62頁。

8　富田和広・伊東和久・原理 (2008)「模擬国連を用いたFD」、『県立広島大学人間科学部紀要3.183-194頁。

9　高部優子 (2021)「日本における平和創造力を涵養する積極的平和教育の構築―平和教育実践者と紛争解決支援者の視点から」(学位論文) 横浜国立大学 博士 (学術) 甲2229、88頁。

10　Barry Keith & Adam Murray (2019)「Language in Action: Japan English Model United Nations　実践型英語学習としての [日本英語模擬国連]」、『言語文化研究紀要』*SCRIPSIMUS*　No.28,78-88頁。

11　全国中高教育模擬国連研究会編 (2020)『高校生の模擬国連―世界平和につながる教育プログラム―』山川出版社、189頁。

12　イランの核開発疑惑については、吉村慎太郎著、福原裕二(共)(2022)『北朝鮮と

イラン』集英社新書、第 5 章〔「核兵器開発疑惑」の変転とイラン〕190-207頁に詳しい。

13　西田充 (2020)『核の透明性—米ソ・米露及びNPTと中国への適用可能性—』信山社、399頁。

14　同書、10-12頁。

15　同書17頁。*Report of the Secretary-General: Study on Ways and Means of Promoting Transparency in International Transfers of Conventional Arms* (A/46/301: September 9, 1991), p.13

16　同書、25頁。

17　同書、39頁。

18　同書、21頁。"Direct Communications" in; *Memorandum of Understanding Between the United States of America and The Union of Soviet Socialist Republics Regarding the Establishment of a Direct Communications link* (June 20,1963) .

19　同書、18-40頁。

20　NPTに随伴する核保有国と非保有国及び保有国間の様々な不平等性と非保有国中心で批准した核禁止条約 (TPNW＝Treaty on the Prohibition of Nuclear Weapons) の持つ平等かつ普遍的な条件国間の合意に基づいた条約の普遍的な相違性の相違について、佐藤史郎 (2021)「NPTの不平等と核兵器禁止条約の論理」『平和研究』57巻、7-29頁。

21　北朝鮮の核開発問題については、斎藤直樹 (2017)『米朝開戦－金正恩・破局への道』論創社、216頁。北朝鮮の非核化をめぐる外交交渉については福原裕二著、吉村慎太郎 (共) (2022) 同書、終章〔「悪の枢軸」の亡霊からの解放〕、102-122頁に詳しい。

22　平岩俊司 (2017)『北朝鮮はいま、何を考えているのか』NHK出版新書、120頁。

23　同書、122,123頁。

24　同書、124,125頁。

その他の参考文献
■欧文

Fitzpatrick Mark (2016) *Asia's Latent Nuclear Powers Japan, South Korea and Taiwan*, Routladge Taylor & Francis Group,p.175.

Kabosha Francis (2019) *The United Nations Coordination Model: Reforming Partnerships in Peacekeeping*, LAP, Lambert Academic Publishing, p.85.

Rozman Gilbert (2011) *Strategic Thinking about the Korean Nuclear Crisis Four parties caught between North Korea and the United Nations*, Palgrave Macmillan,p.293.

United Nations Office for Disarmament Affairs(2020)*Navigating Disarmament Education The Peace Boat Model,Civil Society And Disarmament*,p.99.

■邦語文献

秋山信将編、西田充・戸崎洋史・桶川和子・川崎哲・土岐雅子著(2015)『NPT　核のグローバル・ガバナンス』岩波書店、230頁。

ガルトウング・ヨハン著、高柳先男・塩屋保・酒井由美子訳(2008)『構造的暴力と平和』中央大学出版部、252頁。

川崎哲(2021)『核兵器禁止から廃絶へ』岩波書店、71頁。

小林義久(2022)『国連安保理とウクライナ侵攻』ちくま新書、261頁。

シェリング・トーマス著、斎藤剛訳(2018)『軍備と影響力—核兵器と駆け引きの論理』勁草書房、310頁。

『世界』編集部(2022)『ウクライナ侵略戦争』、岩波書店、211頁。

瀬川高央(2022)『核軍縮の現代史』吉川弘文館、249頁。

最上敏樹(2006)『いま平和とは—人権と人道をめぐる9話—』岩波新書、223頁。

　　追記　2017年以降、模擬国際会議に参加頂いた島根県立大学学生諸君に御礼申し上げます。

特集3：平和教育の事例研究、そして沖縄の場合

高等学校における琉球／
沖縄を題材とした平和学習の実践
――「総合的な学習の時間」と聖ドミニコ学園の事例から

柿原　豪 | KAKIHARA Goh

はじめに

　本研究の目的は2つある。まず第1に、高等学校における琉球／沖縄を題材とした平和学習の実践を提示すること、第2に、そうした平和学習の実践を、新しい教育課程のもとで開始される「総合的な探究の時間」の充実に向けて、聖ドミニコ学園の平和教育に携わってきた元教員U氏の実践を事例にして、従来の学習指導要領で示された「総合的な学習の時間」の目標をもとに評価・考察することである。

　聖ドミニコ学園は、1954年に聖ドミニコ女子修道会が東京都目黒区駒場に小学校を開校したことにより歩みを始めた。1962年に同学園と聖ドミニコ女子修道会の東京修道院は東京都世田谷区岡本に移転し、現在では幼稚園から高等学校までが1つのキャンパスに併設されたカトリックの私立学校となっている。学園を構成する各部のうち、幼稚園と小学校は共学であるが、中学と高校は女子のみの一貫校である。

　聖ドミニコ学園高等学校（以下、聖ドミニコ学園高校）は、「特別活動」の学校行事である修学旅行を平和学習の一環として位置づけて1年次に実施しており、沖縄本島を旅行先として1995年から2020年1月までは4泊5日の日程で実施してきた[1]。例えば、**表1**は2018年度修学旅行（2019年1月実施）の行程表である。ここからわかるように、旅行の2日目までは沖縄の自然や琉球／沖縄の歴史、沖縄の文化に関する見学地が多くを占めている。しかし、修学旅行後半の3日目以降は県営平和祈念公園[2]や道の駅かでななどのように、沖縄戦や基地の問題に関係する見学地の割合が高くなり、旅行の最終日には、

かつて沖縄戦における激戦地であった場所に建てられた安里カトリック教会で平和を祈るミサが行われ、平和学習としての性格が強まっていることがわかる。

表1　2018年度修学旅行の行程表

	月日	行程
1	1月21日	羽田空港 → 那覇空港 → 那覇市内（沖縄料理店で昼食）→ 首里城公園 → ビオスの丘 → 宿泊地（本部町）
2	1月22日	宿泊地 → 今帰仁城跡 → 国営海洋博記念公園 → 沖縄菓子作り（恩納村）→ 宿泊地（恩納村）
3	1月23日	宿泊地 → 道の駅かでな → 佐喜眞美術館 → 県営平和祈念公園→ 宿泊地（那覇市）
4	1月24日	宿泊地 → ひめゆり平和祈念資料館 → おきなわワールド（玉泉洞）→ 糸数壕（アブチラガマ）→ 宿泊地（那覇市）
5	1月25日	宿泊地 → 安里カトリック教会 → 国際通り（那覇市）班別研修 → 那覇空港→ 羽田空港

（出典：聖ドミニコ学園高等学校（2019）「修学旅行しおり」に基づき筆者作成）

　このような修学旅行における学びを有意義なものとするため、一週間に2時間行われる1年生の日本史A[3]の授業では、主として毎年9月から11月まで琉球／沖縄を題材に、探究と発表を組み合わせた事前学習となる活動を展開してきた[4]。ところで、この探究的な学習は、2003年度から本格化した高等学校における「総合的な学習の時間」が目標に掲げる課題解決に必要な知識・技能を身につけることや、実社会・実生活の中から問いを見出してそれを整理・分析した上でまとめ・表現することや、生徒が協働的に学習に取り組むことを含んでいた。社会科教員による琉球／沖縄を題材とした平和学習は、当然社会科（地理・歴史・公民分野）の影響を受けてきたが、それでも「総合的な学習の時間」に先んじて始まり、これに適した内容を本来的に備えていたということもできるだろう。そのため、聖ドミニコ学園高校の日本史Aが扱ってきた平和学習は「総合的な学習の時間」（あるいは「総合的な探究の時間」）に移行することとなった。

　そこで冒頭に掲げた本研究の目的に関して、もう少し補足しておこう。目的の１つは、これまで聖ドミニコ学園高校が日本史Aの授業で取り組んできた平和学習の実践について、授業開発の過程をまとめ、平和学習がどのように発展してきたかを明らかにすることにある。もう１つは、日本史Aで実施してきた平和学習を「総合的な学習の時間」あるいは「総合的な探究の時間」に移行を図る上で、従来の平和学習が生徒のどのような資質・能力を伸ばすことを意図しており、また「総合的な学習の時間」における学習指導要領の目標をどの程度満たしうるものであったのかを考察することである。これらの研究目的は、授業実践が実施校のみならず、広く高等学校の「総合的な探究の時間」を「特別活動」の学校行事に含まれる修学旅行と連携させ、相互の内容の充実に資することを想定に入れながら設定されている。

　高等学校における「総合的な学習の時間」の実践研究は、20年近い年月を経て蓄積されてきた感がある。しかし、その多くは公立学校に関するものであり[5]、私立学校を扱った研究は、対象校の調査にもとづいて「総合的な学習の時間」の教科としてのあり方を探った林（2017）などごくわずかである。公立高等学校における「特別活動」と「総合的な学習の時間」の連携について扱う論考には奥野（2002）があるが、依然として研究全体で参照できる情報量自体が足りていない。本研究はこうした状況をふまえ、実践事例の報告を行うものである。

　ミッションスクールである聖ドミニコ学園高校の場合、平和学習としての修学旅行は重要な学びの方法かつ機会として捉えられており、教育の特色の１つとなっている。多くの私立学校は特色ある教育内容を標榜することからも、本研究は参照可能な「総合的な学習の時間」に関する実践事例を提示することとなるだろう。

1．研究の背景

　文部科学省が2018年３月に告示した高等学校の学習指導要領では、従来の総合的な学習の時間にかわって2022年度より総合的な探究の時間が実施されることが示された。『高等学校学習指導要領解説　総合的な探究の時間編』

によれば、当該科目の目標は以下の通りである。

第1 目標

　探究の見方・考え方を働かせ，横断的・総合的な学習を行うことを通して，自己の在り方　生き方を考えながら，よりよく課題を発見し解決していくための資質・能力を次のとおり育成することを目指す。

（1）　探究の過程において，課題の発見と解決に必要な知識及び技能を身に付け，課題に関わる概念を形成し，探究の意義や価値を理解するようにする。

（2）　実社会や実生活と自己との関わりから問いを見いだし，自分で課題を立て，情報を集め，整理・分析して，まとめ・表現することができるようにする。

（3）　探究に主体的・協働的に取り組むとともに，互いのよさを生かしながら，新たな価値を創造し，よりよい社会を実現しようとする態度を養う。

（文部科学省 2018:11）

　こうした動向に対応して、聖ドミニコ学園中学高等学校は2018年度に「21世紀型教育機構」[6]の会員校となり、英語力、思考力、ICTの活用といった諸技能の向上を目指すこととなった。続く2019年度には中学校と高校における総合的な学習の時間を「ドミニコ学」と名づけ、全学的に探究を中心とした学習活動を重視する方針を打ち出し、学年単位で取り組みを開始した。ドミニコ学を探究型学習として軌道に乗せるために、各学年の取り組みは学期ごとに教員間でレポートとして共有され、当該年度の授業が終了した後にも、生徒と教員がそれぞれ反省をした上で次年度の学習活動に活かす試みがなされてきた。2020年度の終了時点で、社会科は2022年度から始まる高等学校の新課程を見据えて、従来日本史Aで扱ってきた琉球／沖縄を題材とした探究と発表を組み合わせた平和学習の活動をドミニコ学へ移行することを提案し、2021年度より高校1年生のドミニコ学が引き継ぐこととなった[7]。

　そこで本研究は、聖ドミニコ学園高校の日本史Aと修学旅行が取り組んできた平和学習の実践の軌跡に形を与えるべく、ひとまず2012年度までの実践をまとめて示すこととした[8]。それは、これから先に聖ドミニコ学園がドミニコ学と呼ぶ「総合的な探究の時間」をはじめとする探究型学習の授業を開発する上で、参照可能な資源を提供することにもつながるであろう。

2．平和学習としての修学旅行に向けた授業の開発

1）琉球／沖縄を題材とした平和学習の開始と学習の重点

　聖ドミニコ学園高校における平和学習の授業開発は、1990年代後半以降、主に日本史を担当する社会科教員によって進められた[9]。日本史を専門とするU氏はこのうちの一人であり、2012年の時点では平和学習の授業を担当する唯一の教員として実践を支えていた。そこで、はじめにU氏が指導してきた2012年度までの事前学習を概観しておく。2012年から同校での勤務を開始した筆者は、U氏から同学習を引き継ぐことを前提として2012年10月の授業より参加して生徒の研究発表をすべて見学し、授業で配布された2種類の沖縄修学旅行に関する事前学習プリントも入手した[10]。2013年以降は筆者が日本史Aの授業を担当することとなったが、引き継ぎの際に彼が記した箇条書きの「修学旅行事前学習覚書」（以下、「覚書」）を譲り受けている。そこでは「平和学習」の項目において、実施する上での重点が以下のように示されていた。

・何を以て平和学習と呼ぶか。 → 戦争の悲惨さに涙を流すことで終わってはいけない。

・戦争とは正義の名の下に正当化された大量殺戮であり、当事者双方にそれぞれの正義がある。

・どちらの正義がより正しいかを競っても戦争をなくすことはできない。

・たとえ正義の名の下であっても、実際に戦争になると現場では何が起きるのかを知る。

・日本で、戦場で起きることを実感をもって追体験できるのは沖縄だけ。

・人間としての尊厳がいとも簡単に失われ、死に追いやられるのが戦場。

ひめゆり学徒隊を美談で終わらせない、より深い理解が必要。

・正義と正義の衝突を、戦争以外の手段で解決していく忍耐力と柔らかな人間性を育てたい。

・聖ドミニコは対話の人。その精神を継承した平和学習でありたい。

・沖縄を学ぶことで、心の中に小さな棘を残したい。戦争について考える時、その棘が痛むから、勢いに任せて乱暴なことが言えなくなる。すぐには理解できなくても、知ってしまった事実は消えない。10年後、20年後に何らかの形で生き方に影響を与えてくれれば、それで良い。

・他人の痛みを自分の痛みとして捉え、同情でなく共感できる人、寄添って歩ける人になってほしい。

「覚書」には、平和学習を単に「戦争はおそろしい」「戦争は良くない」といった意識の位相にとどめるのではなく、徹底して戦争（戦場）ではどんなことが起きるのかを生徒に直視させ、受け止めさせようという姿勢が表れている。U氏にとっての沖縄は、太平洋戦争において激しい地上戦が行われた地であり、多数の民間人もこれに巻き込まれたという点では他に類をみない規模の戦争を経験した地でもあり、平和学習において重要な意味をもっていた。そして、13世紀初めにドミニコ会を結成した聖ドミニコ（1170-1221）が対話を通じて異端とされたカタリ派の人びとを回心させた姿勢に倣い、正義と正義の対立である戦争のような乗り越え難い分断にも粘り強く向き合う人間性の育成が目指されていた。

2）具体的な授業実践

U氏は長年にわたって日本史Aの授業担当者あったことから、上記の重点をふまえた実践に取り組むために具体的な方法を確立していった[11]。例えば、学習テーマは6つないし7つに設定され、学級内でテーマ数に応じて編成された班が、調べ学習と研究発表に取り組んだ。学習テーマは年度により多少の違いはあったが、「平成24年度沖縄修学旅行事前指導①」によれば基本構成は以下の通りであった。

①自然と環境破壊

②歴史（明治維新まで）

③歴史（沖縄戦まで）

④沖縄戦

⑤ひめゆり学徒隊

⑥戦後の基地問題（1995年まで）

⑦沖縄の文化

　平和学習の中で①、②、⑦のテーマが扱われているのは、**表1**で確認したように、修学旅行の行程に「ビオスの丘」「おきなわワールド」など、南西諸島の温暖な気候や沖縄本島南部の隆起石灰岩地形を体験する見学地をはじめ、首里城や今帰仁城のような琉球／沖縄の歴史に関する見学地も含まれ、さらにサーターアンダーギーやムーチー、紅芋チップスなどの地元の人と交流しながらお菓子作りをする体験が組まれていたことと関係している。こうして直接戦争と関係しない分野が学習内容に盛り込まれることとなったわけだが、それは同時に修学旅行後半に集中している戦争関連の行程を際立たせることにもなっており、暗く重たい内容を学ぶ生徒にとっても旅行中の心の平衡を保つ上で必要なことであった。

　U氏が実施した授業に関して、「覚書」で示された「具体的な方法」について述べる。U氏が主に日本史Aを担当していた2012年度までは、10月初旬から11月末までの期間が沖縄修学旅行の事前学習にあてられた。事前学習の前半は、各班が学習テーマについて調べてレジュメを作成することが目指され、後半はレジュメにもとづく発表が行われていた。U氏は全員に共通のテキストとして『沖縄修学旅行』（高文研）を購入させただけでなく、基本的な文献の組み合わせを作り、各班の学習テーマに応じて貸し出していた[12]。その代わり、生徒はインターネットを使用することを基本的に禁止され、ひとまず文献に向き合うことが求められた。それは「覚書」にも記された「じっくりと活字を読むことの大切さを教えたい」という彼の考えがあったためである。発表内容に関して、U氏は生徒に配布した「平成24年度沖縄修学旅行事前学習プリント

②」において、**図1**のような「各テーマで取り上げてほしいこと」として項目を示し、それ以外の内容については班の裁量を認めていた[13]。そのことは、短い準備期間において各班が迷うことなく一定の水準でレジュメを作成して発表できるようにするための配慮であり、文献の貸し出しについても同様の理由で行われていた。

図1　各テーマで取り上げてほしいこと

①沖縄の自然と環境破壊
・沖縄の地形：中北部の特色、南部の特色、隆起石灰岩地形とガマ、玉泉洞
・ヤンバルの自然の特色　サンゴ礁とその破壊　サンゴ礁とは　赤土汚染　温暖化とサンゴ礁
・ヤンバル地域の自然破壊
・沖縄の生き物：ヤンバルクイナ、ノグチゲラなど
・沖縄のガイドによく出てくる植物：ガジュマル、デイゴ、フクギなど
②沖縄の歴史(明治維新まで)
・旧石器時代から貝塚時代へ　港川人　グスク時代　グスクとは (簡単に)　城塞型グスクと按司　三山時代へ
・三山時代　北山・中山・南山　今帰仁城の紹介　琉球王国の成立　金丸によるクーデター　第二尚氏王朝
・首里城について　大交易時代　冊封体制　万国津梁の鐘　貿易の衰退と島津の圧力　近世琉球の時代
・薩摩による支配　謝恩使　慶賀使
③明治から沖縄戦までの歴史
・琉球処分　旧慣温存政策　宮古島の人頭税 (城間正安を中心とした廃止　運動)　謝花昇の民権運動
・ソテツ地獄(移民・出稼ぎ　移民・出稼ぎ先での苦労)
④沖縄戦
・沖縄戦の推移：10.10空襲 → 本島攻撃・慶良間上陸 → 本島上陸 → 嘉数高地 → シュガーローフヒル→ 首里陥落 → 南部撤退 → 牛島司令官の自決 → その後の推移
・集団自決　捨石作戦　対馬丸　鉄血勤皇隊　特攻作戦　戦争マラリア　鉄の暴風　平和の礎
・沖縄戦とは何だったのか　新平和祈念資料館展示改ざん問題
⑤ひめゆり学徒隊
・ひめゆり学徒隊とは何か　ひめゆり以外の学徒隊の紹介　沖縄戦の推移と学徒隊の動き　仕事の紹介
・解散命令　皇民化教育とは　生存者が立ち上がった理由　資料館の説明

⑥基地問題
・沖縄の戦後（収容所からのスタート）　第2次世界大戦後の世界情勢と日本の独立　冷戦の深刻化　朝鮮戦争
・沖縄の米軍基地はどのようにして作られたか　銃剣とブルドーザー　プライス勧告　島ぐるみ闘争
・基地が引き起こした事件・事故・犯罪など　ベトナム戦争と米軍基地　祖国復帰の願い　コザ騒動　日本復帰
・復帰後の沖縄　復帰後の米軍基地　冷戦終結後も基地が残っている理由　主要な米軍基地の紹介
⑦沖縄の文化
・沖縄の言葉　地名・苗字　沖縄の家　屋敷林・赤瓦・シーサー・石敢当・ヒンプン
・沖縄の信仰：亀甲墓・破風墓、ウタキ、ニライカナイ、祭り、芸能になるがエイサー、カチャーシー
・沖縄の音楽(沖縄音階、三線)　沖縄の食べ物

(出典：「平成24年度沖縄修学旅行事前学習プリント②」を基に筆者作成)

　2012年度の発表について、筆者が見学時に記録したメモとU氏から聞き取った内容をもとに実際の活動を示しておく。事前学習の後半 (11月上旬) から始まる発表は、生徒による教員の授業を模した形式が想定され、各班には1時間分 (50分授業) が割り当てられた[14]。各班は事前に作成した担当テーマのレジュメを学級の生徒と担当教員の他、高校1年生の担任・副担任、学校長にも配布し、これを用いて在籍する学級の教室で発表を行った。さらに事前学習の発表予定は、学習開始の時点で学年の保護者や中高の教員にも告知され、関係者であれば自由に教室前に置かれたレジュメを手に取り、観覧することが可能であった。完成した各班のレジュメは、手書きの原稿をB4の用紙に両面印刷し、それを折って組んだB5サイズの冊子で、10頁前後で構成されていた。レジュメの出来に関しては、かならずしも発表内容の要約とはなっておらず、班によっては文章だけで構成されたものもあった。

　発表形式ではレジュメの内容を一方的に読み上げることが多かったが、班によってはレジュメに空欄を設け、説明の中でこれに該当する語句や文章を板書して聞き手に補充させる工夫も見られた。U氏は写真の使用を希望する班に対して、レジュメに挿入する方法か、あるいは生徒全員が持っている『沖

縄修学旅行』の該当ページを参照するように指導していた。レジュメ以外の発表資料として、年表や沖縄の地図といった図表を書き込んだ模造紙を用いる班が半数を超えた。発表に要した時間は班によって差が見られ、短い班で35分間、長い班で45分間を超えていた。発表時にはU氏が進行役となり、班が十分な発表時間を確保できるようにするべく、授業の流れを統制していた。発表の最後には質疑応答の時間が設けられ、そこで班と聞き手の間で議論が行われることになっていたが、聞き手の反応が低調な場合にはU氏が班に質問する場面も見られた。質疑応答の後には、授業の残り時間の範囲でU氏が発表における誤字や地名・人名の誤り、内容の誤りなどを指摘し、さらに場合によってはテーマにおける重要事項の解説を加えていた。

3）平和学習の目標

　ところで、U氏の「覚書」には、彼が事前学習において「心がけていること」もまとめられている。以下ではそのすべてを示すこととする。なぜなら、そこにU氏らが平和学習の一環として開発してきた事前学習における重要な視点や力点が含まれうるからである。

- ・「平和の大切さ」とか「戦争の悲惨さ」といった結論ありきの学習でなく、複雑な問題を粘り強く考えていく力を身につけてほしいと意図している。答えを出すのではなく、一人ひとりが考え続けなければならない課題・宿題を与えることを重視している。
- ・そのために対立した考え方を両方紹介する。基地がない方が良いことは決まっている。それなのに基地をなくせないでいるのはなぜかを考えるきっかけを与える。平和の礎も、敵味方なく全ての戦死者を追悼することの意義を教えるのと同時に、そのすばらしい目的によって隠されてしまうものがないかも考えさせる。
- ・戦争と平和というテーマだけでなく、社会のあらゆる問題に同様の姿勢で向き合えるような力を育てたい。
- ・政治的な問題に関わるので、生徒から話を聞いた保護者が偏った授業で

あるとの印象を持たないような配慮が必要。

・しかし、佐喜眞美術館やひめゆり平和祈念資料館を訪れるのだから、佐喜眞道夫館長やひめゆりの生存者の方々の立場に我々も立つという点は基本的な姿勢としてよい。すなわち米軍基地が沖縄からなくなることが望ましい。地政学的な必要性や、基地とバーターの経済振興策には賛同しない。また、沖縄の人々は、基地を本土のどこかに移すことで問題が解決されたとは思っていない。不公平の軽減を望んでいるが、それを本質的な解決と思っていない。ひめゆり学徒隊を讃える立場には立たない。人間としての尊厳を奪われた形で死ぬことを強いられた事実を厳粛に受け止める。また、集団自決を主張した引率教員を個人的に責めることもしない。そのような思考に人々を駆り立てた教育や政治、さらに国際情勢までを広く見て、沖縄戦そして戦争全般について考える。

・戦争を必要悪とは捉えない。なくせるはずだという希望をもって行動できる生徒を育てる。しかし建前論の平和教育をするのではなく、実際にはなかなかなくせないことを承知の上で、人間の知恵でいつかはなくせるという希望を最終的に失わないということ。ミッションスクールらしい思考。

・いわゆる観光とは違うことを強調。特に摩文仁などは、今でも無数の骨（破片）が埋まっているのだから、戦死者の亡骸の上を歩いているという実感を持って見学するように話す。沖縄戦について学んでしまったために果たすべき責任があることを認識させる。知らなければ無邪気でいられたものを、知ってしまったがためにその重みを背負っていくことになる。

　平和学習の一環としての事前学習が「心がけていること」は次の4点に要約することができる。第1に、例えばU氏は複雑な米軍基地問題のように、「結論ありきの学習でなく、(生徒が)[15]複雑な問題を粘り強く考えていく力を身につけ」させることを目指し、さらに生徒がこの思考力を汎用化して、戦争と平和という課題だけでなく他の社会的課題へと応用できるように育てていきたいとしている。第2に、アジア・太平洋戦争やその後の米軍基地問題をテー

マとして取り上げる以上、授業内容が「政治的な問題に関わる」ことは避けられない。そこで本活動では、学習者である生徒が自身の政治的志向を括弧に入れた上で、ひとまずひめゆり学徒隊の生存者や佐喜眞美術館館長といった戦争や基地問題の当事者の立場で見ること、考えることを是認し、人びとに「偏った授業であるとの印象」を与えない配慮を施している。第3に、U氏は戦争をなくすことの現実的な困難さを認識しているが、それでもミッションスクール的思考として、キリスト教的隣人愛や聖ドミニコの行った対話のような他者を尊重する態度を生徒に望んでいることがわかる。第4に、学習を通じて沖縄戦に関わりをもつことで、われわれは責任を負うことになるのだということを強調し、知ることの重みを生徒に認識させる意図が表明されている。こうした事前学習が「心がけていること」4点について、次のように平和学習の目標として言い換えることもできるだろう。

①思考力の育成と汎用化
②当事者の視点の獲得
③他者を尊重する態度の育成
④知ることの重みの認識

　以上が、聖ドミニコ学園高校における平和学習の一環としての修学旅行事前学習の実践であり、本研究の目的の1つであった授業開発の過程がいまや具体的に明らかとなった。したがって、次にもう1つの目標である日本史Aで行われてきた平和学習を「総合的な学習の時間」（「総合的な探究の時間」）へ移行するために、これまでの実践がどの程度に学習指導要領の目標を満たしていたかを考察していきたい。

3. 2012年度の日本史Aにおける平和学習の評価

　ここではU氏が日本史Aで平和学習を担当した2012年度の実践について、平成21年度の『高等学校学習指導要領解説』（文部科学省 2009）における「総合的な学習の時間」の目標に準拠して評価しておく。平成21年度の学習指導要

領は以下のように目標を掲げている。

第1　目標
　　横断的・総合的な学習や探究的な学習を通して，自ら課題を見付け，自
　ら学び，自ら考え，主体的に判断し，よりよく問題を解決する資質や能力
　を育成するとともに，学び方やものの考え方を身に付け，問題の解決や探
　究活動に主体的，創造的，協働的に取り組む態度を育て，自己の在り方生
　き方を考えることができるようにする。

『高等学校学習指導要領解説』によれば、「総合的な学習の時間」の目標は5
つの要素で構成されている。まず(1)「横断的・総合的な学習や探究的な学習」
を通すことは、(2)「自ら課題を見付け，自ら学び，自ら考え，主体的に判断し，
よりよく問題を解決する資質や能力を育成する」こと、(3)「学び方やものの
考え方を身に付け」ること、(4)「問題の解決や探究活動に主体的，創造的，
協働的に取り組む態度を育てる」ことの前提となっている。「総合的な学習の
時間」は、(2)(3)(4)で示された資質や能力及び態度を育成しながら、生徒
が(5)「自己の在り方生き方を考えることができるようにする」ことを目指して
いる（文部科学省 2009:9）。次に示す**表2**は、「総合的な学習の時間」の目標を
構成する5つの要素と、授業見学で得られた聖ドミニコ学園高校の実践を並
べたものである。
　（1）に関して、事前学習は琉球／沖縄を題材にしながら、自然・歴史・社
会・政治・文化などの多岐にわたるテーマを設定し、生徒に対して文献研究
をまとめてレジュメとともに発表するという探究型学習を求めてきた。このこ
とから「総合的な学習の時間」が目標として重視している学習のあり方に合致
していることがわかる。
　（2）に関して、各班が短い準備期間で円滑にレジュメの作成と発表ができ
るようにするため、授業ではあらかじめテーマ設定と扱うべき重要事項が示
され、共通のテキストとなる書籍と貸与された文献を中心に研究をまとめる
ことが教員によって準備されていた。この学習方法を採用した結果、すべて

**表2 「総合的な学習の時間」における目標の構成要素
と聖ドミニコ学園高校の平和学習**

「総合的な学習の時間」における 目標の構成要素	聖ドミニコ学園高校の平和学習
（1）横断的・総合的な学習や探究的な学習を通すこと	・琉球／沖縄を題材として自然・歴史・社会・政治・文化などのテーマ設定 ・文献研究中心の探究型学習
（2）自ら課題を見付け，自ら学び，自ら考え，主体的に判断し，よりよく問題を解決する資質や能力を育成すること	・教員による探究テーマの設定・重要事項の提示・参考文献の貸与
（3）学び方やものの考え方を身に付けること	・教員による重要事項・視点の説明
（4）問題の解決や探究活動に主体的，創造的，協働的に取り組む態度を育てること	・班を中心としたグループ学習
（5）自己の在り方生き方を考えることができるようにすること	・教員による生徒の10年後、20年後を見据えた働きかけ

　の班がレジュメを作成し、発表する段階まで達することはできていた。しかし、この方法では、生徒が自ら課題を見つけ、自ら学ぶことが制限されてしまい、学習者の自発性を育成するという点が不十分となってしまっていた。U氏は自らこの課題に言及していたが、それは日本史A全体の進度予定の中で事前学習が確保している授業時数との兼ね合いで生じていた。

　（3）の学び方に関して、生徒が何かしらのテーマについて調べようとする際、例えばインターネットを用いてキーワードから文献を検索することは広く行われている。生徒がどのようなことを、どのような方法で、どのような点に留意して情報収集するかは、学び方を学ぶ上での重要事項である。これに対し、事前学習はインターネットの利用を基本的に禁止する代わりに、学習テーマにとって最低限必要な文献を教員が用意していた。U氏はインターネット上の情報には信用性が低いものがあることや、行政機関や新聞などのメディアが発信する情報は一般的に信頼度の高いものとして利用可能であることを生徒に伝えていたが、調べるべきものを見つけるためのインターネット利用については触れなかった。

　さらに、(3)の考え方に関して、生徒は文献を中心に学んだ事項をレジュメにまとめ、発表では本土における一般的な見方と沖縄における見方をふまえて自身の考えを表明する場面もみられた。そこでは文献を読み込むことによって、生徒がそれまでもっていなかった沖縄の人びとの立場からものごとを捉える視点を獲得し、それが彼女たちの視野を広げることにつながっていることが読み取れる。また、班の発表の最後に設けられた質疑の時間には、ときに教員が質問することで発表中に言及されなかったことを引き出そうとする試みがなされ、発表後の残った時間では教員による学習テーマに対する考え方が示されていた。この方法は、学習テーマにおける重要事項や視点あるいは考え方を授業参加者全体で共有しうる点で優れている。一方、教員がすぐに何でも教えてしまうことには、たとえ授業時数の問題があるとはいえ、探究型学習としては賛否のわかれるところであろう。本来の探究型学習は、教員が生徒の研究成果において不足している知識や視点、考え方を直接的に教えるのではなく、それらを獲得するための道筋や方法について助言することを想定しているからである。

　(4)に関して、事前学習において生徒は班をつくり、そこで選択した学習テーマについてレジュメ作成と発表に向けてグループ学習を進めていた。レジュメ作成の過程では、班員が執筆項目を分担し、発表日に向けて予定を組んで進めていく様子を見ることができた。発表においても、班によっては班員の特技を活かす工夫が試みられていた。このように、班内ではどの生徒も何かしらの役割が与えられて学習活動に参加することができており、その意味では協働的な活動であったといえる。ただし、個々の生徒の主体性や創造性については差異があり、議論や作業に意欲を示す生徒や、レジュメや発表に向けた創意工夫を提案する生徒もいれば、これら積極的な生徒のフォロワーとして関わる生徒もいた。グループ学習において、生徒一人ひとりの主体的で創造的な探究活動を後押しするためには、教員の働きかけが重要となろう。

　(5)に関して、事前授業は「覚書」の「心がけていること」で言及されているように、「結論ありきの学習」でないため、学習活動を通じてすぐに生徒が「自己の在り方生き方を考える」ことができるようになることを想定していない。

同じく「覚書」における平和学習の重要事項で示されたように、生徒が学習内容を「すぐには理解できなくても、知ってしまった事実は消えない」わけで、「10年後、20年後に何らかの形で生き方に影響を与えてくれれば、それで良い」という姿勢をもっている。U氏はその考えにもとづき、生徒による発表後の残り時間で当日の学習テーマにおける重要な視点や考え方を論じていた。

　本節は本研究におけるもう1つの目的を果たすため、聖ドミニコ学園高校の日本史Aにおける平和学習が、「総合的な学習の時間」あるいは「総合的な探究の時間」に移行するために、2012年度の授業実践と学習指導要領とを擦り合わせ、当該科目の目標に関する5つの構成要素をもとに考察を加えた。平和学習としての事前学習は、5つの要素のうち、資質や能力及び態度の育成については一部で課題があったものの、「総合的な学習の時間」が目指す学習のあり方には合致しており、また生徒が自ら在り方生き方を考えられるように、10年、20年先を見据えて指導にあたっていた。

　以上で、本研究における2つの目的、すなわち聖ドミニコ学園高校における平和学習の開発過程および実践の提示と、学習指導要領の目標をもとにした平和学習の評価と考察をひとまず閉じておく。

おわりに

　本研究は平和学習の一環として沖縄修学旅行を実施している聖ドミニコ学園高校において、日本史Aの授業で取り組んできた修学旅行の事前学習が平和学習としてどのように開発され、実践されてきたかを明らかにした。さらに、その実践を「総合的な学習の時間」あるいは「総合的な探究の時間」に移行するために、「総合的な学習の時間」の学習指導要領の目標をもとに評価することを試み、どの程度にそれを満たし、また課題があるかを示した。

　本研究の意義は3つある。1つには、十分な研究的蓄積がなされていない高等学校の「総合的な学習の時間」に関する研究に対して、「特別活動」としての修学旅行と「総合的な学習の時間」を連携させる実践事例を提示したことにある。2つには、これまでまとめられてこなかった当該校の実践に焦点を当て、資料や授業見学、インタビューを用いて、授業開発の歴史的経緯と2012年度

における授業実践の様相を提示したことにある。その中で、長年にわたり事前学習を担当してきたU氏が残した「覚書」の存在が掘り起こされ、そこに当該校における平和学習の本質が明らかとなった。3つには、当該校がドミニコ学と呼ぶ「総合的な探究の時間」の授業開発にとって、参照可能な資源を提供することにもつながったことである。

U氏ら社会科教員が開発した琉球／沖縄を題材とした平和学習としての事前学習は、1990年代後半に開始しており、2003年に始まった高等学校における「総合的な学習の時間」に先駆けていた。その内容は、本研究が論じたように、十分ではないにせよ学習指導要領の目標をふまえたものとなっており、当時としては参照できる事例が少ない中で教員が授業開発したことは評価されてよいだろう[16]。また、事前学習は(学校関係者の限定はあったが)公開で実施されており、保護者向けの授業公開にとどまらず、教員においても生徒の学習を把握し、かつ授業実践の共有という点で意義のある試みであった。

本研究は聖ドミニコ学園高校における平和学習の実践に焦点を当てたものではあったが、研究目的の限定により筆者が見学した授業における課題全体の考察にはいたっていない。一例を挙げると、レジュメ作成と発表までの準備期間が短いために、そこで必要となる研究上の作法である文章の構成、文献の引用、参考文献の検索方法などが訓練されていなかった。そのため、レジュメが本来あるべきレジュメの様式となっていない事例も散見され、研究発表としての質には疑問が残った。したがって、今後の研究では2012年度までの授業実践における課題を検討した上で、授業担当者が交代した2013年度以降の事前学習について、その方針と展開を示し、そこで育成される資質・能力を論じるつもりである。

注
1　コロナウィルス感染症の流行により、2020年度(2021年1月)および2021年度(2022年1月)の修学旅行は中止となった。2020年度の1年生は2022年1月に延期されたが、ついに沖縄への修学旅行は実現しなかった。2021年度の1年生については、修学旅行の実施時期が2022年6月に延期となり、旅行先は沖縄と同様に

平和学習が可能な広島へと変更された。2022年度の1年生は、2023年1月に再び沖縄の修学旅行を実施した。

2　県営平和祈念公園では、「沖縄平和祈念資料館」「平和の礎」の他にも摩文仁の丘に建てられた各慰霊塔を巡り、「黎明の塔」「沖縄師範健児の塔」まで徒歩で見学していた。

3　2022年度より高等学校の学習指導要領が改定されることにともない、従来の必修科目であった日本史Aおよび世界史Aは廃止となり、歴史科目では歴史総合が新設された。

4　2019年度を除いた2013年度から2020年度まで、筆者が中心となってこの学習活動に取り組んできた。

5　例えば文部科学省(2013)や伊藤(2019)が公立の高等学校における実践事例を報告している。

6　21世紀型教育機構は、2011年に「21世紀型教育を創る会」として発足した。聖ドミニコ学園では2018年度に同機構理事の石川一郎氏が「カリキュラムマネージャー」に就任し、カリキュラムの再編に向けた動きが活発化した。

7　2022年度における聖ドミニコ学園高校の「ドミニコ学」は、1年生が「沖縄修学旅行に向けた平和学習」、2年生が「成人として行動するための準備」をテーマとした。3年生は2024年度から実施を予定している。

8　2013年度以降の実践については別稿で扱う予定である。

9　聖ドミニコ学園高校出身の教員H氏によれば、かつて修学旅行は九州で行われていた。しかし、1991年6月に見学地の1つであった長崎県において、雲仙・普賢岳の噴火活動に伴う火砕流が発生したことも関係して旅行先の変更が必要となり、1995年以降は沖縄が見学地として選ばれるようになった。

10　聖ドミニコ学園高校の学級数は1学年につき2学級(定員40名)で編成されており、日本史Aの授業は学級単位で実施されていた。後述するように、2012年度の事前学習は1学級を6班に分けて12班構成で実施されたため、筆者は12班すべての発表を見学した。また平和学習の引き継ぎが行われた背景には、教頭に就任していたU氏による指導の継続が困難となったという事情が関係している。

11　聖ドミニコ学園高校出身の教員A氏によれば、生徒であった2000年代初頭には2012年度と同様の授業方法が採用されていた。

12　U氏は平和学習に関係する文献だけでなく、事前学習全体に関係する文献を精力的に収集し、さらに沖縄に言及している新聞記事なども積極的に生徒に紹介した。

13　図1ではなるべくU氏が作成したままに項目を記載している。しかし、一部で「沖縄の地形」のように複数の項目をまとめてわかりやすさを優先した箇所がある。

14　2012年度は1学級に6班が編成されたため、授業6回分が発表のために割り当てられた。

15　括弧内は筆者による加筆。

16　例えば、群馬県立前橋高等学校は2000年に「総合的な学習の時間」の準備を開始したが、その際に高校を対象とした参考文献はほとんどなかった（群馬県立前橋高

等学校 2005）。

参考文献

伊藤大輔（2019）「『総合的な学習の時間』のカリキュラム編成に関する研究──秋田県立由利高等学校の事例を手がかりとして」『秋田県立大学総合科学研究彙報』20: 21-30

奥野雅和（2002）「高等学校での総合的な学習の時間と評価」『年会論集』: 85-88

聖ドミニコ学園高等学校（2019）「修学旅行しおり」（未公刊）

群馬県立前橋高等学校（2005）「進学校における『総合的な学習の時間』の授業実践」http://www.maebashi-hs.gsn.ed.jp/tokushoku/sogo/gaiyo/sogoronbun.pdf（2021年3月25日）

林勇人（2017）「高等学校における『総合的な学習の時間』の実践を通じた考察──教育課程・教科課程の再編成を視野に入れて」『中京学院短期大学紀要』48（1）: 35-47

文部科学省（2009）『高等学校学習指導要領解説　総合的な学習の時間編』

文部科学省（2013）『今、求められる力を高める総合的な学習の時間の展開（高等学校編）──総合的な学習の時間を核とした課題発見・解決能力、論理的思考力、コミュニケーション能力等向上に関する指導資料』

文部科学省（2018）『高等学校学習指導要領解説　総合的な探究の時間編』

U氏（2021a）「平成24修学旅行事前指導①」（未公刊）

U氏（2021b）「平成24年度沖縄修学旅行事前学習プリント②」（未公刊）

U氏（2013）「修学旅行事前指導覚書」（未公刊）

特集3：平和教育の事例研究、そして沖縄の場合

戦後平和教育の展開に関する言説と 沖縄の若い世代による平和教育

古梶隆人 | KOKAJI Ryuto

はじめに

　戦後日本の平和教育において、「日本国憲法」と「教育基本法」は、その理念的な支柱であった。1931年から1945年にかけて続いたアジア太平洋戦争において、日本は敗戦した。その後、1946年11月に、平和主義を掲げる「日本国憲法」が公布される。そして1947年3月には、教育の目的の一つとして「平和的な国家及び社会の形成者」(第1条)の育成を掲げる「教育基本法」が制定されている。アジア太平洋戦争での反省から出発した戦後教育は、その根本において平和教育でなければならないとされたのである

　他方、沖縄は、アジア太平洋戦争時において本土防衛の「捨て石」とされ、多くの死者を出した地上戦が繰り広げられた。そして戦後になり、沖縄は米軍統治下に置かれることになった。沖縄の人びとは、米軍による人権侵害や「銃剣とブルドーザー」による強制的な土地接収を受けることになったのである。沖縄における平和教育は、こうした戦後の米軍支配下における人権侵害のもとで始まった。沖縄県教職員会は、その基本方針を「祖国復帰運動、反戦平和の教育、人権擁護、子どものしあわせを守る」ことに置いていた (山口2017:1)。そして、この方針は日本国憲法および教育基本法を拠り所としていたのである。

　こうして始まった戦後の平和教育は当初、多くの人びとの中に「反戦平和」意識を形成することを可能にした。だが、時代が進むにつれて、平和教育は大きな課題に直面することになる。本稿では、戦後日本と沖縄における平和教育の展開の諸言説を踏まえて、その課題について論じることが一つの目的である。ただし、本稿においては、特に沖縄の若者による平和教育の実践に

ついても記述したい。それは、沖縄では、若い世代による平和教育実践が盛んにおこなわれているからである。戦後の平和教育がもつ課題を克服するような実践を、沖縄の若者たちがおこなっているのである。本稿では、筆者が2018年におこなった聞き取り調査などからその実践についても記述していく。

1.　戦後日本における平和教育の展開と問題点

1・1　平和教育の萌芽

　平和教育が戦後はじめて人びとの意識にのぼったのは、1948年末から1949年にかけてであった。それは、1948年の秋ごろに展開した知識人による平和運動の中で、平和教育が提起されたからであった。1948年、岩波書店の発行する雑誌『世界』の当時の編集長であった吉野源三郎の発案によって、平和問題討議会が成立された。この設立背景には、1948年7月のユネスコから出された8名の科学者による共同声明「平和のために社会科学者はかく訴える」に共感した吉野が、これに応えるという目的があった。そして、同会は、1948年12月12日「戦争と平和に関する日本の科学者の声明」を発表した[1](山嵜2012:71-72)。また、もう一つの動きとして、雑誌『教育』によるものが挙げられる。ここでは、1949年に教育学者である宮原誠一による論説等が掲載されていた (竹内 2011:22)。こうして、1948年から1949年にかけて、平和教育について論壇で論じられるようなったのである。

　1950年代に入り、平和教育は実践的な具体化への動きを見せるようになった。この時期、冷戦の激化や朝鮮戦争の勃発を契機とする、いわゆる「逆コース」と呼ばれる流れを受けて、平和教育はその必要性が迫られることになった。特に日本の再軍備化を受けて、日本教職員組合 (日教組) が大きな動きを見せた。日教組は、日米安保条約、在日米軍基地、自衛隊基地に反対する立場から平和運動と平和教育運動を推進した。そうした運動をおこなう日教組に対して、政府は批判的、抑圧的な対応を示した(村上 2009:76)。

　日教組によるこうした活動の背景には、55年体制の成立によって、日教組が社会党側に立つことになったことが関係している。日教組が平和教育に積極的に取り組むようになったのは、その内部にいた共産党系の活動家教員が

レッド・パージによって排除されたことにも理由がある。1949年11月におこなわれた第6回臨時大会（於：塩原）において、社会党系指導部は（共産党系の）「左翼組合主義を完全に払拭する」ことを目指す運動方針を提起し、大差で可決された。また、保留とはなったものの、この大会では、「平和運動の推進」と「教育研究活動」という2つの課題がはじめて提起された（沢田 1967:306）。だが、1950年5月の第7回定期大会（於：琴平）においては、執行部選挙で反共産党系内部での争いもみられた。しかし、僅差ではあったが平和教育推進派の左派の勝利となり、このことで日教組が組織をあげて平和教育に取り組む契機となったといわれている（久野 1972:392）。

1・2　戦後日本における平和教育の展開

　以上のような流れの中で、戦後日本では平和教育が展開されるようになった。村上（2000）によれば、日教組による平和教育運動は、大きく3つの領域に分類される。まず1つ目は、〈政治〉運動としての平和教育である。これは、当時の文部省が進める勤務評定、学力テスト、主任制、学校指導要領の法制化、教科書検定に反対するものである。2つ目が、〈平和〉運動としての平和教育である。これは、日米安保条約、在日米軍基地、自衛隊基地などを日本の平和を脅かすものと把握し、それらへの反対運動の展開を意味している。3つ目は、教育〈実践〉としての平和教育である。これは、戦争について子どもたちに教える平和教育実践運動を指している（村上 2001:183）。

　戦後日本の平和教育は、このように平和活動と結びつく形で進展していった。しかしそれは、このことによってイデオロギーに巻き込まれて政治化していったことも意味していた。特に、反戦、平和の内容を扱う際には、社会主義（共産主義）思想と関係を持つことがあった。そのため、政府は平和教育に対して圧力をかけていた。この圧力に対して、抵抗運動と連動して平和教育が実践されてきたのである（西尾 2011:7、433）。

　このようにして始まった戦後の平和教育について、竹内（2011）は1970年から1990年代前半を平和教育の「昂揚期」であると述べている。そして、その特徴を5点挙げている（竹内 2011:31）。

①平和教育研究運動の組織的取り組みの進展

②戦争学習に関する多様な教材・実践の広がりと理論的整理

③戦争の被害体験（原爆空襲等）に加え、加害・抵抗・加担をも組み込んだ戦争学習の展開(80年代以降)

④構造的暴力に焦点を当て、開発・人権・環境をも課題としたこと（80年代以降)

⑤学校や教室の暴力を克服する学校づくりや生活指導を平和教育の課題として位置づけたこと(80年代以降)

　ちなみに、1970年代以降の平和教育の活発化の要因として、広島平和教育研究所と日本平和教育所の発足をはじめとした民間教育研究団体の組織的な取り組みが挙げられる。また、1960年前後からの高度経済成長期を迎えた日本において「戦争体験の風化」が生じ、それに危機感を覚えた教師・教職員たちの存在も大きな影響を与えていた。さらに、1960年代のベトナム戦争や沖縄の復帰運動により高まった「反戦平和運動」の高まりも要因として挙げられる(竹内 2011:33)。

　なお、1970年代以降には日本国内外で平和研究が進展したこと、特にユネスコを中心とする国際的な平和教育への取り組みの進展があったことも見逃せない。日本の平和教育が国際的な影響を受け始めた時代だとも言われている。

　こうして盛り上がりを見せた平和教育であるが、1990年代半ば以降は「低迷・混乱期」に入っていく。竹内 (2011) は1990年代半ば以降の平和教育の特徴を——筆者なりにまとめると——以下の4点にまとめられる(竹内 2011:49)。

①自由主義史観など歴史修正主義の立場から平和教育が批判を受けたこと

②日本社会の「暴力化」（軍事力や強権による「平和」構築の主張、非暴力的志向への迷い、憲法・教基法改定への動きなど）への対抗軸を示しきれなかったこと

③構造的暴力に関わる諸問題（貧困・差別・環境など）やいじめ・自殺問題などを含んだ「広義の平和教育」に焦点が当てられて、2000年代になると「包括的平和教育」論が登場し注目されたこと

④平和教育への組織的取り組みが後退し、その一方でさまざまな平和関連
　教育や国際的平和教育の取り組みが活発化したこと

　要するに、この「低迷・混乱期」の背景について、平和教育を否定する言説
の登場、平和教育の説得力の動揺、平和教育の推進力の低下という3つの要
因があるとされている。こうした1990年代以降の動きは、平和教育にとって
「地殻変動」であり、「戦争はいけないこと」「人権は大切」といった命題が揺る
がされ、平和憲法が掲げる平和の理念の有効性を試されるような現実が矢継
ぎ早に突き付けられる状況であったと言えよう（竹内 2011:51）。また、「包括的
平和教育」論の登場などにより、2000年代以降は新しい平和教育が展開され
るようになったが、こうした動きは、平和教育が教育一般に回収されるのか、
平和教育の固有性とは何か、といった問題を生じさせることにもなったので
ある。

1・3　平和教育の概念
　さて、ここからは平和教育がどのような概念で構成されているのかについ
て論じられてきたことを見ていこう。村上は、平和教育は「平和」と「教育」の
2つの概念によって構成されているので、その点に着目して、「平和」と「教育」
の2つの概念の「関係」から5つの平和教育概念に分類し、その概念に対応す
る平和教育が目指す課題について整理をしている（村上 2009:26-28）。そして、
表1に示したように、村上は平和教育概念として、①平和についての教育、
②平和のための教育、③平和を大切にする教育：平和を通じての教育、④教育
における平和、⑤積極的平和としての教育の5つを挙げている。
　まず①は、「直接的平和教育」とも呼ばれ、平和問題に関する知識を与える
ことを目的とするものである。②は、「間接的平和教育」とも呼ばれる。この
教育は、平和な社会の建設に適した人格形成を通じて「間接的に」貢献しよう
とするものである。③は、強制的、威圧的、抑圧的などの権威主義的な教育
方法を教師がとらず、教育対象の一人ひとりの個性や感性と人権を尊重した
教育方法を用いる、つまり教育方法が平和的であるべきとされるものである。

④は、学校、教室などの教育組織において、いじめ・暴力・平和・葛藤など
が少ない平和的な教育状況を形成しようとするものである。最後に⑤は、単
に戦争がない「消極的平和」の成立だけでは不十分とみなし、貧困・差別・不
公正がない「積極的平和」な社会においてのみ、一人ひとりの教育権(＝学習権)
が十分に保障されると考えるものである。

表 1　平和教育概念の分類

平和教育概念	平和教育の達成課題
①平和についての教育	紛争等、平和についての知識の教育
②平和のための教育	紛争の平和的解決や平和的な社会形成への積極的参加など、平和志向的態度の形成
③平和を大切にする教育：平和を通じての教育	児童中心主義、個性尊重等の教育方法の改善
④教育における平和	教育行政、教育機関、学校現場、教室など教育の組織構造の改善
⑤積極的平和としての教育	差別・抑圧・不正義がない積極的平和を目指した社会全体の改革

村上(2009)より引用

表 2　平和教育が扱う平和題材

捉え方	教育内容となる平和題材
狭義の平和教育	暴力問題、戦争題材
広義の平和教育	構造的暴力、異文化理解、人権問題、開発問題、環境問題

村上(2009)より引用

　また、村上は、平和教育が扱う題材についても整理している。平和教育は「消
極的平和」(武力などの物理的暴力の不在)についての教育と捉えられるのか、「積
極的平和」(差別などの構造的暴力の不在) についての教育と捉えられるのかに応
じて、取り扱う「平和題材」は異なると村上は述べる(村上 2009:29-30)。つまり、
平和教育を狭義に捉えることで暴力や戦争を扱う教育だと理解され、平和教
育を広義に捉えることで幅広い平和題材を内側に抱えた守備範囲の広い教育
領域となる(**表2**参照)。

1・4　平和教育とガルトゥング平和学

　以上のように展開されてきた戦後日本の平和教育であるが、こうした平和教育の展開に大きな影響を与えたのが、平和学者のヨハン・ガルトゥングの考え方である。1960年代以来、ガルトゥングが提唱してきた「構造的暴力」概念は、平和概念を拡大し、平和教育の射程をも広げることになったのである。そもそも、平和学は比較的新しい学問である。1950年代の冷戦期に形成されたとされる平和学は、戦争の原因と平和の条件を探求する学問だと言われていた（君島 2009:22）。このような平和学を変えたのがガルトゥングであった。

　まず、ガルトゥング平和学では、「あらゆる種類の暴力の不在ないし低減」という命題から出発する（藤田 2003:8）。この「暴力」とは、「ある人にたいして影響力が行使された結果、彼のもつ潜在的実現可能性を下まわった場合、そこには暴力が存在する」と定義されている（ガルトゥング 1969:6-8）。さらにガルトゥングは、「暴力」というものを3種類に分類している。1つ目は「直接的暴力」である。これは主体が明らかな暴力を指している。2つ目は「構造的暴力」と呼ばれるものである。これは、暴力をおこなう主体が見えづらい社会構造に組み込まれたさいの暴力を意味している。3つ目が「文化的暴力」である。これは1990年代後半にガルトゥング自身が新たに加えた概念であるが、ある文化の中には直接的暴力や構造的暴力を正当化する側面があるとするものである。なお、この3つの暴力は、互いを支え合い、暴力の三角形として表現される（**図1**）。

図1　暴力の三角形

このようにして展開されるガルトゥング平和学は、1980年代以降の平和教

育に大きな影響を与えたのであった。飢餓や貧困に苦しむ人びとにとって、「平和」とは戦争が存在しないだけでは感じ取ることができないものである。この点を、それ以前の平和教育に関わる人びとは十分に想定していなかった。そのため、80年代以降の平和教育は、前述のように、開発・人権・開発などもその範囲に含めることとなったのである。

1・5　日本における平和教育への研究アプローチ

　では今日、平和教育がどのような分野でどのよう研究されているのか。その点について以下で見ていこう。村上は、平和教育の研究アプローチとして3つ挙げている。1つ目は「教育学的アプローチ」である。これは、平和教育はいかにあるべきかの理念と、どのように実践すればよいのかの手段や方法を提示しようとするアプローチである。2つ目は「平和学的アプローチ」である。これは、平和教育が平和な社会の形成に対して、どのように貢献することができるかの方法を提示しようとするものである。3つ目が「社会学的アプローチ」である。これは、平和教育が社会的事実としていかにあるかの実態や、平和教育の展開過程にどのような因果関係が働いているかの法則を説明しようとするものである（村上 2009:14-19）。

　また、この3つのアプローチ以外に「平和心理学」によるアプローチが存在している。この「平和心理学」には、平和学（平和研究）における心理学的アプローチと、応用心理学の二重の性格を有する学問領域がある。まず、平和学（平和研究）における心理学的アプローチは、戦争・暴力・紛争の形態・原因・構造、それらの回避・終息・再発防止、さらに平和形成に関わる方法論等について、科学的・体系的に解明することを目的としており、学際性、統合性、規範性を特徴とする。心理学的アプローチは、暴力から平和実現へと至るプロセスにおける心理学的側面を解明する役割を担うものであると考えられる。他方、応用心理学的アプローチは、戦争をはじめとする暴力・紛争に関わる人間の行動・心理を解明し、暴力の防止と紛争の転換に寄与することを目的とするものであるとされる。こうした二重の性格を有する平和心理学は、前述の「暴力の三角形」全体を分析と働きかけの対象として、「平和の三角形」を

実現しようとするものである（杉田 2017:6-8）。**図2**は、「暴力の三角形」を非暴力・創造性・共感によって「平和の三角形」へと転換を表している（杉田 2004:187-208）。平和心理学においては、特に杉田によって沖縄の平和ガイドに関する研究が行われ、そこでは平和ガイドにはピースワーカー、媒介者、ロール・モデル・エンパワーメント機能があることも論じられている（杉田 2017:3-33）

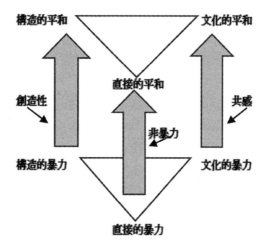

図2　暴力の三角形から平和の三角形へ

　以上が平和教育に関する研究アプローチである。主に教育学、平和学、社会学、心理学（特に平和心理学）という4つの研究アプローチが現在展開していると言えるだろう。

1・6　戦後日本の平和教育に関する批判と課題

　ここまで、戦後日本の平和教育の展開について見てきた。戦後日本の平和教育は、アジア太平洋戦争への反省から始まっていた。そして、敗戦後に制定された日本国憲法と教育基本法が平和教育の理念的支柱となった。こうした点から、日本国民の反戦平和主義的な性向は、この2つによって方向づけられたと言えるだろう（村上 2009:396）。

　こうした平和教育について、小原 (1996) によれば、戦後の平和教育は以下のような 3 つのタイプが存在している。

　　①告発型の平和教育
　　②追体験型の平和教育
　　③価値注入型の平和教育

　①は、戦争や核兵器の問題の重要性や深刻性について問題提起し、このまま放置しておけば人類の生存そのものが脅かされるというように、問題点を告発する学習である。②は、平和の問題の解決のためにこれまでどのような努力・協力し、その結果としてどのような成果を上げてきたかといった過去・現在の問題解決の取り組みの過程を追体験させ、問題解決の努力に共感させる学習である。最後に③は、戦争の原因はこういうことであるから、その解決にはこうあらねばならないといったように、将来の問題解決の方向を教え込む、換言すれば、こうあるべきだという教師の価値観・世界観を注入する学習を指している（小原 1996:105）。

　これらの平和教育をめぐって、池野は、開かれた民主主義教育という観点から 3 つの問題点を提示している（池野 2009:401-402）。そして、結論として池野は、現在の日本の平和教育は「閉ざされた」ものになっていると捉えている。そこには 3 つの問題点がある。まず 1 つ目の問題点として、平和教育が心情・情緒に依存しておこなわれてきたということである。これは、教師が望ましいと考える平和のための資質を先取りし、その手段として戦争や平和の学習をおこない、特定の認識、特に情緒的理解を進めるような平和教育である。2 つ目は、平和教育が都合の良い事実や認識に囚われ、それ以外の考え方を排除しているという問題である。本来、平和教育とは、民主主義的な国家や社会の形成に貢献する人材を育成する教育の一環であり、特定のイデオロギーなどに囚われない開かれたものであるが、実際には、特定の主義主張に囚われてしまっていると池野は言う。最後に 3 つ目は、平和教育が、その中身が戦争学習・戦争教育になっている点である。これが意味するのは、平和を

追求することは戦争をなくすことという短絡的な学習に陥っているということである。

　さらに、杉田は異なった視点から、平和教育に関する4つの問題点を提示している(杉田 2017:4-6)。

　　①日本人の物語に偏しているという点
　　②原因・構造・プロセスが欠如しているという点
　　③平和を築く方法論に触れていないという点
　　④戦争学習に限定されているという点

　①の日本人の物語に偏しているという点は、平和教育の内容が、日本人の被害的側面に終始する傾向にあるとし、侵略戦争の本質に迫る学習への気づきを妨げる可能性があるという問題点である。②は原因・構造・プロセスの欠如であるが、これは、戦争や紛争がどのような要因構造と展開によって生じるに至ったかという点について、子どもたちでは知識や問題意識が乏しく、どのようにすれば対立の拡大・激化を止め、戦争を予防することができるのか、という教訓を引き出すことはできないという問題点である。そして、③の平和を築く方法論に触れていないという点は、対立が暴力(戦闘・殺戮)へと展開してしまった当事者(当事国)が、その後どのようにして和解し共存していくことができるのかという視点での学習もほとんどなされていないのではないか、という問題点である。最後に、④の戦争学習に限定されているという問題点の指摘は、平和教育として広く認知されているのが、主に第二次世界大戦を題材として戦争の悲惨さから戦争に対する否定的態度を形成するという教育プログラムであって、それはむしろ平和学習というよりも戦争学習というべきであるという指摘である。

　結局のところ、村上(2000、2009、2017)によれば、平和教育をどのようにおこなうかという方法論が重視されながらも、学問的な検証があまり問われなかった点、各研究者が自己の平和教育論を展開することに終始し、学問としての成立をめざすことなく、研究成果を体系的に整理してこなかった点が問

題点だと言えよう。それゆえ、学術的な視点から平和教育を論ずる「平和教育学」を確立する必要性があると村上は述べるのである。

　以上の指摘を含めて、高部（2020、2022）は、2000年代以降に論じられた平和教育に関する批判と課題を4点にまとめた。

　　①「テンプレート」化した平和教育
　　②平和教育の非政治性
　　③隣接教育との差異を示す平和教育の固有性
　　④平和を築く方法論の不在

　この指摘も重要なので、少し補足しておこう。まず、①「テンプレート」化した平和教育である。これは、時代の経過・変化や、時間的制約などの様々な要因により、ネガティブな感情を起こさせるコンテンツが「テンプレート」化している可能性があるのではないかという指摘である。こうした「テンプレート」化は、平和教育において学習者が自分の頭で深く考える機会を奪い、思考停止を招くことが危惧されると高部は指摘する。

　次に②平和教育の非政治性である。これは、教師の平和教育運動という側面を持ちながら発展してきた日本の平和教育の特徴に関して、特に1990年代の平和教育を否定する（右派からの）言説などが影響して、平和問題という政治的な争点を教育の場で扱わないということが求められてきた点に関わる。しかし平和教育とは、暴力的な事象を転換し公平な社会を創るということであり、この「暴力的な事象」には「政治」は学ぶべきものであり、それを扱わないことは問題であると高部は述べる。

　そして③の隣接教育との差異を示す平和教育の固有性については、前述の杉田や村上の指摘・主張とも重なる点であるが、教育が「平和」教育ではなく「戦争」教育になっているという指摘である。その要因として、平和教育の固有性を「扱う領域が戦争に関連する諸問題」と限定されてきたことが挙げられる。ただし逆に、「包括的平和教育」の登場は、平和教育が教育一般と同義になるという危惧も指摘されている。最後に、④は平和を築く方法論の不在に

ついてである。これは、平和教育は戦争の悲惨さを教えるだけで、「平和」を構築する方法については教えてくれないという問題である。

　以上が、戦後日本における平和教育についての諸言説であった。要するに、現在まで展開されている日本の平和教育は「消極的平和教育」であり、そしてその内容は、戦争に関連した平和題材を扱うものである。しかも、こうした現在の平和教育は、内容が画一的であり、学習者自身が自分から思考するようなものになっていない。また、「平和」教育ではなく「戦争」教育になってしまっているという批判もあった。そして、「戦争」について学ぶだけで、「平和」を構築する方法についてはあまり学んでいないという問題にも直面している。このようにまとめられるであろう。

2．沖縄における平和教育の展開と問題点

2・1　沖縄の平和教育の歴史

　そこで、以上を踏まえて、ここからは沖縄において平和教育がどのように展開されてきたのかについて記していく。

　1879年の沖縄県設置から1890年代後半にかけて、沖縄には「近代」教育が制度的には定着したとされている。だが、沖縄の小学校教員たちにとって大きな問題があった。それは、言葉の問題だ。沖縄の小学校教員は、いわゆる「普通語」で授業をすることに苦労をしていた。近藤は、ここに沖縄の近代教育における一つの支配と抑圧の権力的な教育経験があったと述べている（近藤2005:24-32）。

　沖縄における普通語の普及については、特に1920年代から1930年代に力が注がれていた。その1つの背景として、出稼ぎ労働者の存在が挙げられる。1920年代から1930年代の沖縄は「ソテツ地獄」と呼ばれる恐慌下にあり、そのため沖縄を出て職を探す必要があった。その中で、沖縄の人びとは「日本人」による差別や排除を克服する必要があった。そのため、特に小学校において普通語の普及に力が注がれていた（萩原2021:70）。

　だが戦後になり、沖縄の教育状況は変化することになる。1945年、沖縄は米軍占領下に置かれた。占領下に置かれた沖縄は「沖縄人」になる教育を実施

することになる。具体的にそれは、「超国家主義的教育の禁止」、「軍国主義的教育の禁止」、「沖縄の独自性を尊重」、「日本との切り離し」という4点を軸として実施されていた（萩原 2021:72）。

　しかし、サンフランシスコ講和条約の発効によって、沖縄と日本本土が正式に分断されたことを契機に、沖縄の教育の方向性が大きく変わることになる。それは、沖縄の側から「沖縄人」になる教育を否定し、日本本土と足並みを揃えた教育を模索するようになった（萩原 2021:73-74）。1950年11月、当時沖縄群島政府[2]文教部長であった屋良朝苗によって全島校長会が開催されている。そこで「いかなる困難の中にあっても教育の重要性を認識し、民族の将来の運命を切り開くために祖国復帰運動を推進すること、反戦平和の教育を行うこと、児童生徒の教育環境を整備すること」が決議された。そして、その精神は1952年に結成された沖縄教職員会[3]に受け継がれた（大城 1983:38、奥平 2010:42）。この沖教職の基本方針は、「祖国復帰運動、反戦平和の教育、人権擁護、子どものしあわせを守る」ことを基本方針としていた。この方針の拠り所は、日本国憲法であり教育基本法であった。ここが、沖縄の平和教育の始まりだとされている（山口 2017:1）。

　1960年代に入り、沖縄では「復帰」が最大の政治的課題となる。1960年4月28日に「沖縄県祖国復帰協議会」が結成された。そして復帰運動と結合していた平和教育は、民族闘争としての「日の丸」掲揚運動に始まり、サンフランシスコ講和条約、基地、安保の問題へとつながっていた。当時の沖縄教職員組合（沖教組）や沖縄県高等学校障害児学校教職員組合（高教組）の資料には「安保・沖縄問題と四・二八」、「安保廃棄・毒ガス・B52撤去、生命を守る闘いのために」、「安保チューター学習会成功裡に終る」といった見出しが記されていた（大城 1983:38-39）。

　ここまで見てきたように、沖縄では、特に1945年以降、日本国憲法で保障されている基本的人権や生命を奪われるような状況にあった。そこで、教育というのが生命と権利を守るものとして大きな力をもっていたと考えられる。そして1972年、沖縄は日本に復帰した。だが、沖縄は「核抜き本土並み」の復帰を望んだにも関わらず、期待通りの復帰を迎えることは叶わなかった。加

えて、沖縄の教育現場には分断がもたらされることになる。特に、沖縄の教育行政と教職員に分断が生じた。沖縄の教育行政は「本土化」の影響を受けることになり、「保守的」になっていく。例えば、「日の丸・君が代」の強制、県内の平和教育の専門家・教育実践者を外して作成された1993年の「平和教育の手引き」などが挙げられる（くだか 2008:94-96）。また、「教科書検定問題」や「大江・岩波裁判」といった強制集団死をめぐる動きなどもあり、沖縄の平和教育は日本本土の影響を受けてきたと言うことができる。

2・2　沖縄の平和教育の実践

　次に、沖縄でどのような平和教育が展開されているのかについて記していく。1978年に出版された『沖縄戦と平和教育』（沖縄県教職員組合那覇支部編 1978:169-172）では、沖縄の平和教育の特徴が3つ挙げられている。

　　①沖縄の本土復帰に関連して民族課題と結合して教える教育
　　②沖縄戦で教える教育
　　③基地で教える教育

　①は、復帰運動の一環として、子どもたちの民族的自覚を感性的にも知的にも高める教育や、民族と領土を分断して支配する体制の全側面を歴史的に認識させ、それを打ち破る勇気と手だてを教える教育である。②は、沖縄戦の体験を語りつぎ、教えることによって、人間の尊厳と生命の尊さを体得させ、戦争についての科学的、歴史的認識を培い、二度と戦争を起こさない手だてを考えさせる教育である。最後に③は、人権・生命の侵害の根源である基地の機能と実態について学び考える教育である。

　近年の沖縄の平和教育について、沖縄県内では、慰霊の日を含む6月を平和月間と位置づけ、さまざまな取り組みがおこなわれている。かつては平和劇や朗読劇がおこなわれていた。道徳や総合的な学習の時間で特設授業をおこなったり、校内のロビーなどに沖縄戦に関するパネルを設置したり、学校図書館では、関連図書の提示をするなどもおこなわれている（森岡 2021:41）。

表3は、南風原町でおこなわれている平和教育の一覧である（儀間 2018:14）。これを見ると、前述した、「沖縄戦で教える教育」が小学校から中学校までおこなわれていることが分かる。また、郊外平和学習として平和祈念公園、沖縄師範健児之塔、平和の礎、ひめゆりの塔、ひめゆり平和祈念資料館、轟壕への見学がおこなわれている（森岡 2021:42）。

表３　南風原町の平和教育の実践

学年	内容	講師
小1・2年	沖縄陸軍病院南風原壕群20号、戦争紙芝居、絵本読み聞かせ	南風原平和ガイドの会
3年	戦争関連作品の朗読と沖縄戦の概要、遺物や写真を使った講話	南風原平和ガイドの会、朗読サークル、学芸員
4年	沖縄戦と南風原の学童疎開概要と体験者インタビュー	学芸員、疎開体験者
5年	沖縄戦体験者インタビュー　文化センターと沖縄陸軍病院南風原壕群20号の見学	学芸員、疎開体験者、沖縄戦体験者
6年	沖縄戦体験者インタビュー、遺物や戦争の写真を使った話　文化センターと沖縄陸軍病院南風原壕群20号の見学	沖縄戦体験者、学芸員
中1・2・3年	沖縄戦体験者インタビューや学内にある戦争遺跡の話　沖縄陸軍病院南風原壕群20号見学	沖縄戦体験者、学芸員

儀間(2018)より引用

　他方で、沖縄では、修学旅行生を対象とした平和教育も多くおこなわれている。かれらに対して、平和ガイドと呼ばれる者たちや戦争体験の語り部などが、県外から訪れる小中高生に平和教育をおこなっている（北上田 2021:2）。沖縄県の調査では、2020年度の修学旅行入込状況は395校、70,414人となっている。そのうち、小学校が7校、330名であり、中学校が39校、4,822名であり、高校が344校、64,993名となっている[4]。こうした近年の沖縄の小中学校の平和教育について、仲谷（2017）は沖縄県内の公立中学校での調査を通

して、以下のように述べている。沖縄県の平和学習は，小中高等学校にて各発達段階に応じた内容で行われている。小学校で展開されている平和教育は、沖縄戦関連の物語の読み聞かせや体験者の方による講演など，事実に基づきながら児童の心情に訴えかける内容の授業（情動喚起型授業）が多い。高等学校では歴史的な流れに沿い，事象相互の関係把握を指向しつつ，1つの歴史的な出来事としての平和教育（知識基盤型授業）が多く展開されている。そこで、中学校という発達段階では，生徒の心情に訴えながらも，事実的認識に重きを置いた授業の実践が必要であると述べられている（仲谷 2017:43-44）。

2・3　沖縄の平和教育の問題点

　ここまで沖縄の平和教育の歴史と現在について見てきた。最後に、沖縄の平和教育の問題点についてみていく。山口（2018）の指摘によれば、沖縄の平和教育は「マンネリ化」という問題に直面している。具体的には、①子どもの思考が生まれない授業である。これは、答えの決まっていることが繰り返される、結論を押し付けられる授業となっており、思考停止状態を作ってしまうという問題である。また、平和題材として扱われるものに対して、生徒が生理的嫌悪感をもってしまい、それによって思考が停止してしまうということでもある。加えて、②子どもの実態・興味関心を踏まえない授業という問題もある。沖縄の平和学習が小・中学生の成長と発達をあまり考慮していないのである。これらの問題は、「子どもが主人公の授業をどのようにつくりあげるのか」という課題に直結していると言える（山口 2018:187-192）。さらに問題点として、沖縄戦の記憶の継承も問題も挙げられるだろう。

　ここまで見てきたように、過去から現在まで続いている沖縄の平和教育は、沖縄戦で教える教育である。表3の南風原町での平和教育の実践などを見ても、その内容の多くは沖縄戦に関することである。そして、その沖縄戦について語るのは、沖縄戦体験者たちである。しかし、その沖縄戦体験者の高齢化や現役引退が急速に進んでいる。結果として、従来のような記憶継承は難しくなったと言われている（山口 2018:193-194）。

　そして3つ目の問題点として、③現在の沖縄の平和教育が基地問題を取り

扱っていない、という点が挙げられる。仲谷 (2018) は、生徒の保護者のなかには，米軍や自衛隊の関係者が少なくないため，現在の学校現場での平和教育は，対象となる生徒たちへ最善の配慮のもとに実践が展開されている。しかし，その配慮によって学校教育での平和教育において，基地問題を扱うこと自体が避けられているように思われる、と仲谷は述べている。そこでは、これからの平和教育には，対象となる生徒の人格や尊厳を保ちつつ，沖縄戦学習とともに基地問題について学習する場を設けることが求められており、これらは今後の学校教育における平和教育の大きな課題であると考えられている(仲谷 2018:136)。

　基地問題を平和教育で扱えないことに一体どのような問題があるのだろうか。前述のように、まず日本の平和教育は「平和」教育ではなく「戦争」教育になってしまっているという問題点がある。つまり、「戦争」について学ぶだけで、「平和」を構築する方法については一切学んでいないという問題点に直面している。これを沖縄にあてはまれば、「沖縄戦」について学ぶだけであり、「平和」を構築する方法、その一つとして沖縄の基地問題を解決する方法というような平和教育を実践できないということになるだろう。また、基地問題を扱えないことによって、沖縄の平和教育が「結論の決まったことを繰り返す」ものになり、上記の山口が指摘する「平和教育のマンネリ化」を引き起こしているとも言うことができるだろう。

3．沖縄の若い世代による平和教育への批判と実践
3・1　若い世代による平和教育の実践

　こうした「平和教育のマンネリ化」という指摘は、沖縄の若者からもなされている。仲本 (2021a, 2021b) は、2021 年にはいって沖縄で問題となっている「南部土砂問題」と平和教育の影響について触れている。この「南部土砂問題」について沖縄県内の若い世代の関心が高くないことが指摘されている。その原因として仲本は、平和教育の「マンネリ化」を挙げているのだ。沖縄の平和教育は「受動的な学習体制」であることが問題だと彼は考えているのである。この「受動的な学習体制」とは、「沖縄戦の戦争体験 (ストーリー) の継承」や「沖縄戦

の概要」に焦点が当てられた学習体制を指している。また、こうした「歴史教育」的な平和教育の内容が、若い世代の生活とは結びつきにくいのではないか、つまり当事者意識を形成しにくいのではないか、と仲本は述べている（仲本2021b:66-67）。

　こうした中で、2014年、琉球大学の学生が中心となって設立された「株式会社がちゆん」[5]が話題となったことがある。これは、主にディスカッションをベースにした教育旅行プログラムを運営する沖縄のベンチャー企業であった。社名の「がちゆん」とは、若者言葉で「本気」を意味する「がち」と沖縄の言葉で「おしゃべり」を意味する「ゆんたく」を組み合わせたものである。「がちゆん」による教育旅行プログラムは、沖縄戦や基地問題などに関する知識や情報を一方的に伝えるのではなく、それらのテーマについて参加者である生徒同士、あるいは生徒と大学生スタッフとが対話する場を提供することを目的としている。

　この「がちゆん」では、平和教育のための教材にこだわりがある。国仲は「教材づくりにこだわっています。自然と夢中になるディスカッションや、現在の沖縄の状況は何なのかという問いからスタートする平和教育を目指しています」と述べている（国仲2017:70）。また、「がちゆん」の社員である親川は、学生たちが平和教育に消極的になっていると指摘し、その原因として、戦争体験者の高齢化による平和教育を受ける学生との年齢差が大きくなってしまい、リアリティを感じられないということを述べている（親川2017:33）。

　他方で、沖縄には「SEALDs RYUKYU」という団体が存在していた。若い世代の社会運動が，沖縄の若い世代の間で展開されていたのである。こうした運動を通して，かれらは沖縄の問題について語るための場を形成していると考えられる。元山は「政治に対して物を言いたい若者は潜在的に多いと活動を通してだんだんと分かってきた。しかし、あまりにもその場が少なく、表現方法が限られているのではなかったか」と述べている（元山2015:86）。この元山の発言から沖縄の若い世代が沖縄について発言し、交流するための場を創出しようとしていることがうかがえる。

　このような動きは、これまでの沖縄の平和教育にも大いに関係していると

考えられるのではないか。それは、前述の高部（2022）の指摘にある「平和教育の非政治性」との関係である。沖縄の平和教育においては、「政治」を扱うことが少なく、それによって元山や他の若者たちの政治を含めた活動につながっていたのではないだろか。

3・2「がちゆん」という大きな可能性について―2018年の調査から

　ここから、筆者が2018年におこなった「がちゆん」の社員とスタッフへのインタビューについて記していく[6]。大学生スタッフであるEさんは、調査当時は主に英語を学んでいる大学生であった。それは、このスタッフの出身が北谷町であり、外国人観光客や米軍関係者と接する機会が多かったことが「かちゆん」に関わる理由として述べられていた。Eさんは、基地の中で生活をしている人たちを理解するためにも英語が必要だと考えていたのだった。それは、「がちゆん」での経験や大学生活を通しての影響だろう。Eさんは通っている大学について以下のように話してくれた。

　　「がちゆん」にいることもあり、基地問題に関心があり、特にアメリカ側からみた基地とは何かということに強い関心があった。大学の先生の中には、過去に［米軍の］軍人だった人もいる。そういう人たちに話が聞ければいいなと思っている。さらに、基地の中で働いている人たちにも話しを聞いてみた。けれど、今の段階では、基地問題の話題になると（英語の）専門用語が多くて難しいと思う。英語のスキルを磨きたい。沖縄に住んでいる中で基地があって困っていることがあるけど、それはアメリカの人にも同じことがあるのではと考えることがあり、そこ（かれらがどんなことで困っているのか）が気になる。

　　　　　　　　　　　　　　　　　　（2018年2月22日の聞き取りデータから）

　これまでの沖縄の平和教育が「受動的な学習体制」であるという問題が挙がっているが、この大学生スタッフは自ら進んで沖縄の問題について考えようとしている。「がちゆん」という活動を通じて、この大学生スタッフの「当事

者意識」の形成が進んだと捉えることもできるだろう。こうした「がちゆん」の
重要性については、社員は以下のように語っている。

　「どうにもならない」と思うこと、社会にうまくそういう風に育てられたな
と思う。そういう人が同世代に増えているというのは、社会的に自分の主張・
権利を控えてしまう人を作ってしまっているということ。すぐに動かしやす
いという感じになる、それは違うのではと思う。自分の欲、やりたいこ
とを素直に訴えられることが大事だと思っているから。「がちでゆんたくす
る文化」を増やしたいと思う。

（2018年2月22日の聞き取りデータから）

　「実は〜」、「本当は〜」というのが出てこないのが「がちゆん」できない文
化が根付いている状態。それを主張していく人や国が勝っていくのだとす
れば、その成功体験が若者には少なすぎると思う。

（2018年2月22日の聞き取りデータから）

　後日、筆者は上述の「それを主張していく」というのが何を指しているのか、
Eさんに確認した。それは「本当にこうしたい」などの素直に思っていることを
主張することや「嫌なことを嫌と言う」や「理想を語れる」などが当てはまると
のことであった。続けてEさんは、発言することに根拠を求められることへの
怖さが「知識がないと言えない」や「論破されるくらいなら言いたくない」という
う風に発言しないストッパーにもなっているとも答えた。
　少なくとも、平和教育に着目した際、平和を築く方法論の不在によって、
平和教育は戦争の悲惨さを他人事のように教えるだけとなり、「当事者意識」
の形成を阻害する要因となっていたと考えることができるだろう。そうした
意味では、この「社会にうまくそういう風に育てられた」という発言は、平和
を築く方法論を平和教育の中で模索する機会がなかったと考えることができ
る。そうした点で、この「がちゆん」という考え方は、今の平和教育に非常に
重要なことであり、平和教育がもつ課題を克服する可能性を秘めていると捉

えられるのではないか。

4．これからの平和教育と沖縄

4・1　平和教育の問題点と改善

　ここまで戦後日本の平和教育の展開の言説と沖縄の平和教育についてみてきた。そこから見えてきたことは、両者ともに同じ問題点を有していることである。まず、戦後日本の平和教育においては、高部（2020、2022）が指摘していたように、①「テンプレート」化した平和教育、②平和教育の非政治性、③ 隣接教育との差異を示す平和教育の固有性、④平和を築く方法論の不在、が大きな課題として挙げられた。

　これらの問題点については、沖縄の平和教育においても同様であった。例えば、「テンプレート」化した平和教育とは、「平和教育のマンネリ化」と同じであると言える。また、「平和を築く方法論の不在」は、沖縄の平和教育からも示されている課題であった。また、沖縄の場合には、仲谷（2018）の指摘にあったように、「基地問題」を平和教育で扱えないという課題が存在している。これは、高部の指摘する②平和教育の非政治性に共通していると言えるだろう。平和教育とは、身のまわりの暴力的な事象を転換し衡平（equity）な社会を創るものであり、この「暴力的な事象」には「政治」が含まれている（高部 2022:10）。だが、歴史的経緯によって、日本では平和教育で政治を扱うことがなくなってしまった。沖縄の場合には、特に基地という暴力装置を学ぶことがない、あるいは扱わないでいる。

　さらに、仲本の指摘にあった「当事者意識」を形成しにくいという点については、平和教育が「主権者教育」（→国や社会の問題を自分の問題として捉え、自ら考え、自ら判断し、行動していく主権者を育成していくこと）的な視点が不足している可能性があるとも考えられる。こうした平和教育の問題点について、小原は、これからの平和教育の目標として、3 つの力の育成を重視する必要性を説いている（小原 1996:107）。その 3 つの力とは、「問題発見力」、「探求力」、「意思決定力」である。まず「問題発見力」とは、現実の「戦争と平和」の問題を調べることを通して、知的な問題と実践的な問題を見つけることができる力を指し

ている。次に「探求力」についてだが、これは「なぜ、どうして」という「知的な問題」を解決する狭義の思考力を意味している。最後に「意思決定力」は、「どうしたらよいか、どの解決策がより望ましいか」という実践的な問題を解決する狭義の思考力のことである。

　高部は、1・6で記した2000年代以降の日本の平和教育の批判・課題を踏まえて、ガルトゥングと同様に、「消極的平和教育」から「積極的平和教育」に発展する必要があると述べている（高部 2022:13）。この「消極的平和教育」とは、戦争の諸問題を中心とした直接的暴力を減らすための教育を指している。そして、「積極的平和教育」とは、「消極的平和を前提とした積極的平和を目指す個人の平和創造力を培うこと。批判的思考を持ち、非暴力により、あらゆる暴力をなくし、現実の問題に取り組み、平和な社会を築く個人の力を育てること」を目的とした平和教育である。

4・2　南西諸島の危機と東アジアの分断

　では、この「現実の問題」について、ここでは特に沖縄および東アジアに目を向けて考えてみよう。現在、南西諸島には、陸上自衛隊のミサイル部隊が配備されつつある。それは、有事の際、相手国の航空機や艦船をミサイルで攻撃して食い止めようという作戦である。この相手国として想定されているのは主に中国である。その背景には、中国を「国際秩序に挑戦する唯一の競争相手」として警戒するアメリカの構想がある。特に南西地域の防衛態勢の強化は「南西シフト」と呼ばれている。こうした動きは、東アジアの中の緊張を高めることにつながるだろう。また、もし戦争が勃発した場合には、米軍基地が集中する沖縄は真っ先に標的になる。沖縄は、今まさしく危険の中にあるのだ。

　東アジアの状況について、韓国の歴史家である白永瑞によれば、「世界史的な脱冷戦の状況にもかかわらず、東アジアにおいても依然として大分断体制、すなわち中国と日米同盟のあいだの分断と、そうした地域レベルの大分断体制と緊密につながりつつもそれ自体独自性を持った小分断体制（朝鮮半島の分断、中国の両岸問題など）が存在していると述べている（白 2016:14-16）。白は、「西

欧中心の世界史が展開する過程で、非主体化の道を強要された東アジアという周辺への眼と、東アジア内部の位階秩序において抑圧された周辺への眼が同時に必要だ」とする「二重の周辺の視座」を提起し、このような時空間の矛盾が凝縮された場を「核心現場」としてとらえている (白 2016:26-28)。この「核心現場」のモデルは、前述のように沖縄・台湾・朝鮮半島ということになるが、白は「私たちの生活現場のいかなる場所も核心現場となりうる。ただ、その場が時空間の矛盾と葛藤が凝縮された場所であるということをきちんと認識し、私たちがその克服の実践姿勢を堅持する主体となる時にはじめて、核心現場は発見される」(白 2016:28) とも述べている。

　その白は、2013年に沖縄現代史家である新崎盛暉にインタビューをおこなっている。この対談の中で、新崎は「沖縄の軍事基地は、東アジアに、台頭する中国と、覇権の維持を図るアメリカが日韓を従える形の国家間を緊張状態が生じることを前提にする。東アジアに、国境を越えた民衆の交流と相互理解を深めることは、そうした前提を不断に突き崩す役割を担っている」と述べている (新崎 2014:178)。

　このような白と新崎の主張から、沖縄の平和教育について活かせることは何だろうか。それは、平和教育が「沖縄戦」にだけ限定するのではなく、広く基地問題を扱うことである。その際に、韓国などの東アジアにおける「基地問題」に触れることが重要となるだろう。例えば、韓国は沖縄と同じように米軍による暴力に晒されていた。韓国における米軍による被害については、朝鮮戦争中にまで遡ることができる。朝鮮戦争中の1950年に米軍による韓国民間人の虐殺事件が起きていた。それは「老斤里（ノグニ）事件」と呼ばれている。朝鮮戦争のさなか北朝鮮軍の攻撃を防御していた国連軍の一部であるアメリカ陸軍第7騎兵連隊所属部隊は、忠清北道永同（ヨンドン）郡黄澗（ファンガン）面・老斤里の京釜線鉄橋付近にいた韓国人避難民のなかに北朝鮮兵が混じっていると疑い、避難民を鉄橋の上に集めて空軍機が機銃掃射を行い、逃げたものは米兵が追い詰めて射殺した。このため300から400名ほどの死傷者が出たと主張されている（「老斤里から梅香里まで」発刊委員会編　2002）。

　このように、沖縄と韓国には共通するところが存在している。この共通点

を平和教育で取り扱うことによって、学生は東アジア全体の現実の問題へと接続する回路を身に着けることができるのではないだろうか。

4・3 若い世代による平和教育実践の可能性

　以上で、沖縄の平和教育について、特に基地問題を扱うこと、加えてローカルな視点だけでなくトランスナショナルな視点での平和教育が必要なのではないか、ということについて記してきた。筆者が重要だと特に考えているのが、若い世代による平和教育の実践である。筆者は、古梶 (2021) の中で、沖縄には世代間分断と世代内分断が生じている可能性があると述べた。こうした分断が問題なのは，異なる価値観を持つ者たちにたいして「想像力」が及ばなくなってしまっていることである。特に沖縄であれば、その歴史的な背景によって，また現在の基地問題によって、さまざまな世代の沖縄の人びとが他者に対する「想像力」が及ばない状態にあるといえるのではないだろうか。特に沖縄の世代間分断について考えた場合、これまでの沖縄の平和教育はその分断の一つの原因だと捉えることができる。前述のように「マンネリ化」の原因としての沖縄の平和教育が「受動的な学習体制」であることが問題だと考えられている。このような「受動的な学習体制」を受けてきた沖縄の者たちは、「戦争はいけない」といった結論だけを押し付けられて、思考停止状態を作ってしまっている。そして、平和題材として扱われるものに対して生徒が生理的嫌悪感をもってしまい、それによって思考が停止してしまうという指摘もなされていた。

　だが、このような指摘は、沖縄の若い世代からもなされていた。そして、かれらは独自に平和教育に関わる活動を展開している。こうした若い世代における平和教育への実践が今後、重要になると思われる。このような実践は、それぞれの世代がお互いを理解し合う，つまり「相互理解」を深めることにもつながる可能性があるからである。また、世代だけでなく、立場や育った環境の異なる他者と対話することを積極的に促す必要性も平和教育にはあるのではないだろうか。

　米軍基地反対運動の活動家である山城博治は、「県民が聞きたいのは基地に

反対していって，どのような未来が沖縄にありうるのか，その具体的な展望ではないか」と述べている (山城 2018)。戦後の平和教育において、戦争を無くすための方法論の不在が指摘されていた。山城の主張にあるような「未来への展望」を考えられるように、平和教育は変わる必要がある。そして、その可能性を握っているのが、今、平和教育に取り組んでいる沖縄の若い世代だと筆者は考えている。今後、筆者は若い世代における平和教育の実践にさらに着目し、調査・研究を進めていきたいと考えている。

注

1　こうした一連の流れについては、『世界』1949年7月号「座談会　平和のための教育」、『世界』1966年8月号「安部先生と平和問題談話会」、『世界』1976年1月号「戦後の三十年と『世界』の三十年――平和の問題を中心に――」、『世界』創刊40周年記念、1985年7月臨時増刊号「戦後平和論の源流――平和問題談話会を中心に――」に詳しく記述されている。

2　沖縄群島政府とは、米国軍政府令第22号「群島政府組織法」により設立された地方行政機関である。1950年11月に、沖縄群島政府、奄美群島政府、宮古群島政府、八重山群島政府が設立された。この政府は、1952年3月まで続いた。

3　沖縄教職員会 (沖教職) は、現在の沖縄教職員組合の前身である。沖教職は、日本の復帰運動、家庭での日の丸掲揚運動、教育研究集会などの運動を進めていた(奥平 2010:9-11)。

4　沖縄県観光政策課が2021年8月27日の発表した「令和2年修学旅行入込状況の結果について」からの引用である。https://www.pref.okinawa.jp/site/bunka-sports/kankoseisaku/kikaku/statistics/edtour/r2-edtour.html (最終アクセス日:2022年5月7日)

5　同社は、2018年11月2日に業務過多による従業員の過労を理由に全業務を停止した。

6　このインタビューは、2018年2月22日に、中城村にある「がちゅん」のオフィスでおこなった。

文献・サイト

饗庭和彦(2018)「平和学とは、平和とは――〈理想と現実〉〈理性と情動〉の交差」『大阪女学院大学紀要』第14号

新崎盛暉(2012)「沖縄は、東アジアにおける平和の「触媒」となりうるか」『現代思想』40号、青土社

新崎盛暉(2014)『沖縄を越える——民衆連帯と平和創造の核心現場から』凱風社

池野範男(2009)「学校における平和教育の課題と展望：原爆教材を事例として」『IPSHU研究報告シリーズ』第42号

大城保英(1983)「沖縄で基地をどうとらえさせるか——侵略の加担者にならないために」『平和教育』第17号、明治図書

沖縄県教職員組合那覇支部編(1978)『沖縄戦と平和教育』沖縄県教職員組合那覇支部

奥平一(2010)『戦後沖縄教育運動史——復帰運動における沖縄教職員会の光と影』ボーダーインク

小熊英二(2002)『〈民主〉と〈愛国〉——戦後日本のナショナリズムと公共性』新曜社

小原友行(1996)「平和教育のアイデンティティ」『現代教育科学』474号、明治図書

親川友里(2017)「沖縄国際大学寄附講座 沖縄の文化・財産から、若者が仕事をおこすこと：がちゆんの取り組み」『所報共同の発見』299号、共同総合研究所

ガルトゥング・Ｊ.(1969)「暴力・平和・平和研究」藤田明史編訳(2019)『ガルトゥング平和学の基礎』法律文化社

ガルトゥング・Ｊ、藤田明史編(2003)『ガルトゥング平和学入門』法律文化社

くだか☆けんいち(2008)「平和教育とウチナーンチュ・アイデンティティ」『インパクション』163号、インパクト出版会

北上田源(2021)「離れていてもつながれる——沖縄における平和ガイド団体共同でのオンライン学習の取り組み」『ヒューマンライツ』No.399、部落解放・人権研究所

儀間千恵(2018)「沖縄・南風原町の平和教育——担当連絡者会による学年別平和教育の実践」『福祉と教育』25号、大学図書出版

君島東彦(2009)「平和学の見取り図」君島東彦編『平和学を学ぶ人のために』世界思想社

国仲瞬(2017)「ゆんたくで溝を埋める修学旅行生と平和教育」『Journalism』no.327、朝日新聞出版

久野収(1972)『平和の論理と戦争の論理』岩波書店

古梶隆人(2018)「沖縄の若者が描く現在と未来：断章——2018 年初頭の沖縄調査日誌から」『コロキウム：現代社会学理論・新地平』第9号

古梶隆人(2021)「沖縄の若い世代における世代間分断と世代内分断——沖縄ルーツの大学生の社会意識を中心に」『社会イノベーション研究』第16巻1・2合併号

沢田文明(1967)『日教組の歴史：風雪の日々に』上巻、合同出版

杉田明宏(2004)「平和心理学から見た「心のノート」問題」岩川直樹・船橋一男編『「心のノート」の方へは行かない』子どもの未来社

杉田明宏(2017)『コンフリクト転換の平和心理学——沖縄と大学教育をフィールドとして』風間書房

杉田明宏(2017)「コンフリクト転換からの平和教育の再構成——戦争学習を超える地平への視座」『トランセンド研究』第15巻第1号

心理科学研究会編(2014)『平和を創る心理学[第2版]——私とあなたと世界全体の幸福を求めて』ナカニシヤ出版

高部優子(2020)「日本における平和創造力を涵養する積極的平和教育の実践——平和教育実践者と紛争解決支援者の視点から」2020年度
　横浜国立大学大学院都市イノベーション学府、博士論文

高部優子(2022)「平和創造力を培う「積極的平和教育」——平和教育プロジェクト委員会の実践から」高部優子・奥本京子・笠井綾編『平和創造のための新たな平和教育——平和学アプローチによる 理論と実践』法律文化社

竹内久顕編著(2011)『平和教育を問い直す——次世代への批判的継承』法律文化社

手登根千津子(2017)「沖縄での平和教育実践」『子どもと読書』No.424、親子読書地域文庫全国連絡会

仲谷祐美(2017)「社会参画力の育成を目指す平和学習の実践：沖縄戦学習の実態から」『琉球大学大学院教育学研究科高度教職実践専攻年次報告書』第1号

仲谷祐美(2018)「「社会参加の資質」の育成を目指す平和教育の研究：社会科・道徳における「沖縄の未来を描く平和教育」の実践」『琉球大学大学院教育学研究科高度教職実践専攻年次報告書』第2号

仲本和(2021a)「土砂問題から考える若者の関心と平和学習」『琉球』No.82、琉球館

仲本和(2021b)「遺骨土砂問題から見えた平和学習の課題」『くらしと教育をつなぐWe』234号、フェミックス

「老斤里から梅香里まで」発刊委員会編(2002)『駐韓米軍問題解決運動史——老斤里から梅香里まで——』キップンチャユ(深い自由)

西尾理(2011)『学校における平和教育の思想と実践』学術出版会

日本平和学会編(2019)『平和教育といのち』平和研究第52号、早稲田大学出版会

萩原真美(2021)「沖縄の人々にとって「日本人」になるってどういうこと？」前田勇樹・古波藏契・秋山道宏編『つながる沖縄近現代史——沖縄のいまを考えるための十五章と二十のコラム』ボーダーインク

藤澤健一(2005)『戦後沖縄教育運動史——復帰運動における沖縄教職員会の光と影』社会評論社

藤原幸男(1996)「日本復帰後23年における沖縄教育の展開：学校教育を中心に」『琉球大学教育学部紀要』第48号

白永瑞(2016)『共生への道と核心現場：実践課題としての東アジア』法政大学出版局

宮城鷹夫(2010)『わすれまい！——変転沖縄・その戦後』近代文藝社

宮原誠一(1954)「平和教育の動向」遠山茂樹編『日本資本主義講座』第九巻、岩波書店

村上登司夫(2000)「戦後平和教育論の展開——社会学的考察」『広島平和科学』第22号

村上登司夫(2009)『戦後日本の平和教育の社会学的研究』学術出版会

村上登司夫(2012)「沖縄の平和教育についての考察——小中学生の平和意識調査か

ら」『広島平和科学』第34号

村上登司夫(2017)「平和教育学の展開」『平和教育学事典』https://kyoiku.kyokyo-U.ac.jp/gakka/heiwa_jiten/index.html

元山仁士郎(2015)「コンクリートブロックとサンゴ」『世界』868号、岩波書店

森岡稔(2021)「沖縄の平和教育」『歴史地理教育』No.929、歴史教育者協議会

森田尚人(2003)「戦後日本の知識人と平和をめぐる教育政治——「戦後教育学」の成立と日教組運動」森田尚人・森田伸子・今井康雄編『教育と政治——戦後教育史を読みなおす』勁草書房

山口剛史(2017)「沖縄の平和教育」『平和教育学事典』https://kyoiku.kyokyo-u.acjp/gakka/heiwa_jiten/index.html

山口剛史(2018)「沖縄から考える平和教育実践の課題」『沖縄平和論のアジェンダ——怒りを力にする方法と視座』法律文化社

山嵜雅子(2012)「敗戦後の「平和のための教育」提唱をめぐる平和と教育の問題：平和教育成立の一つの背景として」『立教大学教育学研究科年報』第55号

山城博治(2018)「正念場を迎える辺野古、沖縄」『世界』9月号、岩波書店

吉田直子(2018)「沖縄戦から何を学び、何を語り継ぐのか——沖縄戦の記憶の継承活動にかかわる戦後世代の語りからの示唆」『東京大学大学院教育学研究紀要』第58号

特集3：平和教育の事例研究、そして沖縄の場合

公共性理論の形成とデジタルアーカイブの役割
——沖縄を事例とするコミュニケーション行為の視点から

村岡敬明 | MURAOKA Takaaki

【要旨】

　2020年9月に菅義偉政権が誕生すると、デジタル化政策が政権の中心的役割を担うようになった。折しも2020年は世界中で新型コロナウイルスが猛威をふるい、特に人文社会科学系の研究者は資料調査やフィールドワークが困難な状況に追い込まれた。しかるに2020年は、戦後75年の節目の年でもあった。戦争体験者が高齢化し、また急激に減少していく中で、彼らに依存する平和学習が、徐々に限界を迎えつつあることを我々に認識させる。歴史に埋もれた資料を掘り起こしながら、誰でも容易に資料にアクセスできる状況を作り出せば、社会活動における「公共性」、即ち社会での普遍的な活動に幅広く役立てられると筆者は考える。コロナ渦にある今だからこそ、歴史資料のデジタル化の要求が益々高まってくるのではないだろうか。

はじめに——地域文化資料におけるデジタルアーカイブの研究動向

　本稿は、コミュニケーション行為の視点から、デジタルアーカイブの役割を「公共性」理論の中に位置づけることを目的とする。文書、書籍、写真、音声テープ、ビデオなどが、デジタルアーカイブの対象となる。アーカイブコンテンツと社会をオンライン化すれば、誰でも容易にデジタルアーカイブの閲覧ができるようになる。

　地域文化資料のデジタルアーカイブ化の研究動向としては、岐阜女子大学が2000年から社会連携で実施している地域文化資料のデジタルアーカイブ事業が挙げられる。その事業の特徴として、「地域の建築物や町並みの様子、祭

りなどの年中行事、図書や古文書、オーラルヒストリーなど幅広い」[岐阜女子大学編2017：10] ことなどが挙げられる。2010年には、岐阜女子大学が沖縄にサテライト校を開設し、デジタルアーカイブによる首里城のフィールドワークに取り組んでいる [久世均2020：6]。岐阜女子大学では現在、デジタルアーカイブの利活用に関する研究に力を入れており、「①保管資料の直接利用、②組み合わせ利用 (メディアミックス)、③知的処理を用いた増殖型サイクル (デジタルアーカイブのための「知の増殖型サイクル」利用)、④コンテンツの自動編成利用」[同上] の4つの研究分野を取り組んでいる。これらの研究分野は、公共圏の形成と分析がデジタルアーカイブによって付与されるのではないだろうか。

そこで地域文化資料のデジタルアーカイブが、地域、文化、社会をつなぐコンテンツとなり、かつ対話の場づくりの研究デザインを、筆者が取り組んだ沖縄県読谷村の事例に基づいて紹介する。

1. コミュニケーション行為の視点から見た「公共性」の理論史
——政治学の場合

本章では、政治学において「公共性」がどのように理論化され、そして形成されてきたのかを、コミュニケーションに関わる部分を中心に概観する。

一般概念化されている政治学における「公共性」理論を紹介する前に「公共性 (publicness)」の持つ意味について論述する。

まず、辞書に記された定義であるが、『広辞苑 (第五版)』には「広く社会一般に利害や正義を有する性質」、『大辞泉』には「広く社会一般の利害にかかわる性質。また、その度合い」、そして『大辞林』には「広く社会一般に利害・影響を持つ性質。特定の集団に限ることなく、社会全体に開かれていること」と記述されている。辞書からは、広く社会へ普遍的にもたらされる法則性や、いかなる個人あるいは集団の情報アクセス権が保障されている状態が読み取れる。

つぎに、斎藤純一と山脇直司は、「公共性 (publicness)」の意味を、以下の3項目に整理している [斎藤 2000：iii - xi]、[山脇 2004：18-19]。第一は「国

家に関係する公的なもの(official)という意味」で、「国家が法や政策などを通じて国民に行なう活動」を指す。そこでは、国家権力に裏付けられた強制力が見えてくる。第二は「特定の誰かではなく、すべての人々に関係する共通のもの(common)」という意味で、「共通の利益・財産、共通に妥当すべき規範、共通の関心事など」を指す。そこでは、公序良俗や公共の福祉のように、功利主義的な価値観が見えてくる。第三は「誰に対しても開かれている (open)」という意味で、「誰もがアクセスすることを拒まれない空間や情報など」を指す。そこでは、人間社会におけるセーフティー・ネットとしての機能が見て取れる。

　つぎに、「公共性」を「公共圏」と捉えて理論化した代表的な政治哲学者であるエマニュエル・カント、ハンナ・アレント、ユルゲン・ハーバーマスなどを取り上げて、それぞれの「公共性」の持つ 3 項目の意味の理論化について考えてみる。

　1）イマニュエル・カントの公共性理論：イマニュエル・カントの啓蒙主義を、公共性理論の中に位置づけて考える。まず、カントは『啓蒙とは何か、という問いに対する答え』(1784年) のなかで、「人間が自ら招いた未成年状態から抜け出ることである。未成年状態とは、他人の指導なしに自分の悟性を用いる能力がないことである。この未成年状態の原因が悟性の欠如ではなく、他人の指導がなくとも自分の悟性を用いる決意と勇気の欠如にあるなら、未成年状態の責任は本人にある。したがって、啓蒙の標語は『あえて賢くあれ！』『自分自身の悟性を用いる勇気を持て！』である」[カント (福田訳) 2000：25]と答えている。すなわち、「啓蒙」とは、自ら自立的な思考ができるようになることを意味する。斎藤は「人々には自らの思考を公然と他者に伝える自由がある。『啓蒙』のプロジェクトは、公共性空間を自由が実践される場所として位置づけた」[斎藤 2000：25] と述べている。『啓蒙』のプロジェクトを、カントは「理性を公共的に使用する自由」と呼んでいる。そして、理性を公共的に使用する場合は、属性や性別などに関係なく自由に意見表明できる権利を保障されていることが必須条件となる。カントがコミュニケーション的行為の根底に啓蒙主義を位置付けたことは、公共性理論の発展における貢献が大きかったと結論づけられるのではないだろうか。

　2）ハンナ・アレントの公共性理論：ドイツの政治哲学者であるハンナ・アレントは、1958年に『人間の条件』を出版した。その中で、古代ギリシアのポリス（都市国家）を模範として、「公共性」を2項目の意味から定義した。一つ目の意味は、「公に現れるものはすべて、万人によって見られ、開かれ、可能な限り最も広く公示されること」である［アレント（志水訳）1994：75］。二つ目の意味は、「『公的』という用語が世界そのものを意味している。なぜなら、世界とは、私たちすべての者に共通するものである」［同上書：78］からである。アレントの「公共性」理論の特徴について、山脇は、「公共性の創出を『自己と他者とのコミュニケーション』という視点」からの描写が貴重であると評価している。さらに、山脇は「アレントが『万人』や『私達』を『独自性をもつ多種多様な人々の構成体』という意味で使用していることに注意する必要がある」［山脇 2004：20］と述べている。

　公共性の創出には、人々の意思を合意形成するプロセスが不可欠となる。人々の意思は他者とのコミュニケーションを通じて、自己のアイデンティティのなかで確立されていく。すなわち、多種多様な人材とコミュニケーションを重ねて、制度や法律が作られていく。アレントは、ポリスにおいて人々が対等な立場で政治について議論したことを「公的領域」と呼んだ。アレントの公共性理論は、「公的領域」における合意形成の基礎的要件を示していると結論づけられるのではないだろうか。

　3）ユルゲン・ハーバーマスの公共性理論：ドイツの哲学者のユルゲン・ハーバーマスは、アレントの『人間の条件』に多大な影響を受けた。1962年にハーバーマスは『公共性の構造転換』を出版した。その中で、16世紀の絶対王政の時代から19世紀の市民社会が成立するまでの歴史を踏まえて、ハーバーマスは公共性概念の変容過程を読み説いた。ハーバーマスによれば、16世紀の絶対王政時代の公共性はネガティブに捉えられていたが、19世紀半ばの産業革命の勃発によって公共性概念が変容した。具体的には、「それまでの『社団国家』が崩壊し、統治権力の批判的吟味と正統化を担う『市民的公共圏』が成立した」［田中 2006:29］ことを意味している。産業資本の急速な発達が市民階級と王政との政治的対立を生み、「公的領域」と「私的領域」を分離したのであ

る。すなわち、『市民的公共圏』は「公的領域」と「私的領域」との中間的な位置づけなので、そこは複数の人々がコミュニケーションを通じて合意形成を図る場となり得る。ハーバーマスの公共性理論も、コミュニケーション行為を通じて人々を理性的に導いていくので、カントの「理性を公共的に使用する自由」と趣旨は同様である。

　1970年代以降、ハーバーマスは社会学の手法を取り入れ、コミュニケーション行為の観点から市民社会を分析した。1981年には『コミュニケーション的行為の理論』を出版した。その中で、ハーバーマスは公共圏を再建するために「コミュニケーション的行為」の必要性を説いた。「コミュニケーション的行為」とは、自己と他者が言語を媒介として相互に意思疎通を行ない、「了解」を志向する行為を指す。了解に志向したすべての発話行為で、3項目の妥当要求が掲げられる［ハーバーマス（藤澤・岩倉訳）1986：47］。その3項目の妥当要求が意味するものは、真理性（真実に即している）、正当性（規範に則っている）、誠実性（自己の意思を嘘偽りなく述べている）である。コミュニケーションを山脇は「人々がエゴに陥らずに、理性的な仕方で政策決定の主導権を握るような公共世界の創出」［山脇 2004：133］にあると指摘している。もし、人々が理性を喪失せずに、合意了解型のコミュニケーションを継続していくことができれば、平和状態（争いごとがない状態）が創出される。ハーバーマスは、コミュニケーション行為で人々に理性的な対話を促せば、平和状態が創出しやすくなると考えていたのではないだろうか。

2．公共性理論の多様化

（1）公共政策における民間の関与の増大

　ハーバーマスの説いた「コミュニケーション的行為」は、近年になって地域住民の直接デモクラシーをもたらした。それによって、公共性が多様化する。斎藤純一が指摘しているように、日本では1990年代まで「公共性」という言葉は多数の人々に否定的に捉えられていた［斎藤 2000：1］。元来「公共性」は官製用語に用いられていたので、『広辞苑（第五版）』の「公共政策」には、「公共の利益を増進させるための政府の政策」と記述されている。それでは、政府が民

間に価値を配分するというニュアンスしか伝わらない。ところが1990年代以降、政治家の利権誘導による汚職事件への批判が高まると、「公共性」の在り方に変化が見られるようになってきた。民間のNGO（非政府組織）やNPO（非営利組織）が新しい公共の担い手となり、貧困問題・開発援助・環境問題・福祉問題・平和問題で政策提言を行なうようになってきた。このように、民間の公共の比重が高まったことで、公共をカバーする範囲が人々の身近な分野にまで多様化してきたのである。斎藤は、「親密圏」が公共圏の機能を果たすことがあると指摘したうえで、1990年代後半以降の住民投票による直接デモクラシーの活発化が公共圏の政治的ポテンシャルに影響を及ぼしたと分析している[斎藤 2000：95-96]。その分析の根拠として、斎藤は住民運動が「対話の親密性」から発せられていることを挙げている[斎藤 2000：96]。近年、政府は地方創生を推進しており、首長が地域住民に即した政策を断行できるように環境が整備されてきた。こうした公共圏の多様化は、公共に対する地域住民との距離間を縮めたと言えるのではないだろうか。

（2）公共政策学の誕生

　公共性理論の多様化によって、「公共政策学」という学問が誕生した。1996年には日本公共政策学会が発足し、政治学においても学際性と実学性が重視されるようになってきた。公共政策学の研究アプローチには、①政策がどのように作られたかを研究する「政策過程論的アプローチ」、②実行された政策の評価方法を研究する「政策評価論的アプローチ」などがある。

　日本公共政策学会の設立趣旨には、公共政策学の課題が3つ掲げられている[1]。第一に、グローバル化が国境の壁を超えた課題の解決を要求しているので、そのために必要な国際秩序が要請される。第二に、タコつぼ型の研究アプローチではなく、相互横断的な研究アプローチによって学際性を高める。公共政策がカバーする範囲は、外交安全保障政策のように国家主権に関わる政策課題から、経済政策・教育政策・医療政策のような人々の暮らしに身近な政策課題まで多岐に及ぶ。第三に、理念および歴史の検証を公共政策研究に求め、理論化を要請している。

　以上のような公共政策学の課題は、公共性理論の多様化における新たな課題ともなっている。

（3）公共性理論の多様化と平和状態

　公共性理論の多様化によって「行政機関」と「民間」との距離感が密接になったことは、すでに論述済みである。その観点に立って、さらに検討しなければならないことは、公共性理論の多様化が「平和状態」を創出するのかということである。まず「平和状態」の意味合いについて検討する。イギリスの思想家トマス・ホッブズは、「万人の万人に対する闘争」(戦争状態)がない状態を「平和状態」とした。ホッブズの「平和状態」は、官製用語としての「公共」に似た側面を持っている。オランダの哲学者バールーフ・スピノザは、平和状態を魂の力によって生まれる美徳とした。これは、単に戦争状態がないことではなく、人々の理性こそ「平和状態」の創出になると指摘したものである。またアレントは、啓蒙は人間的になることであるとした。人々が啓蒙で理性を持つことは「人間化」することである。スピノザやアレントの「平和状態」は、人々の理性による協働を強調しており、公共性理論の多様化に似た側面を持っている。そうであれば、公共政策によって「平和状態」を創出することは可能である。

　しかし、人々の理性に重きを置いて「公共性の多様化」を追求すると次のような課題も出てくる。稲葉は「人々はなぜ苦労して『公共性』を維持して『人間的』であることを目指さなくてはいけないのか、それ自体が開かれた問いである」[稲葉 2008：84]と課題を指摘している。この稲葉の問いは、平和状態をなぜ公共性理論に位置付ける必要があるのかという問題意識に繋がる。特に歴史問題のようにナショナリズムに直結する課題は、共通の価値観を生み出すことが難しい。そうした難しい課題を解決するためには、過去の負の遺産を克服し、普遍的な公共性を創出する必要性が出てくる。すなわち、過去との対話においては「和解」という共通の価値理念が不可欠になるのである。平和状態の創出は、いかに多くの「和解」や「共感」を得ることができるのかが鍵となる。

3．平和学における公共の意義と推移—デジタルアーカイブを例として—

　菅義偉政権が誕生して以来、行政の「デジタル化」が政策の柱に据えられるようになった。2020年10月26日の所信表明演説で、菅首相は「各省庁や自治体の縦割りを打破し、行政のデジタル化を進めます。今後5年で自治体のシステムの統一・標準化を行い、どの自治体にお住まいでも行政サービスをいち早くお届けします」[2]と、行政の「デジタル化」に懸ける決意を述べた。折しも2020年は世界中で新型コロナウイルスが猛威をふるい、特に人文社会科学系の研究者は資料調査やフィールドワークがやりにくい状況に追い込まれた。

　政府が行政の「デジタル化」政策を如何に声高に叫んでも、人文社会科学系の学域で活動する研究者の成果やユビキタス社会の実現を目指す情報化技術などの学域を取り払った学際領域の研究成果なくして、次世代につながる情報の「デジタル化」を達成することは困難である。こうした社会状況だからこそ、人文社会科学系の学域で活動する研究者に、「公共性」や「公共圏」の観点からデジタルアーカイブの作成にかかる社会的要求が増大してくるのである。

　「公共性」の視点から、地方に埋もれている一次資料を掘り起こしてデジタルアーカイブ化し、インターネットを通じて広く一般に公開する。そうしたことを手始めに、政府の「デジタル化」政策の意義も併せて検討することが要求される。

（1）日本でのデジタルアーカイブ政策

　デジタルアーカイブとは、東京大学工学部の月尾嘉男教授が発案した言葉であり、「有形・無形の文化資産をデジタル映像の形で記録し、その情報をデーターベース化して保管し、随時閲覧・鑑賞、情報ネットワークを利用して情報発信する」[岡本・柳 2015:3]ものである。1996年4月に、経済産業省や民間団体などが中心となって「デジタルアーカイブ推進協議会（JDAA）」が設立され、日本で初めてデジタルアーカイブを文化政策として推進する体制が整備された［水嶋・谷口・逸村 2016：53-54］。同協議会は、季刊広報誌「デジタルアーカイブ」（1997年〜2005年）を発行し、デジタルアーカイブの普及に貢献してきた。もともとデジタルアーカイブは、文化芸術とIT技術を繋いで、

新規に産業振興を図ることを目的に始まったものである。しかし、今日では、デジタルアーカイブが地域の文化や歴史を次世代へ継承するツールとしても普及するようになった。

　2010年代に入ると、政策課題としてデジタルアーカイブを検討する動きが出てきた。まず、デジタル文化資産推進議員連盟が2012年6月に超党派で結成された。そして、2014年5月23日には、一般財団法人デジタル文化創出機構が同議員連盟へ「国立デジタル文化資産振興センター（仮称）」設立構想を提言した[3]。

　2017年には、内閣府が設置したデジタルアーカイブの連携に関する関係省庁等連絡会・実務者協議会が「我が国におけるデジタルアーカイブ推進の方向性」をまとめた。このなかで、国や地方自治体に求められる役割を以下のように示した[内閣府知的財産推進事務局 2017：24-25]。

①デジタルアーカイブの積極的な活用

　国や地方自治体はデジタルアーカイブが提供している各種データを積極的に活用することが求められる。また、先端技術を用いてデジタルアーカイブのコンテンツを魅力的に見せたり、新しいアクセス方法を提供することで、デジタルアーカイブの活用者を増やす継続的な取り組みが求められる。

②活用コミュニティの形成支援

　国や地方自治体は、デジタルアーカイブに関わる人々のコミュニティの形成を支援する。そうした支援を行なうことで、デジタルアーカイブの新たな利活用方法を検討することが可能になる。

③アーカイブ機関の課題解決支援策等

・人的、財政的支援措置：国や地方自治体は、人材育成への支援、技術的・法的支援の体制整備、アーカイブ機関へのインセンティブの付与、活用コミュニティの形成等を通じて、アーカイブ構築および連携を支援することが望ましい。

・技術や法務上の業務支援のための整備：技術や法務上の業務支援のための技術や関係法令の専門的アドバイスが可能な大学や、専門的な教育や支援業務が可能なNPOなどが中心となって、ネットワークを構築する。

・地方の取り組みを支援：国は地方創生の観点から、地方のアーカイブ機関の支援を通じて、地方におけるデジタル・アーカイブの構築と連携促進に努める。

　デジタルアーカイブの普及策について、岡本真と柳与志夫は「『デジタルアーカイブという政策主題』『デジタルアーカイブを支える政策基盤（文化資源活用・文化財保護・教育研究・地方創生・防災など）』『デジタルアーカイブを振興するための政策課題（基本計画や基本法の整備、予算人員の拡充、権利処理、知的財産権の課題解決など）』の三段構えを意識するのが効果的ではないか」[岡本・柳 2015:63]と提言している。また、福永香織は「未来の利用者に対して、過去及び現在の社会的・学術的・文化的資産がどういったものかを示す、永く継承されるべき遺産であるとともに、その国・地域の社会・学術・文化の保存・継承や外部への発信のための基盤となるものである。こうした基盤を構築することは、国の戦略としても重要な取組であり、特に、公的機関がデジタルアーカイブに取り組むことが社会的責務として求められている」[4]とも指摘している。

　以上のことから、デジタルアーカイブは知の集積（知識の収集・保存・提供）を担う社会的装置であり、社会政策との表裏一体に位置付けることができる。したがって、筆者は歴史資料を保存する観点から、デジタルアーカイブを公共政策で捉える必要があるのではないかと考えている。

（2）日本における歴史資料保存の活動

　日本における歴史資料保存の試みは、1995年2月、神戸大学文学部の奥村弘教授・大阪歴史学会・日本史研究会・大阪歴史科学協議会・京都民科歴史部会・神戸大学史学研究会・神戸女子大史学会を中心に、「歴史資料保全情報ネットワーク（現：歴史資料ネットワーク）」を設立したことに始まる[5]。同団

体の設立当初は、阪神淡路大震災で被災した歴史資料の保全することが目的であった。ところが、2011年3月の東日本大震災が転機となり、日本で歴史資料の保全に対する機運が高まった。原発事故や津波で被害を受けた歴史資料の保全方法として、デジタルアーカイブへの注目が集まるようになった。そして観光・歴史・地方創生・平和学習の面でも、デジタルアーカイブが構築されるようになった。歴史資料ネットワークは、東日本大震災以後、熊本地震・九州豪雨・西日本豪雨など大規模天災が発生するたびに現地へ赴き、歴史資料の保全・修復ボランティアや資料修復の技術指導などを展開している。

（3）デジタルアーカイブが対話の場を開くのか―沖縄県読谷村の「沖縄戦後教育史・復帰関連資料(写真)」デジタルアーカイブ化を事例に―

　筆者は、平和学習の新しい手法を検討するなかで、歴史資料の保存・利活用の促進や現在と過去の歴史的対話の架け橋となれるデジタルアーカイブの推進を提案する。これまで平和学習と言えば、歴史体験者に依拠したものが主流である。しかし、時が流れるにつれて、歴史体験の伝道者が徐々に減少し、やがて色あせてくる。

　最近NHKなどでは歴史体験者の証言を記録媒体に記録する試みがなされているが、記録媒体自体の経年劣化は避けられない。歴史的記録が劣化することは、歴史的記憶も喪失することになる。歴史資料の公開を維持していくためには、記録媒体の適切な所蔵・保管・整理以外に、記録のデジタル化と劣化防止のための再記録が要求される。そこで、筆者が取り組んだ沖縄県読谷村の「沖縄戦後教育史・復帰関連資料」デジタルアーカイブ(写真)」[6]を事例に、デジタルアーカイブが「対話」の場を開くことの検証を進めていきたい。

①「『沖縄戦後教育史・復帰関連資料』デジタルアーカイブ(写真)」の概要

　まず、「沖縄戦後教育史・復帰関連資料(以後、「沖教組関連資料」と表記)」の概要を紹介する。沖縄県教職員組合が所蔵する7万点の資料群(書類・書籍・ネガフィルム・写真・音声テープ、ビデオ)が、2013年に屋良朝苗の出身地であ

る沖縄県読谷村の「読谷村史編集室」に寄贈された［村岡2019：23-26］。それ
らの資料群の中には、戦後沖縄の教育、米軍基地建設による強制土地収用や
基地所属の軍用機の騒音や墜落が周辺住民に及ぼした様々な被害、あるいは
本土復帰運動に関する文書や写真などがある。いずれも、大変貴重なもので
ある。

　つぎに、読谷村の沖教組関連資料の公開に向けた取り組みについて述べる。
読谷村は、2014年度〜2015年度に沖縄振興特別推進交付金を活用して、沖
教組関連資料の書籍を除く書類を6,444簿冊に整理して公開している［村岡、
読谷村教育委員会2019：1］。さらに、公開した資料は、直接ダウンロードす
ることもできる。その後、寄贈書籍は順次整理され、読谷村立図書館で閲覧
することも可能になった。

　その外の資料は、読谷村史編集室に未整理状態のまま放置されていた。筆
者が目にしたときは、寄贈されたネガフィルムは劣化し、利活用不能に陥る
寸前であった。そのネガフィルム16,000枚余りをデジタルアーカイブ化する
必要性にかられ、本プロジェクトを立ち上げた。代表者を務める筆者の発案で、
2017年12月から2018年4月までクラウドファンディング（インターネットを利
用した資金調達方法）で必要経費の寄付を募った。クラウドファンディングに
よる寄付が終了した後も、沖縄県教職員組合・沖縄県高等学校障害児学校教職
員組合・4.28（よつや）会・沖縄県労働組合総連合からもご寄付をいただいた。
こうして多数のご支援を受けて、2018年12月に16,000枚余りのネガフィル
ムが、保存・活用のためにデジタルアーカイブ化された。現在、読谷村史編
集室のホームページで「沖縄戦後教育史・復帰関連資料（写真）」として13,145
枚の写真が公開されている。

②デジタルアーカイブを公開する意義と課題

　デジタルアーカイブは、大量（写真・音声・紙資料など）の情報が、その情報
を収集する図書館（発信源）にわざわざ出向くことなく、自宅にインターネット
を接続のパソコンさえあれば、いつでも自由に情報受信が可能である。さらに、
それにZoom（オンライン会議サービス）やSNS（Facebook・Twitter・LINE）などを

組み合わせれば、デジタルアーカイブの情報を対象として、多人数の参加による討論の場などにも適用できる。その他に、情報の発信者と閲覧者が、デジタルアーカイブの情報を共有することにより、理解と関心を高めるための動機付けになる。こうして、デジタルアーカイブの意義を検討してみる。

　第一に、防災の観点から、デジタルアーカイブは、歴史資料のバックアップ機能を持つ。たとえば、東日本大震災や西日本豪雨などの巨大災害では、多くの歴史資料や建造物が甚大な被害を受けた。デジタルアーカイブが構築できていれば、歴史資料や建造物の修復作業の手助けができる。

　第二に、歴史資料の公開は史実に基づく議論を促す。歴史資料が整理公開されなければ、史実に基づいた議論を促すことができない。インターネットの発達で、誰でも容易に情報発信ができるので、デマが拡散されることがよくある。デマの拡散は、真実から目を逸らせるだけでなく、遮蔽に追い込まれる場合もある。手間がかかっても、史実に基づく歴史資料の公開は、文明社会の発展のために欠かせない行為である。

　第三に、歴史資料を整理公開し、その内容や価値を検証する。

　第四に、歴史に埋もれた真相を発掘する。たとえば、読谷村史編集室の「沖縄戦後教育史・復帰関連資料(写真)」では、場所や事柄が不明な写真には、「不明」というカテゴリーを付けて公開している。そうすることで、当時の事情を知る閲覧者の証言が得られれば、その写真の真実を視覚化できる。

　第五に、新しい平和学習の方策を提供し「対話」の場を開く。たとえば、沖縄戦におけるデジタルアーカイブを閲覧させることで、学習者同士の「対話」の場が設定し、平和学習に利活用できる。しかし、平和学習に用いる沖縄戦を視対象とした歴史資料の整理公開も、関係機関のアーキビストや専門家の協力がなければ進まない。その取り組みには、時間や労力がかかるうえ、視対象によって閲覧者が限定されてくる。

　せっかくデジタルアーカイブが構築できたとしても、行政ではデジタルアーカイブの維持管理に予算が付きにくいので、公的支援の充実化が要求される。ゆえに、資料をデジタルアーカイブ化する前に、その目的と意義、および閲覧対象者などを製作者自らが明らかにして、アーカイブ化資料を保持す

る行政機関と合意の上で作業を進めることが何よりも重要である。

結語

　本稿では、コミュニケーション行為の視点から、デジタルアーカイブの役割を「公共性」理論に位置づけて論じた。以下に本研究によって明示された要点を整理する。

（1）　「公共性 (publicness)」には、①「国家に関係する公的なもの (official) という意味」、②「特定の誰かではなく、すべての人々に関係する共通のもの(common)」、③「誰に対しても開かれている(open)」の３つの意味がある。公共性の中にデジタルアーカイブを位置づけるには、「公共性」における３合意が要求される。

（2）　公共政策は元来「官製用語」の意味合いで使用されていた。しかし、1990年代後半に公共政策学が誕生すると、行政と市民の距離感が身近になり、公共性理論の多様化が見られるようになってきた。こうした潮流の変化も、デジタルアーカイブの公共性を高める要素になっている。

（3）　我が国の歴史資料保存の試みは、1995年２月、「歴史資料保全情報ネットワーク（現：歴史資料ネットワーク）」の設立を契機に始まった。2011年３月の東日本大震災が転機となり、歴史資料の保全に対する機運が高まった。原発事故や津波で被害を受けた歴史資料の保全方法として、デジタルアーカイブが注目されるようになった。その後、観光・歴史・地方創生・平和学習の面でもデジタルアーカイブ化が図られるようになっている。

（4）　我が国のデジタルアーカイブ政策は、2010年代に入ってから政策課題となってきた。2012年６月に、超党派でデジタル文化資産推進議員連盟が結成された。2017年に内閣府が設置したデジタルアーカイブの連携に関する関係省庁等連絡会・実務者協議会などが、「我が国におけるデジタルアーカイブ推進の方向性」をまとめた。2020年９月に発足した菅義偉政権が、デジタル化を政策の中心に据えた。今後は、歴史資

料のデジタルアーカイブ化の推進が期待される。

（5）　デジタルアーカイブが構築できたとしても、その維持管理に予算が
　　　つきづらいので、公的支援の充実化が要求される。

注

1）　日本公共政策学会「設立趣旨」<http://www.ppsa.jp/gaiyo.html> (last accessed: 29/01/2021)

2）『国会会議録検索システム』「第203回国会　参議院本会議　第1号　令和2年10月26日」<https://kokkai.ndl.go.jp/#/detail?minId=120315254X00120201026&current=14> (last accessed:30/01/2021)

3）　一般財団法人デジタル文化創出機構<www.digital-heritage.or.jp/　activity/activity12/index.html>(last accessed:30/01/2021)

4）　福永香織 (2019年9月28日)「地域としての強みにつながるデジタルアーカイブとは」、コラムVol.403、公益財団法人日本交通公社<https://www.jtb.or.jp/column-photo/column-tourism-archive-fukunaga/>(last accessed:30/01/2021)

5）　歴史資料ネットワーク <siryo-net.jp>(last accessed:29/01/2021)

6）　読谷村教育委員会読谷村史編集室「沖縄戦後教育史・復帰関連資料 (写真)」<http://photo.yomitan-sengoshi.jp/>(last accessed:03/02/2021)

文献

アレント、ハンナ(1994)『人間の条件』(志水速雄訳)筑摩書房

岐阜女子大学デジタルアーカイブ研究所編(2017)『地域文化とデジタルアーカイブ』樹村房

ハーバーマス、ユルゲン(1986)『コミュニケーション的行為の理論(中巻)』(藤澤賢一郎・岩倉正博訳)、未来社

ハーバーマス、ユルゲン(1994)『公共性の構造転換：市民社会の一カテゴリーについての探究(第2版)』(細谷貞雄,・山田正行訳)、未来社

稲葉振一郎(2008)『「公共性」論』NTT出版

カント、イマニュエル(2000)『カント全集14』(福田喜一郎訳)岩波書店

久世均(2020)「私立大学研究ブランディング事業特集：第1部基調講演『地域文化とデジタルアーカイブ』」『東北公益文科大学総合研究論集』、第37号別冊

水嶋英治、谷口知司、逸村裕編(2016)『デジタルアーカイブの資料基盤と開発技法―記録遺産学への視点―』晃洋書房

村岡敬明(2019)「読谷村教育委員会との社会連携プロジェクト―クラウドファンディングで「戦後沖縄教育史・復帰関連資料」をデジタルアーカイブ化―」『沖縄県

図書館協会誌(沖縄県図書館協会)』、第22号、pp.23-26.

村岡敬明・読谷村教育委員会(2019)「『沖縄戦後教育史・復帰関連資料』デジタルアーカイブ化プロジェクト活動報告書─沖縄復帰47年、祖国復帰運動の歴史的記録を後世に伝えたい！─」

内閣府知的財産推進事務局 (2017)「我が国におけるデジタルアーカイブ推進の方向性」

岡本真・柳与志夫(2015)『デジタル・アーカイブとは何か─理論と実践─』勉誠出版

斎藤純一(2000)『思考のフロンティア 公共性』岩波書店

田中拓道(2006)『貧困と共和国─社会的連帯の誕生─』人文書院

山脇直司(2004)『公共哲学とは何か』筑摩書房

柳与志夫(2020)『デジタルアーカイブの理論と政策─デジタル文化資源の活用に向けて─』勁草書房

参照サイト

・福永香織(2019年9月28日)「地域としての強みにつながるデジタルアーカイブとは」、コラムVol.403、公益財団法人日本交通公社<https://www.jtb.or.jp/column-photo/column-tourism-archive-fukunaga/> (last accessed: 01/02/2022)

・一般財団法人デジタル文化創出機構<www.digital-heritage.or.jp/ activity/activity12/index.html> (last accessed: 01/02/2022)。

・『国会会議録検索システム』「第203回国会：参議院本会議第1号　令和2年10月26日」<https://kokkai.ndl.go.jp/#/detail?minId=120315254X00120201026&current=14> (last accessed:30/01/2021)

・日本公共政策学会「設立趣旨」<http://www.ppsa.jp/gaiyo.html> (last accessed: 29/01/2021)。

・歴史資料ネットワーク <siryo-net.jp> (last accessed:29/01/2021)。

・読谷村教育委員会読谷村史編集室「沖縄戦後教育史・復帰関連資料(写真)」。<http://photo.yomitan-sengoshi.jp/> (last accessed:03/02/2021)。

【謝辞】
本稿はJSPS科研費JP20K20686の助成を受けたものである。

平和エッセイ

こころの中に平和の砦を

小松 照 幸 | KOMATSU Teruyuki

はじめに

　今回、縁あって平和社会学研究会へ参加することになり、定年後の社会参加に感謝し、本研究会を立ち上げた西原先生に深い敬意を表します。

　はじめに、私が関わった社会科学は経済学、社会学、心理学、比較文化学などですが、最終講義のテーマは、「人間と社会の有り様への彷徨」でした。社会科学には、実に多様な研究分野があります。その中で暮らしに直結する社会問題の改善に役立つ研究でも、一般の人々の目にどの程度、読まれて利用される機会があるのか疑問が湧きます。更に難解で理論的なものは、恐らく一般大衆に読まれることは稀と思われます。実社会の社会問題に具体的な解決策として役立つ多くの研究成果が、国民に深く幅広く浸透し、より良き世論を形成するような活用方法には、どんな解決策があるのか悩むところです。

　定年後にこのような事を考えるに至った理由は、この6年間、森友加計問題や統一教会の不祥事について、様々な国会中継や記者会見の場面で、不毛な国会の議論、虚偽の答弁、公文書の改ざん、黒塗りの政府資料、官僚の自殺、国家統計の改ざんを具に観察し、国政のリーダーシップを預かる与党自由民主党と公明党と、政権の中枢にある（故）安倍総理、麻生副総理、菅官房長官などの不遜な答弁内容と態度に衝撃を覚え、日本の民主主義の危機を感じたからです。

　国家権力を持つ政治リーダー達の言動、特に菅義偉内閣官房長官の定例会見をテレビやFacebookの映像を通して粒さに観察しましたが、東京新聞・社会部記者・望月衣塑子氏への対応は、ちまたで「菅話法」と呼ばれる木で鼻を

くくったような態度で定型句を淡々と繰り返し、一方的にコミュニケーションを断ってくる手法に大変な不快感を感じました。国民の知る権利を代表するメディア記者に対しての情報遮断や隠蔽は、ジャーナリズムへの深刻な妨害であり、この件に関して望月氏は『新聞記者』(角川新書)を刊行し、同名のタイトルで映画化もされました。

　安倍首相の場合も、記者の質問は事前に質問が提出されているケースが多く、それに合わせて事務方が作成した回答を安倍首相が自分の言葉のように読みあげる訳で、それは、予定調和以外の何ものでもなく、そのような記者会見にどんな意味があるのだろうかと思うことも度々でした。ジャーナリストは国民の知る権利を代表しており、政権に都合の悪い質問であっても、政権側は本来誠意と責任を持って答える義務がありますが、多くの場合、事実をはぐらかすコミュニケーションの場面を見て、決して国民の負託に答えているとは思えませんでした。

　この小文は、単に安倍政権を批判するのではなく、安倍政権末期に起きた不祥事を通じて、国家権力の在り方がどれだけ政治家のモラルを低下させ、国力と国民の暮らしに重大な悪影響を与えるか、また、政権担当者の本来あるべき姿はどうあるべきかを考えるものです。

　低い投票率、政治の実態を容易に知ることができない政府による情報コントロール、メディアの報道に制限をかける政治的圧力、情報不足など「サイレントマジョリティー」と「声なき声」と言われる人々の政治参加には様々な障壁が有ると思われます。そして、政治の実態を総合的に知ることは、容易ではありません。

　その理由は、①政治の実態を深く知るには、多くの学習が必要であり、生活苦に追われ、それを学ぶ時間もなく、その結果、自己と政治との関わりが希薄な人々が多く存在する、②政権政党の活動実態に対し、いわゆる忖度心理によって、取り上げるべき批判的な声や行動が広報されない。メディアが政権によって牛耳られ、政権批判が封じ込められてしまう、③政治システム自体が、余りに複雑で硬直した制度と慣習により、本来の望ましい人材を地方政治と国政に送ることができない。④民主主義的国家では、政治の在り方

に必然的な左右両極の意見や考え方があり、そのことが政党間や市民の間に意見の相克が生まれ、対立構造が生まれる。他方、中央主権的国家では、政権政党の強権により政府批判が許されず、政治権力を持つリーダーの偶像化や中央集権的政府システムによる国民の政府批判の封殺や、政府の暴走に歯止めがかからなくなる。

　容易でない政治の実態と全体像の理解に対し、後述しますが、日本では早期の学校教育の中から本質的な政治教育を行うことが必要であり、また、余りにも複雑で硬直した選挙制度とそれに付随する社会的慣習に対しては、国民が日常生活のなかで積極的に政治へ参加し、国民の声が国政に直接届くための総合的な施策が必要と思われます。

1. 国家権力と平和維持

　世界は今、国際分業により深く相互依存し、人々の暮らしにとって平和維持は生存の必須条件です。現在起きているロシアとウクライナ戦争の影響からも明らかであり、両国間の戦争は、世界中の食料とエネルギーの供給に大きなダメージを与えています。領土問題の為に多くの人命を失い、国土は荒廃し、後に残るのは回復不能な深い憎しみでしょう。どのような歴史的相克があれ、21世紀の人類に未来を保障する知恵があるとすれば、インドのモディ首相がプーチンに言った「今は戦争をする時（時代）ではない」は、大変重い言葉です。

　また、中国の政治状況をみれば、法律を変え3期目を許可する体制により習近平の統治が保障されました。覇権主義を強める姿勢は、近隣諸国だけでなく世界に大きな影響を与えつつあることを考えると、長期政権がどのような結果を齎すか心配です。長い時間をかけて独裁体制を築いたプーチン同様、政治のリーダーを神格化すれば、必ず愚かな専制体制になることは歴史が証明しています。

　古代から今日まで、人類の歴史は戦争（人殺し）の繰り返しであったことは事実ですが、第二次世界大戦を体験し、全てを失った日本人にとって、人命と財産の保障には、二度と戦争しない事を守ることが最重要課題です。この

事は、昭和20年代（1945年）生まれの我々世代にとっても、次の世代への重要なメッセージであります。

2．安倍政権の実績と評価

①所謂、アベノミクスが齎した経済政策の成果については、大企業中心であり、その内部留保の金額は財務省が発表した法人企業統計によると、2021年度末で484,3兆円となり、500兆円に迫っています。他方、国の大半を占める中小企業の収益は下降し、人々の最も大切な暮しに必要な可処分所得も、低下の一途を辿るばかりです。なお、国内における企業総数は421万社で、その内、大企業数は約0.3％（1.2万社）で中小企業は約99.7％（419.8万社」です。（2006年総務省統計）　勿論、このような経済状況の原因をすべて安倍政権による経済政策の失政に帰することはできないとしても、国内経済の発展を図るのは司令塔としての責務です。

安倍政権による2010年代からの8年7カ月間、国民所得の凋落は統計的にも顕著であり、最も購買力の有るとされる中流階級の平均所得も大きく下落しています。現在、日本で最も多い年収帯は「年収300万円台」で全体の17.4％（913万人）を占めています。男女別でみると、男性で最も多いのは「年収300万円台」に対し、女性で最も多いのは「年収100万円台」であり、男女間の収入格差が大きいことがわかります。（出典：国税庁「令和2年　民間給与実態統計調査」）

②安倍政権の実績に関し、専門家による評価の一例をあげます。評価の結果は、外交・安保を除き、いずれの項目も3点を下回り、目標達成には届いてはいません。

「安倍政権5年の政策分野の実績評価」各分野の評価結果

（出典：言論NPO、2017）

評価基準について：実績評価は以下の基準で行いました。

・すでに断念したが、国民に理由を説明している　　　　　1点

　　・目標達成は困難な状況　　　　　　　　　　　　　2点

　　・目標を達成できるか現時点では判断できない　　　3点

　　・実現はしていないが、目標達成の方向　　　　　　4点

　　・4年間で実現した　　　　　　　　　　　　　　　5点

経済再生：成長率の目標値と、物価目標の達成は難しいと判断。正規・非正
　　　　　規の格差是正に動いたことは評価できるが、雇用市場の全体的な
　　　　　ビジョンを示すべき。　　　　　　　評価政策数14　2.7点

財政再建：財政再建計画は不十分で2020年のPB目標達成の道のりは描けて
　　　　　いない。　　　　　　　　　　　　 評価政策数3　2.7点

社会保障：マクロ経済スライドを発動せず、将来世代の年金の持続性に疑問。
　　　　　国保の保険者変更や病床削減についても国民への説明不足。

　　　　　　　　　　　　　　　　　　　　　 評価政策数7　2.4点

外交・安保：積極的な攻めの外交や日米関係の深化、周辺国との関係改善で
評価上る。平和安全法制は運用段階に入ったが、依然として「あらゆる事態に
切れ目のない対応が可能な体制」は構築されていない。　評価政策数8　3.3点

エネルギー・環境：電源構成は示したが、再エネは力不足。化石燃料依存は
世界の潮流に逆行　　　　　　　　　　　　　 評価政策数4　2.5点

地方再生：統治機構改革には消極的で、目指すべき改革像が見えない。地方
版総合戦略計画をつくり、自治体自身が戦略づくりに着手

　　　　　　　　　　　　　　　　　　　　　 評価政策数4　2.5点

復興・防災：復興財源は確保したが、生活基盤確保のためのきめ細かな対応
は不十分。福島原発は、国が前面に立って責任を果しているとはいえない

　　　　　　　　　　　　　　　　　　　　　 評価政策数5　2.4点

教育：教育予算確保、幼児教育無償化は進展はあったが、財源のめどが立たず。
大学改革は既存制度との関連が不明確で、大学側の理解も進んでいない。

　　　　　　　　　　　　　　　　　　　　　 評価政策数6　2.8点

農林水産：農協改革や農業の産業化に動いたが、減反後の農政のビジョンが見えない。 評価政策数5 2.4点

政治・行政改革：統治機構の改革に消極的で公約後退、行政改革も不徹底。 評価政策数3 2.7点

憲法改正：(後述) 2.0点

③政策上の課題：先進国におけるこの10年間の経済力統計を見れば、日本の国民所得ランキングは最下位に低迷しています。所謂、先進国病といわれる様々な社会問題の中でも、富の極端な格差は最も深刻な問題です。それは低所得層の人々の生活苦を生み、強いては、社会全体の安心、安全を阻害し、大きな社会不安を引き起こします。今現在、日本人の置かれた社会状勢の健全さ、不健全さは、人の命に係わる様々な社会病理現象から庶民の暮らしの実態が明らかになります。具体例として、自殺率や精神疾患の罹病率、犯罪率など様々な統計の背後にある富の格差、学校教育や家族関係の在り方が、どのように心の病を生むのか社会環境の様態に注視する必要があります。

④近年、自殺率は全体として減少していますが、依然として年間2万人を超え深刻な状況です。特に、若年層10〜39歳の死因順位の1位は自殺となっており、国際的に見るとG7の中でも日本のみです。精神疾患の推移については、厚生労働省の聊か古い統計ですが、1999年から2014年間の「精神疾患を有する外来患者の推移、疾病別内訳」により、170万人から360万人以上に増加しています。犯罪率に関しては、刑法犯の認知件数は，平成8年(1996年)から毎年戦後最多を更新し，平成14年(2002年)には285万4,061件にまで達し，平成15年(2002年)からは減少に転じ、以降，17年連続で減少し、令和元年(2019年)には74万8,559件(前年比6万8,779件(8.4％)減)と戦後最少を更新しました。これらの統計データは確かに時代の傾向を明確に表しているとは思われますが、実際の精神疾患者や犯罪の多様性は統計の数以上の潜在的な実態があり、統計の裏にある現実を理解する努力が常に求められています。

　⑤厚生労働省が2020年に公表した「2019年国民生活基礎調査」によると、「子どもの貧困率（年間の収入が127万円未満）」は2018年時点で13.5％で、2015年の貧困率13.9％から大きな改善は見られず、依然として子どもの7人に1人が貧困状態にあります（一人当たりの可処分所得が平均の50％に満たない世帯の子どもの割合）。また、母子家庭など大人1人で子どもを育てる世帯の貧困率は48.1％に上り、苦しい生活の実態が浮かび上がります。ひとり親世帯の8割近くは離婚が原因であり、2002年（平成14年）が29万件でピークになっています。

　母子世帯の推移：75万世帯（2005年）〜76万世帯（2010年）
　父子家庭の推移：9.2万世帯（2005年）〜8.4万世帯（2015年）
　ひとり親の就業状況：母子世帯が81.8％、父子世帯が85.4％

　2016年度実数：母子世帯が123.2万世帯、父子世帯が18.7万世帯と大差あり。就業できていない母子世帯（2016年度）：10.1万世帯、父子世帯はおよそ0.9万世帯。

　ひとり親世帯の貧困は、子どもの就学や進学目標など、健全な発育と将来設計に様々な困難と悪影響を及ぼしており、特に女性の親の貧困は深刻な社会問題となっています。（出典：男女共同参画局「第2節 高齢者，ひとり親の状況」2016、及び、内閣府「子供の貧困に関する指標の推移」2017）

　⑥教育政策上の課題に目を向ければ、目につく問題として次のような重要案件があります。教育のコスト、生活苦、シングルマザー、奨学金問題、義務教育における教科書検定問題、教育方法と内容、教師の待遇改善問題、教師・子弟・家族の心の健康問題、全国6,000か所に及ぶ子供食堂など。（出典：NPO法人全国こども食堂支援センター・むすびえ）

　⑦この他、社会の不平等を改善すべき諸課題を示しますと、人権政策の課

題として、ジェンダー多様性の保護、女性の社会的立場、社会的弱所のための最低生活の保護・保障、社会保障費の使途などがあります。安全保障問題の課題としては、原子力規制への取り組み、日米安全保障と地位協定、無謀で無益な名護基地作り、全く進展の見えない北朝鮮との外交交渉（政府の努力の跡が見えない拉致問題）、膨大な海外援助金のばらまきなど政府の不透明な対策により、国家の長期的な展望が見えない状況です。

⑧憲法改正

　これまで国民の生命と財産を守ってきた日本国憲法は、特に国家権力の暴走を抑止する重要な役割が有り、現下の与党自由民主党中心による憲法改正論議と緊急事態条項の条文盛り込みの危険性については、以下の視点を紹介します。

【憲法とは国家権力が暴走しないように縛るもの、すなわち「国家権力に対する拘束具」としての性質が、憲法の最も重要な本質であります。現在、自民党を中心に、災害時などを想定して憲法に緊急事態条項という条文を追記しようという議論がなされています。現在議論されている緊急事態条項とは、簡単にいうと、①時の内閣が大災害等で緊急と判断した場合には国会の権能（立法権）を当該内閣が実質的に兼ねることができる、②国会議員の3分の2以上の多数で国会議員の任期を延長することができる、とする内容のものです。歴史的な経緯からは、一般的に国家権力は腐敗し暴走しようとするものであるとわかっています。昨今のロシア大統領プーチン氏を見ていればそう感じる人も多いのではないでしょうか。憲法という縄を緩めるのは大変危険な行為です。】（出典：憲法問題対策センター、第20回「憲法の本質と緊急事態条項」（2022年9月号）弁護士：片木翔一郎「東京弁護士会憲法問題対策センター委員」）

3．政治教育の重要性

　日本の教育基本法第8条2項では「法律に定める学校は、特定の政党を支持し、またこれに反対する政治教育その他政治的活動をしてはならない」と規

定し、その一方で学校教育法「中学校教育の目標」(36条1項) では、中学校における教育の目標は「小学校における教育の目標をなお充分に達成して、国家及び社会の形成者として必要な資質を養うこと」と定めています。しかしながら、教育基本法と学校教育法の内容については、解釈が硬直的であり、そのことが、自由な教育方法と教育内容の改善を妨げ、社会的課題への現実的・実践的な参画への足枷となっているのでは、ないでしょうか。その結果、日本の若者たちの政治離れや国政への運営に、まったく興味を持たない人たちが多く生まれるのであれば、やはり早期からの政治教育の役割は決定的と思われます。

　ノルウェーでは、2019年9月の国政選挙の投票率は77％に達し、議員総数169人のうち、13人が元「教師」であると報道されました。学校における模擬選挙や、政党青年部の活発な活動など、子どもや若者の政治参加を促す仕組みが多く存在する。また、身近な大人も政治に関心を持ち実際に「政治家」として政治に参加している姿は、何よりも説得力のある教材となっている。(出典：中田麗子　東京大学大学院教育学研究科特任研究員、信州大学教育学部研究員。専門は比較教育学、2021)

　スウェーデンでは、1970年代に選挙権年齢が20歳から18歳に引き下げられ、高校の学習指導要領には「民主主義の原理に関する知識から、さらに民主的な方法で行動できる力を発展させること」、「社会生活および労働生活における民主主義の深化に積極的に貢献する意志を高めること」、「自身で、または他者と協力して、社会環境に進んで関与し、責任をもち、影響力を及ぼすような自らの能力への信頼を高めること」が掲げられています。また、徹底した実践志向により、家庭や職場の諸問題から差別やいじめ、薬物乱用や犯罪まで、子どもや若者が現在あるいは将来関わりうる具体的な事象を挙げながら、関連する思想や制度を学ばせる内容になっている。こうした実践志向は、政治に関しても同様で、各政党のイデオロギーや政策、労働組合と経営者団体の立場やそれぞれの主張についても、学校で教え、議論の対象にする。政治的中立の要請に対しては、意見の対立状況をそのまま示し、原因や背景を解説したうえで生徒自身の判断を尊重することが基本とされる。(出典：渡辺

博明「スウェーデンの主権者教育と政治参加」2019、抜粋）

　デンマークでは、国政選挙の投票率は85％前後です。各政党は選挙前は当
然のこと、それ以外の機会でも自分達の政策について、メディアやSNS、集
会など、あらゆるところで対話の機会を持つようにしている。学校や大学に
出向くこともある。そして特に市民との対話は具体的です。デンマークでは
４年ごとに国政選挙が行われ、それに向けて、各政党は人々の関心分野ごと
に多くの意見を交わしている。そして投票する側が、どの政党と自分の考え
や希望が合うか、わかりやすく示すのはメディアの役割であります。

　例えば「環境問題」「医療」「外国人政策」「教育」「労働市場」「経済」「税制」「犯
罪」など、様々な分野の中で、各政党がどの分野を重視しているかを政党ごと
に見ることができる。このようなバロメータや、質問に答えて自分に最も合
う政党や立候補者を選べるサイトはたくさんあり、人々はテレビの対談や新
聞、ネット上の比較項目などを参考にしながら、どの政党が自分にとってもっ
とも必要なことを実現してくれそうかを選ぶ。

　以上、北欧三国の政治教育について触れましたが、日本と北欧３か国では
国の規模が違い過ぎるので、簡単な比較はできないかもしれません。例えば、
デンマークは北海道の半分ほどの大きさで、大阪府民より少ない人口です。
しかしながら、規模の大小に拘わらず、日本でも、まず自治体レベルで地域
住民の日常生活と政治が直結していると体験できることを、一つずつ積み重
ねていく事が重要と思われます。

　ここまで、安倍政権の実績と評価、憲法問題や政治教育などを見てきまし
たが、政権末期に行った政治活動と政権運営に関し、森友加計問題と現在の
統一教会との関係をレビューし検討を加えます。

４．安倍政権に対する問題意識

　国家権力の正しい行使には、少なくとも以下のような行為は不正であり、
民主主義を守るためにも決して認められるものではありません。

　①言論と報道の自由に対する侵害：政府の定例記者会見の場で、菅官房長

官はジャーナリストに対し、一部のメデイア発言のみを許可し、政府批判を行うメデイアには、徹底的な発言封じを続けました。また、国営放送であるNHKにも様々な圧力をかけ、政府批判を行うデモ行動や、政府に都合の悪い報道はしないような圧力をかけ、国民に知らせるべき必要な政府批判を、忖度という圧力により、報道の自由を著しく侵害してきました。

　②政党支持の為の不正、不法な選挙運動：「桜を見る会」の問題は、本来、社会貢献のある人々へ政府が感謝を伝える場であったが、招くべきでない反社会的人物、地元山口県の一般人、あるいは芸能人までを招き、自民党の支持基盤を広げるような行いが為されました。国会での厳しい追及に対し、安倍元首相の虚偽答弁は118回に及び、「前夜祭」に掛かった接待費用に関わる提出書類も頑強に拒みました。会本来の趣旨に反する政治活動を行ったことは、国民の税金を不当に浪費し、支持基盤を広げる目的の為に私物化しました。

　③政府公文書の隠蔽、改ざん：「森友問題」は、森友学園を舞台にした補助金詐欺事件ですが、被疑者の籠池夫妻と個人的に付き合った安部夫人と、それを支えた安倍元総理に対する忖度が財務省を動かし、国有地の値段を大幅に下げ学園設置を行いました。その結果、書類の改ざんを命令された財務省役人、赤城俊夫氏は自殺し、大阪地方裁判所は刑事事件として全ての責任を籠池夫妻に負わせ、国会審議では財務省トップの佐川理財局長の虚偽答弁まで起きました。国会審議で要求された重要書類も提出拒否や黒塗りの解読不明書類、そして関係書類の抹消など、官邸と財務省との間で、多くの書類隠滅と改ざんが行われました。この問題に対する大阪地検は政府責任をほぼ放置し、社会正義を守る検察の職務怠慢が厳しく追及されるところです。

　④反社会的勢力である宗教法人との不正、不法な癒着と政治関係：世界平和統一家庭連合（旧統一教会）は1954年、文鮮明によって韓国で創設された宗教団体であり、日本への進出は1950年代末から1960年初頭に始まり、1964年には宗教法人として認可されました。現在、信者数は世界で300万人、日

本では60万人と見られています。初代文鮮明と安倍家とは、岸信介元・安倍晋太郎・安倍晋三の3代に渡る付き合いという因縁があります。

　統一教会の問題は、安倍元総理の暗殺事件により、広く世間に知られることになり、信者からの巨額の献金により多くの深刻な被害が家族の崩壊問題を生み、政治家との癒着は選挙における教会側の選挙協力と票田の開拓が行われ、自由民主党を中心とした不正な政治活動への援助と政策的協調まで行われ、政治活動へ深刻な影響を与え、現在その実態については、国会で厳しい追及が行われています。

　「世界平和統一家庭連合（旧統一教会）を巡り、宗教学者の島薗進・東京大名誉教授らが10月28日、都内で記者会見し、宗教法人法に基づく質問権の速やかな行使など、政府の適切な対応を求める声明を公表した。声明には島薗氏ら宗教研究者25人が名を連ねた。旧統一教会について「正体を隠した勧誘は『信教の自由』を侵害し、一般市民や信者を破産に追い込むほどの献金要請は公共の福祉に反する」と指摘。質問権を速やかに行使し、公共の福祉を害するような活動が確認できれば解散命令請求するよう政府に求めた。」（出典：毎日新聞、配信10/24）

　⑤不当な許認可権の行使と公文書隠蔽：「加計学園問題」は、2013年6月14日に閣議決定され、日本経済再生本部によって名付けられた成長戦略による「経済特区」構想と、それに基づく新設獣医学部の許認可問題です。問題の本質は、安倍晋三という権力者、総理大臣が腹心の友とする加計学園理事長、加計幸太郎氏との関係により、本来、設置認可されるはずのない獣医学部が認可されたことにあり、国政を私物化した問題です。

　国家戦略特区で獣医学部を認めるには、国際的な競争力があるものが前提であり「全く新しい分野の獣医師を養成」「これまでの大学ではできないことをやる」の証明が必要とされながら、その審査が全くなされなかったことにあります。許認可には、ライバルである京都産業大学にとって、不可抗力的に無理な条件、即ち、開設の僅か一年前、唐突に公募を発表し、加計学園以外の申請が不可能と言う不公平な処置が行われました。また、政府内部では加計

学園設置の件はずっと伏せられ（加計隠し）、その認可プロセスも極めて「不透明」に処理され、担当省庁の責任者も虚偽答弁を続けました。

　以上、これら事件の背景には、政府の官僚に対する人事権の掌握により、過度な権力の集中が起きたことによると思われます。2014年「内閣人事局」創設により人事権を失った官僚側は、政府の昇格・降格を扱う任命権により弱体化し、以来政治家の顔色を伺う傾向が出てきたと言われます。政府は、この人事権掌握により官僚のコントロールを行うようになり、審議官以上の600人に対しては、内閣人事局の承認が必要となりました。今回の森友加計問題など様々な政治問題は、安倍政権の政治的圧力により、官僚の社会正義が損なわれ、忖度により多くの公文書改ざん、書類の提出拒否、虚偽の答弁など、これまでにない違反行為が行われました。

　安倍政権末期の不祥事は、政府内部とメディアそして関連する組織、団体にまで広がった「忖度」という政治的圧力により、本来国民生活にとって重要な政策課題の処理に割くべきエネルギーと努力を空転させ、国会の機能低下、税金の私物化など、政治の機能不全を生じた事にあります。

5.　安倍政権が生んだ社会的現実（Social Reality）
——「こころ」と「社会」の関係

　これまで、安部政権末期の不祥事から国権行使の実態について指摘し、いつの時代でも、また政権が代わっても悪しき政治のリーダーシップによって民主的な国会運営が破壊されないこと、国民が政府を信用できる条件と、国民の草の根からの政治参加が保障されること、政治の実態を知らしめる情報開示と複雑な政治システムの見える化への変革、ジャーナリズムの建設的な政府批判を保障する強い基盤作りについて述べました。

　翻って、総ての物事には相反する意見の相違があり、それらの立場から見れば、森友加計学園問題は些末なことと断定する向きもあるでしょう。またこの小文に対して、安倍政権の全体像への言及がない、政権与党への批判ばかりで野党の政治運営能力への批判がまるで無い、憲法論議に関して保守本流から見た憲法改憲の歴史的重要性はどうなるのか、など様々な批判の声が

聞こえるようです。明治以来の日本政治の在り方、あるいはイデオロギーとしての保守主義、自由主義、共産主義などの視点、政治学からの視点だけでなく、憲法学、行政学、社会学、社会心理学、歴史学など、実に様々なアプローチの方法があることも、言うまでもありません。

　しかし今、これらの不祥事の裏には、民主主義を破壊する深刻な問題があり、その意味でも決して些末な問題として済まされることではありません。近年、国政を預かる政治のリーダー達の知性や倫理観の劣化は、国民の常識から見れば受け入れがたい状況にあります。森友加計問題で安倍政権が行った国会運営の方法は、仮にそれらが些末な問題であったとしても、不祥事の背景には、統一教会による崩壊家庭など国民の中に多くの被害者と犠牲者を生じる結果になりました。

　「暗殺」と「国葬」によって安倍総理の業績、評価と人物像は、善かれ悪しかれある種の「社会的現実」となりました。この作り上げられたイメージに関して、50年程前のアメリカ合衆国第35代大統領ジョン・F・ケネディ暗殺事件との関連を考えて見ます。

　「アメリカ大統領の暗殺死という一つの事件報道は、悲劇の大統領という社会的現実が形成され、その過程から、彼を力あるアメリカ、若々しいアメリカ、民主主義のアメリカという、良きアメリカのイメージを守るシンボルとなり、そのイメージが殉教者へと結晶化させたのである」」(出典：「こころと社会：認知社会心理学への招待」池田謙一・村田光二、東京大学出版会、1998、はしがきp.iii)。

　報道された事象は、人々によって『現実感の有るもの』と解釈され、その事象は初めて生きた現実＝社会的現実となります。そして報道は、そうした現実感に応えることによって、初めてメディアとしての社会性、信頼性を獲得します。換言すれば、社会的現実は地球規模のネットワークを築き、それらの情報はフェイクニュースも含め、複雑な世界の現状に対する認識を創造しています。そして私たちの『こころ』は、複雑で多様な社会的現実を認識し、それらの認識を支えとして生きて行かざるを得ない状況にあります。

　そこで「国政の信頼」という課題について考えるとき、若い頃お会いした(故)山岸俊男氏のことと、著作「『安心社会』と『信頼社会』」を思い起し、安倍政権

の評価を「安心社会」と「信頼社会」の観点から検討したいと思います。

　政治に関し、日本人はよく「他の政権よりましである」とか「あの政治家の方が安心である」という評価が行われます。日本的な社会秩序の在り方に関し、山岸氏は「安心社会」と「信頼社会」の概念を提起しました。この理論は「囚人のジレンマ問題」を命題としています。囚人のジレンマとは、二者関係で、共に協力する選択をすることが、共に協力しない選択をすることに比べ双方に望ましい結果が得られるにも関わらず、各人が短期的利益を合理的に追求すると共に、非協力という選択がなされる状況を言います。

　「安心社会」はこれまでの伝統的な日本社会のイメージであり、その社会では「長期的関係」「内部市場化」「均質化」を特徴とし、他方「信頼社会」はアメリカ社会をイメージし「短期的取引関係での信頼関係の確立」「外部市場化」「異質性の肯定的評価と活用」などを社会的な特徴とします。

　そこで、森友事件を「安心社会」的特質から分析すれば、財務省の公文書改竄問題で自殺に追い込まれた同省役人、赤城俊夫氏の場合、近畿財務局は「本省の命令があれば逆らえない」という意識により、下役の赤城氏を自殺にまで追い込んだ結果となりました。これは、法の遵守という最も重要で基本的な公務員の職業倫理よりも「上司の命令に従う」という組織規律を優先した結果です。

　「安心社会」の長期的雇用の下では、将来的にも継続する組織内の上下関係の和を保つことが下役にとって順調な昇進・昇給保障の手段となっていることに加え、上司の命令であれば職業倫理に反しても許されやすいので、「上司の命令に従う」という保身の利益が、「上司に逆らっても法に従う」利益より大きい所以によります。これに反し、アメリカ人が職業倫理に忠実なのは、職業倫理の順守が信頼の尺度であり、例え上司の命令でも職業倫理に反する行為は決して許されず、問題がこじれる場合には、裁判による判断処理が日常的に行われます。

　重要な国家のかじ取りを行う責任政党の評価も、今後は「安心社会」の観点ではなく「信頼社会」の観点から行うことが重要となります。それは「職業倫理が信頼の尺度に依拠し、例え上司の命令でも職業倫理に反する行為は決して

許されない」からです。そして、このような上司に逆らう部下の正しい職業倫理的行為が保障される社会的環境の整備が、職場におけるパワハラ、モラハラ、セクハラを無くすために非常に重要です。

むすび

　今、我々の置かれた国内情勢と国際的な立場は、決して楽観できる状況では無く、有能な政治のリーダーシップが求められています。世界の経済地図と政治地図は、迫りくる緊張感を覚えるほどです。世界では、国民の自由闊達な表現の自由が、極限まで阻害された結果、自国での生活を諦め、自由を求めて国外への脱出や逃亡が現に起きているのがロシア連邦の現状であり、この深刻な現実は日々のニュースで我々の目に深く焼き付けられています。

　世界情勢は1945年以降、紛争による犠牲者数は減ってきてはいるものの、紛争の数は最も多くなり2020年の時点で、世界の主な紛争地域は56の地域にのぼります。最も深刻な紛争地域はアフガニスタン、シリア、ソマリア、イエメン、ナイジェリア、エチオピア、エリトリア、アゼルバイジャンなどです。

　このように、21世紀初頭の現在、日本の国内情勢は一見安定しているように見えますが、世界の国際関係は欧米諸国と敵対的体制を取るロシア、中国、北朝鮮、イランなど、自由な言論が封殺される状況であり、その事が国際間の緊張を高め、日本の安全保障にとっても、極めて厳しい影響を及ぼしています。

　国権の在り方として、第二次世界大戦の後、戦犯になった多くの人々の責任問題を考えるとき、日本的な「無責任な集団責任」という言葉が、頭から離れません。不祥事が起きた時、当事者責任としての組織と個人の究極の責任が曖昧にならない為には、責任の所在が明らかになるまで追及が必要であり、時が経てば忘却すると言う政治的見通しと手段は、許されてはならないと思います。

　本来、国政を預かる人達は、国民の福祉に全力を尽くす使命があり、それがNobless Oblige（高貴な社会的責務）ですが、政権与党は、これまでの10年間、

　そして現在の岸田政権も、泥にまみれた統一教会との癒着により、永きに渡って選挙活動の援助を受けてきました。安倍政権の中核を担ったリーダー達は、これまで指摘した不公正と疑惑の問題を安倍氏と伴に担った人達です。彼らの社会的責任はどう扱われるべきでしょうか。

　前の大戦で、欧州では数千万、日本では数百万の人命が失われました。平和の対極にある「人殺し」の原因は、UNESCO憲章にある「戦争は人の心の中で生れるものであるから、人の心の中に平和の砦を築かなければならない」は名言です。個人の心の在り方、家族の心の在り方、地域、コミュニテイーの集団心理、地方の文化心理、国民の社会的、文化的心理、あるいは民族の魂までを貫くものは、日々の「平和な暮らし」を守る「心」であり、その心を守るために、UNESCO憲章の「人の心の中に平和の砦を築かなければならない」は、我々一人ひとりが守るべき使命であり、特に国権を司る政治のリーダー達への痛切な祈りであり、戒めであります。

ハワイの独立問題

ハワイはアメリカではない

――占領の終焉に向けた現行（臨時）ハワイ王国政府の
法的挑戦を伴うグローバルな活動

デニス・リチェズ | Denis RICHES

1. ハワイの歴史――18世紀後半から21世紀前半

[1] 18世紀後半のハワイ諸島

　ハワイ諸島は、西洋が接触する以前には統一された国家ではなかった。それぞれの島がそれぞれ政治的統一性を保ちながら、事実上は対抗関係にあり、ときに諸島間で闘いも生じていた。だが大地は豊かさを生み出し、その豊かさによって階層的で封建的な戦士の文化もまた生じた。

　ヨーロッパ人と最初に出会ってから、ハワイ諸島の王たちは、この新来者と共通の統治構造をもつ必要があると悟った。かれらは、文化や宗教が大きく異なっているにもかかわらず、君主制による支配について「同一言語を話す」ようになった。そしてハワイの人びとは、用心してではあるが、宣教師や商人や漁船員たちがハワイに上陸するのを許した。そして、彼らから、自分たちの自律性が失われないためにはどうしたらいいかを学んだ。

[2] 19世紀前半のハワイ諸島

　1795年までにカメハメハ大王（1世）はハワイ諸島を、ときには武力を用いつつ単一の政治体として統一した。大王は、西洋からの助言者を活用し、また西洋の技術も利用した。そして彼はいち早くハワイ諸島の統一の必要性を理解したが、それはハワイがたとえばロシア、フランス、オランダ、イギリスあるいはアメリカといった巨大な権力をもった国の一つに征服される恐れがあるからだった。

　カメハメハ大王の統治はそれに続く国王たちに引き継がれていった。彼らはすかさず、多くの国々と対等な条約を結び、西洋式の法と統治を進め（立憲君主制）、それによって一つの独立国として認知されるようになった。これは非常に注目すべきことであった。というのも、他の非西洋勢力は独立国としての承認を得ることが困難だったからである。ハワイはこの点で日本に先んじていた。それゆえ、明治天皇は1872年にハワイ王から助力と助言を求めようとさえしていたのである。

[3] 19世紀後半のハワイ諸島

　ハワイは近代化に成功し、西洋に追いつき始めていたが、そこには支払わなければならない代価もあった。近代国家は十分な蓄えを備えた財務省を必要とし、君主国もまた産業として成り立つプランテーション経済の発展を成し遂げなければならない。このことは伝統的な農業や人口構成に悲惨な結果をもたらすことになった。プランテーションの所有者は、さまざまな国からの労働者を受け入れてきた。その間にハワイの国民の人口は、貧困と新たな病気にさらされた結果、急速に減少していった。19世紀の後半には、ハワイは何千マイルも離れた人びとにとって唯一といえる水深の深い港（パール・ハーバー）をもっていたので、その戦略的な重要性が国際的に意識されるようになった。

　こうした傾向は1890年代に生じた危機的状況に通じている。[ハワイのプランテーション経営者である]トップ層の経済的要求は、政治的な支配への要求となった。これらの人びとの多くはハワイ国の市民となっていたが、文化的にみればアメリカ人あるいはヨーロッパ人であった。1982年の後半から1893年の前半にかけて、ハワイ国王はハワイの土着の人びととその文化を保護する方向で、憲法改正への望みを表明した。その間に経営トップ層は、アメリカ大使館と一緒になって、自分たちの王国廃止活動を支えるためにアメリカ海軍の戦艦乗組員を使って陰謀を企んだ。女王は捉えられたが、降伏することを拒んだ。そして彼女は、アメリカ軍を違法に使用した問題を解決するようアメリカ大統領に訴えた。

　1898年、ハワイ共和国は違法に設立されたが、米西戦争の勃発で合衆国によって併合が認められた。1893年から1898年まで続いたアメリカ支配への緩やかな移行過程においては、ハワイ王国は降伏条約や（合衆国との条約を含む）各国との条約によって消滅することは決してなく、その有効性を維持していた。ハワイ王国の現在の政府は、1893年の王制廃止と1898年の合衆国議会による併合決定に関して訴訟を起こしている。他国による一方的な国家併合は、明白かつ不条理な国際法違反である。

　1898年、ハワイが合衆国の領土となったとき、この地の新たな政府は脱国民化——すなわち人びとに対する強力なアメリカ化を伴った既存の言語、宗教、文化の消去——のプログラムを採用した。それは、（独立した多文化的で多言語的な一つの近代国家である）王国の性格に関する認識を変更させて、洗練されていない政治構造しかもたない土着のインディアン部族として、まさにマーク・トウェインがハワイ諸島訪問中に描写したような「playhouse kingdom」[訳注：1866年に彼が4か月余り滞在した際の旅行記に見られる言葉で、おもちゃの家のような王国という意味]に住む、ハワイの先住民として思い描くようにすることであった。ハワイ人の文化のいくつか（フラ、波乗り、伝統的衣装など）は、ハワイ諸島のアメリカ化に関するかれらの憤懣を低減させるために表面上は維持されたが、たいていの文化は一掃された。占領下の法律のもとでの脱国民化過程のあらゆる面が、一種の戦争犯罪であった。アメリカ人の到来によって、それまでは存在していなかった人種差別およびその他のアメリカ的な社会問題ももたらされたのである。

[4] 国際法の下で占領者権力がしてはならないこと

・自らの利益のために、自然環境を劣化ないし搾取すること。

・占領者権力に敵意を持つ国に対して、その地域の人びとを危険な状態に置くこと（つまり、ハワイの場合は、のちに日本の攻撃を受けた海軍基地を建設することや、旧ソ連の攻撃目標にされた冷戦下で核兵器を貯蔵することなどといった行為がこれにあたるだろう）。

・占領地域に占領者の市民や他国の市民を定住させること。

・[占領者]自らの地位を強化・補強すること。

・地域の文化、言語、伝統を減退させる行為を遂行すること。

・地域法の文字、精神、意図に反する法を制定すること。

[5] 20世紀後半のハワイ諸島

　ハワイは1959年にアメリカの一つの州となることが宣言された。ボーイングジェット機がハワイをたくさんのツーリストをもたらす島々に変えた。1960年代と70年代の間に続いた（反戦運動やアメリカ先住民の運動のような）動きは、ハワイ文化の復興運動を活気づけ、過去の不正義への意識を高めた。ハワイ大学においても、ハワイ人の言語と文化に関する研究が始まり、その後数十年にわたり拡大を続けている。ハワイ語が復活し、いまでは州全体で教えられ用いられている。州政府はハワイ語を「公式」言語の一つとしたが、そうした付随的な扱いは論争の的となった。ハワイ語が常態として、他国の公式言語の場合に連想されるようなその使用の地位と領域とが与えられなかったからだ。たとえば、州はハワイ語で業務サービスをおこなうことを求めなかったし、公立学校でハワイ語を教えることも求めなかったのである。

[6] 21世紀前半のハワイ諸島

　「ハワイ王国現行（臨時）政府」は、1970年代以来試みられてきた独立へのアプローチに代わる一つの案として、設立された。それは社会科学的アプローチというよりもむしろ法的アプローチの採用である。社会科学的アプローチは、ハワイ人の地位を「先住民化」し、人びとを血統的にハワイ人として定義しつつ、ハワイが植民地化されていると誤って記述した。ハワイ人であることはナショナリティの問題ではなく、エスニシティの問題であるとみなされたのである。社会科学におけるアプローチは、過去の不正義に対してハワイ人のエスニシティを求めて是正する手段を探し求めた。そしてそれは、アメリカのハワイ州の内部での自己決定権ないしは特別の地位と特権を論じていただけである。

2. 先住民化(indigenization)の認容に関わる問題

「現行政府」は、そうした社会科学的アプローチを非常に問題のあるものだと考えた。血筋の度合いという要件(ハワイ人のエスニシティの法的な規定性)は、国際結婚や移民流入などによって、ハワイの文化やエスニシティの消滅につながることがあるだろう。また、そうした血縁という要件は、かつてのハワイ王国においては、さまざまなエスニシティの人びとがハワイの市民であったという事実を否定することになる。さらにそれは、ハワイ王国が1890年代に不法に転覆させられてアメリカに併合されたのであり、国際法的にみれば現在もまだ占領された状態にあるという事実をも否定することになる。

こうした見方を支持する書類は、文書館のなかに保存されている。すなわちそこには、各種の条約、パスポート、市民権証明書、さらにさまざまな法的書類などがある。そうした書類の活用によって、祖先を辿ったりすることで自分たちがハワイ王国の市民であることを今日でも証明することができ、そうして個人として国際法廷に訴訟を持ち込むことができるようになるのである。

3. 臨時政府としても知られているハワイ「現行政府」の形成

ハワイ「現行政府」は1995年に形成され、そしてそれは臨時政府として認められるようになった。それはちょうど、第二次世界大戦のさなかのフランス亡命政府やベルギー亡命政府といったような良く知られた歴史上の他の臨時政府と同様である。ハワイ大学のサイ教授は、二つの立場において活動してきた。一つはハワイ大学の学生として後に教授会のメンバーとしてであり、もう一つは「ハワイ王国現行政府」の内務大臣としてである。「現行政府」は、合衆国政府、ハワイ州、スイス、カナダといったさまざまな存在に対して、いくつかの訴訟を起こしている。それはハーグの国際仲裁裁判所にまで進んでいる。「現行政府」は、ハワイの島の登記事項の違法性やハワイ州の抵当にもとづく貸与や保険の違法性に光を当てながら、ハワイの島嶼名の合法性にも異議申し立てをしている。

◆なぜ「現行政府」はスイスやカナダなどに対し訴訟を起こすのか

　ハワイ王国と条約を結んでいた国々のすべてにおいて、決して解決できない問題が一つある。そうした国々がハワイ州で営業業務を遂行する際には、王国と結んだ古い条約は決して失効していないという問題である。ハワイの外国領事館も同様の境遇にある。これらの領事館は実際、ハワイ王国におけるそれぞれの国の人びとを代表する大使館であるべきだろう。ハワイ現行政府は、カナダの会社に対して戦争犯罪の告訴状を提出するために、2015年カナダに赴いた。その会社は、ハワイ島での30メートル望遠鏡計画の共同出資企業であった。この会社はハワイ州から許可を得ていた。しかし、ハワイ州は占領者勢力であるので、自然環境を変容させる建設物に許可を与える権限は持っていない。さらにハワイ州はハワイの人民である抗議者を、合衆国の連邦法あるいは州法の下で逮捕する権限も持っていない。

　このようにハワイ現行政府は、法的認可を必要とするハワイでのすべての活動（営業登録、結婚、死亡、課税、土地登録、許認可、外交）が不法で、占領下での法律侵犯であるということを論証している。

4．方法、目標、成功の見込み

　国際法は訴追する力を持っていない。また国際法は、一団の人びとを強制的に告訴に向き合うようにすることはできない。それゆえ、合衆国はハワイ現行政府の要請に応えて国際法廷に出てくることは決してない。合衆国政府は訴訟を認めること自体を拒否しており、それはまさに他の可能な選択肢、つまり告訴内容を否定する選択肢と対照的である。合衆国は軍事的な優位性を持ち、経済力もあるので、多くの人びとはハワイ現行政府の諸活動は空しいものだと言いたくなるだろう。

　しかしながら、ハワイ現行政府はいくつかの理由からこの狭い道を選んだ。すなわち、

・この道は、ハワイの歴史を理解するための堅固な枠組みを創り上げ、初期の段階でのアプローチの誤った理解を是正する。
・この道は、ハワイの人びとの間に基盤となる知識を与え、そうした人々が、

占領終焉が世間に注目される日や、誤った情報に基づくアメリカ世論の反発が生じそうな日に備えて、あらかじめ準備させることになる。

・さらに、ハワイにおいて活動している諸外国に向け、次のような注意を促すことができる。すなわち、外国領事館はハワイでは、アメリカの一州において自国を代表する者となるようないかなる法的基盤も持たっていないこと、旅行者はまたホテルにおいて税を支払うべき義務がないこと、さらにスイス銀行は支店を開設する権限を持っていないこと、こうしたことなどに注意喚起できる。

・外国の国々が、戦争犯罪の共犯者であることを止めるためにしなければならないことを認識するならば、物事は急速に変わるであろう。

・もし合衆国が国際法を軽視する点でロシアや中国を非難し続けるならば、両国は国連の安全保障理事会で［アメリカ側での軽視という］問題点を取り上げることができる。

5. ハワイは、他の太平洋島嶼国にとってのモデルだろうか

　以上のようなジレンマは、合衆国にとって非常に大きな戦略上の含意をもつ。合衆国の太平洋司令部はハワイに置かれており、アメリカの軍事政策はグローバルな軍事計画に基づいている。合衆国は決して沖縄を「放棄」しないと宣言してきているが、このことは、もし仮に日本が合衆国に対して沖縄から撤退するよう頼んでも、［合衆国が］力づくで沖縄を併合して借用するであろうことを想定している。かくして、合衆国にとって、軍事基地のグローバルなネットワークを作動させるという合衆国の目標が維持されている限り、ハワイを放棄することはまったく考慮外のことであろう。

　西パプアはオランダ支配の終焉以来、独立をめざして闘っている太平洋のもう一つの島である。そこでは1969年に非常に問題のある住民投票がおこなわれ、その結果インドネシアの支配が継続することになったが、この西パプアの闘争は、不正になされた脱植民地化の事例として、すなわちオランダからインドネシアへの主権の不当な委譲として捉える必要がある。ハワイの場合とは違って、かつて存在した独立国に対する占領を終わらせるという課題

はそこにはない。

　沖縄の場合、アメリカの基地を追い出し、かつて琉球王国として知られた沖縄の独立を回復したいと願う人びとにとって、ハワイ王国の現行政府の戦略は、一つのモデルを提供するのであろうか。

◆ハワイ王国と比較した場合の琉球王国について考える

　西洋の規範に基づく国際法の枠組みにおいては、琉球王国の地位に関して、さまざま解釈があって対立している状態である。ハワイ王国の地位と比較することが可能かどうかは、琉球王国の歴史の専門家にとっても最も大きな疑問である。そこで、手短な検討をここでおこなっておこう。沖縄の人びとも、日本国憲法や合衆国によって自己決定権として認められた権利に従って、直接の住民投票を通して独立を追求する選択肢をもっている。とりわけ彼らは、この要求を基礎づける明確な歴史と文化をもっている。しかしながら、国際法の下で訴訟を起こしているハワイと比較して、沖縄の人びとはより難しい点を抱えている。

　琉球王国は、1879年に不法に併合された完全な独立国であったと証明することは、そしてまた現在もまだ占領の状態にあると証明することは、ハワイ現行政府もそうであるように、難しいであろう。琉球王国は、日本と中国の両方に朝貢する独自のシステムの下で、何世紀も存在してきた。この伝統は、西洋的な国際法の下ではあまり見られない形であり、分類することができないであろう。それゆえ日本は、この朝貢システムを王国への「明示的な支配」があった証拠として解釈でき、そしてこれが意味するのは、王国が他の国の法に部分的に従っていたということなので、王国が独立していたとは認めることができないということである。これが、たとえ日本の琉球王国への歴史上の支配がきわめて部分的であったとしても、日本がその併合を正当化する理由である。

　その反論として、沖縄の人びとは次のように言うことができるだろう。琉球の人びとは自分自身の法的規範と伝統を持っており、進貢は他国の法律に従っていた証拠としてではなく、孤立状態になることを避けるべく強制的な

形でなされたものだと考えられ、そしてこれこそが完全な独立国であったとみなしうる決定的な要素である、と。

　しかしながら、琉球の人びとに対して厳しく作用するもう一つの要素もあった。それは、彼らが19世紀に西洋列強との間で署名して成立したのは3つの条約のみ［訳注：琉米、琉仏、琉蘭の間での修好条約］であったこと、そしてそれらが独立国と認めるだけの地位を与えることのない不平等条約であったこと、である。だが、まさにこれらの条約は、国際的秩序の出現時期にその完全なメンバーとなる道を歩むための第一歩であった。これらの条約では、外国人は琉球王国の法律に従わなくてよいことになっていた。日本もまたこの時期に西洋列強と不平等条約を結び、独立国として認められるためにたいへんな労力を必要とした。

　日本による琉球王国の処分は、1795年にカメハメハ大王がオアフ島および他の島々を力づくでハワイ王国に統合したことに譬えることができるだろう。両者の出来事は征服者の前で起こり、征服されたものは、国際法上は独立国だったのである。西里喜行は、日本が沖縄諸島を併合したときの琉球王国の状況とその戦略の問題点をまとめている。

　　「琉球救国運動」を展開していた琉球人は、朝貢秩序を絶対的なものとしては取り扱わずに、新たな時代の夜明けに対応することが可能であったならば、植木枝盛や郭嵩燾［訳注：Guo Songtao：かく・すうとう、清国の政治家、1818-1891］が描いた未来への可能な道程で、朝鮮やハワイあるいはベトナムの王国との連携関係を築こうという提案を考慮に入れて、未来へとつながる新たな道を見つけることが可能であったかもしれない。しかし、救国運動にのめり込んでいた琉球人は、伝統的な朝貢秩序を絶対的なものと見なし、琉球王国を再興するために清（中国）の権力者たちに救助を求めたのであった。それが、彼らの歴史的限界であった（出典7参照）。

　国際法は西洋が作り上げた競い合いのゲームであったし、現在もそうである。それゆえ、非西洋の国家の法や伝統は国際法に適合する道を見出さなけ

ればならなかった。日本は、国際法が琉球王国に効果的な支配をもたらすと
述べるべく、国際法の法体系と西洋諸国のさまざまな法体系の間の曖昧性を
うまく活用したのである。

　沖縄には国際法の下では脆弱な争点があるという知見は、併合以来、沖縄
の人びとが蒙ってきた不正義を忘れ去ることという主張と見られるべきでは
ない。そして、自分たちの島で生じていることに対して自己決定できる力を
もつ地域の人びとが、道徳的に正当化できる目標を実現するために他のさま
ざまなアプローチをとること、この点も否定するべきではない。独立への大
望は、国際法廷による矯正的な訴訟の必要性からなされる法的裁判よりも、
人びとの支持の必要性からなされる政治的な主張として追及されるのが最も
適切なものだということを、まさに歴史は示唆している。ハワイ王国の現行
政府によって採用されているアプローチに関する本研究は、独立闘争は独自
の歴史的文脈から生じるので、それぞれの独立闘争は、おのおのの過去およ
び現在の諸情況に最も適する戦略を見出さなければならないということを示
しているのである。

出典

1.　Link to the full article published by the Center for Glocal Studies (pdf).https://nf2045.blogspot.jp/2016/02/this-is-not-america-legalchallenges-to.html
2.　Hawaiian Kingdom website and blog. http://www.hawaiiankingdom.org/
3.　Dennis Riches, "Hawaiian Kingdom, American Empire: An Interview With Professor Keanu Sai, " Mint Press News, January 4, 2017. (A short version of the article discussed in this presentation.) http://www.mintpressnews.com/MyMPN/hawaiian-kingdom-american-empire/
4.　Bill Gertz, "China threatens to arm Hawaii separatists who want kingdom," Washington Times, February 10, 2015. http://www.washingtontimes.com/news/2015/feb/10/china-threatens-arm-hawaii-separatists-who-want-ki/
5.　Konali Solhatkar, "US Government Asks Native Hawaiians to Legitimize Occupation With Vote, " Truth-out, November 10, 2015. http://www.truth-out.org/opinion/item/33590-us-government-asks-native-hawaiians-to-legitimize-occupation-with-vote

6. Umi Perkins, "Is Hawaii and Occupied State?," The Nation, January 16, 2015. https://www.thenation.com/article/hawaii-occupied-state/

7. Kiko Nishizato, "Higashi Ajia shi ni okeru Ryukyu shobun (The Disposition of the Ryukyu Kingdom within the History of East Asia)," Keizaishi Kenkyu, no. 13 (February 2010): 74, quoted in vin McCormack and Satoko Oka Norimatsu, "Ryukyu/Okinawa, From Disposal to Resistance," Asia-Pacific Journal, September 9, 2012, http://apjjf.org/2012/10/38/Gavan-McCormack/3828/article.html.

訳注＊

　本稿は、『コロキウム：現代社会学理論・新地平』第９号（東京社会学インスティチュート編、新泉社刊、2018年）に所収の論稿を、原著者に了解を得たうえで転載したものである。なお、この転載にあたっては、特に断ることなく一部の訳語の表記・誤記を改訂・訂正している点もあることを了解いただきたい。

　なお、本稿は2017年２月17日に成城大学でおこなわれた韓国の研究者をふくむ国際研究集会　International Research Conference: The Korean Wave and the Transnational Movements in the Asia-Pacific Region: The Glocal Perspectives on the Contemporary Socio-Cultural Movements（邦題：韓流とアジア太平洋地域のトランスナショナルな動き——現代社会文化運動に関するグローカルな展望）における著者の報告 "Challenging the Occupation of Hawai'i under International Law: An Overview of Contemporary Actions and Strategies of the Acting Government of the Kingdom of Hawai'i"（「国際法の下でのハワイ占領への挑戦——ハワイ王国政府の活動戦略と現在を問う」）の改訂縮約版 "This is not America: The Acting Government of the Kingdom of Hawaii Goes Global with Legal Challenges to End Occupation" の全訳である。翻訳は西原和久が行った。全文は、Kazuhisa Nishihara, ed., *The Glocal Perspectives on the Contemporary Socio-cultural Mevements*, Center for Glocal Studies, 2017.に収録されている。ただし、この改訂縮約版は、以下に示す2016年に同名の題目で発刊された論稿とインタビュー記録の要約でもある。Dennis Riches, "This is not America: The Acting Government of the Kingdom of Hawaii Goes Global with Legal Challenges to End Occupation（上杉富之編 2016『グローカル研究叢書 5 社会接触のグローカル研究』成城大学グローカル研究センター、81-131）。現時点においても、重要な問題提起を含む論稿であるので、あえて転載に踏み切った次第である。

　なお、本訳文には訳者が[ ]を用いて補記している点もある。また以下の翻訳において、原文には小見出し番号の表記はなくても、読みやすさを優先して訳者の判断でそうした番号を付した箇所がある。こうした点もご了解いただきたい。

巻末エッセイ

平和は夢物語か

——平和社会学研究を志向する理想論的現実主義者の想い

西原 和久 | NISHIHARA Kazuhisa

　平和な社会を構築することは、たいへん難しい問題です。その主な理由のひとつは、平和実現を拒む要因がとても多いからです。多くの人が、世の中が平和であることを望みながら、なぜ平和の実現は難しいのか。そしてさらに、どのように考えれば平和な社会を実現する方向性が見出せるのか。こうした問いをめぐって、以下で、平和社会学という視点から私なりに考えていることを述べていこうと思います。したがって、このエッセイはあくまでも私見ですが、それは、「たたき台」として平和に関する見解を述べることで、平和社会学研究に対する今後の議論の活性化を願うためのものです。

平和を拒むもの——ポストコロナ時代と分断社会の乗り越えのために

　まず「平和」を規定しておく必要があるでしょう。平和を語る対象としては、大きく2つあると考えられます。平和とは、ひとつには主に国家間の「戦争のない状態」のことです。もうひとつは、主に国家内部で人びとが「安穏に日常生活を営む状態」のことです。インターナショナルな（国家間）平和とイントラナショナルな（国家内）平和といってよいかもしれません。ただし、この2つの平和はまったく別物ではありません。国家間の戦争が国内の日常生活に多大な犠牲を強いることになりますし、国家内でも内戦のような戦闘を伴う混乱状態が起こりえます。また逆に、平和な日常生活への強い希求が戦争を抑止することもあるでしょう。国家間と日常生活の平和というこの2つは密接に関連しているのですが、便宜上はまずこのように分けて考えていくことができると思われます。平和社会学は、人びとの日常の生活世界の探究に焦点が

ある「社会学」という視座から平和の追求を考えていこうとするからです。

　そこでまず、この2つに共通する、「平和を拒むもの」は何かを考えてみましょう。そうすると、共通項として「分断」と「対立」いう言葉が思いつきます。国家間の分断・対立や身近な社会集団間の分断・対立などという事態です。そうだとすると、こうした「分断」「対立」を引き起こしているものは何なのか、とさらに問うことができます。結論を先取りすることになりますが、それは主なものとして、結局のところ、現代社会における資本主義と国家主義、そしてさらに主体主義と科学主義といった言葉で表現できると思われます。

　自由競争原理で利潤獲得（資本の価値増殖）をめざし今やグローバルに展開される「資本主義」、ナショナリズムを背景に国家第一主義に陥りがちな国民国家を背景とする「国家主義」。言うまでもなく、これらは近代になって本格的に登場してきた時代的な産物だといえます。時代的な産物ならば、変容の可能性があります。古代の狩猟採集社会や前近代的な農業社会を考えれば、こうした点はすぐに理解していただけると思います。そして、このような資本主義や国家主義を支えているのが、近代になって本格化する、自己中心および男性中心の利己的な「主体主義」と科学技術による自然支配を含む科学重視の信仰ともいえる「科学主義」です。以下では、こうした見方を背景として、具体的に現代世界を考えてみたいと思います。そこで、ウクライナや東アジアのこともたいへん心痛める事態ですが、まずは今後も十分に予想されるパンデミックのことから考えてみましょう。

　2020年代に入って、新型コロナウィルスの世界的な流行が始まりました。コロナ禍で国境は人為的に閉じられ、国家間分断が顕著でした。それが世界的であるということは、一方でグローバルに拡散された事態であると同時に、他方でローカルな場への着地でもあります。グローバル化はローカル化なくしてあり得ません。マクドナルドのグローバルな展開は、世界のローカルな場所にマクドナルドの店舗が開店し増えていくことです。つまりグローバル化は、ローカル化という基盤をもちます。それをまとめて「グローカル化」とも表現できるでしょう。今回のコロナ禍も、この意味で紛れもなく国境を越える「病のグローカル化」です。コロナ禍で、人為的な国境閉鎖でナショナル

な存在もあらためてクローズアップされた地球規模の災禍です。

　もうひとつ注目できるのが「軍事のグローカル化」です。ウクライナという
ローカルな場で、欧米をはじめとする「西側」と、ロシアやベラルーシ、さら
にイランなどの「非西側」が武器支援等をおこなって明らかにローカルな場で
グローバルな戦いが展開される様相となっています。これは「戦争のグローカ
ル化」といってもよいでしょう。

　そして何よりも重要なことは、環境問題もそうですが、コロナ禍のような
グローバルな問題は、一国内・一地域内のみで対応できるものではないとい
う点です。世界的な対処が求められます。ワクチンの開発や普及を始めとして、
何よりも国家をこえた国際的な協力と情報の共有とが必要です。それは誰の
目にも明らかではないでしょうか。世界各国が協力しなければ、原因究明も
不確かとなり、ワクチン供給などでも格差問題が生じ、国境閉鎖で国家間の
分断もますます顕著となって、トランスナショナルな交流は事実上不可能と
なります。

　国家間での「平和」問題も、同様ではないでしょうか。戦争と平和は国内の
問題として処理できる域を超えています。それは、単に対戦国という相手が
いるとか、支援国があるとかいった問題だけではなく、もっと大きな原理的
な問題が現代の地球社会を蔽っていることを暗示しています。それが、まず
何よりも資本主義と国家主義の問題だと思われるのです。

資本主義と国家主義を考える──基層から問う平和社会学

　かつてホッブスは、「自然状態」では「人間の人間に対する闘争」が見られた
としました。人びとが狼のようにつねに闘争状態にあるのが「自然」状態だと
考えたわけです。だが、近現代社会は「国家」という統治形態の中で、国内の
闘争が生じないような装置（「国家権力」）を生み出し、闘争をコントロールして
きました。とはいえ他方で、国家間の闘争は、少なくとも19世紀/20世紀的
な文脈では、政治の延長として国際法的にも認容されてきました。20世紀に
非戦条約や国際機関の設置によって、何とか国家間戦争をなくそうとしてき
ましたが、うまく行っていません。なぜでしょうか。それは、利益の拡大を

めざす国家エゴ的な発想（「国益」）の基盤において、そうした闘争や競争を是認する見方が個々の人びとの思考と行動のレベルで強かった点も大きいといえます。そして、その点と密接に関わって、「資本主義」と「国家主義」いう魔物を肯定する心性／身体性があるような気がしてなりません。協力して獲物を獲得し、生きるために可能な限りでその獲得物を平等に配分して共存・共生を志向した道ではなく、少しでも早く少しでも多くのものを得て、自由競争の名の下で自分のものとして（私有化し、かつ所有権を主張し）、持たざる他者との間に勝者・敗者といった分断を生み出す仕組みが資本主義です。

　そして、この競争を植民地獲得という形で明確に示したのがかつての国家間の競争で、それが戦争をも導くようになった国家第一主義という形での国家主義として機能しています。自由競争といえば聞こえがいいのですが、独占的に利潤を獲得し占有する「自由」を認容する国家と資本の動きのなかで、敗者はその自由を喪失します。その過酷な競争の過程で利潤獲得（価値増殖）は自己目的化され、利潤を得るための働きかけが地球全体の自然環境にまで及ぶようになってきました。斎藤幸平流に言えば、「人間と自然の物質代謝」が破壊されつつあります（『大洪水の前に——マルクスと惑星の物質代謝』参照）。まずここに、考えるべき大きな問題点があります。

　今日、資源エネルギー問題などと称されているものは、石油や天然ガスなどの資源をどの国家が独占的に占有するかの競争の面があります。21世紀においても、アメリカが始めたイラク戦争やロシアの天然ガスをめぐる戦略のように、国家単位で思惑が交錯しています。現状では、そうした動きはやがて宇宙のレベルでも生じてくると思われます。地球単位や宇宙単位の資源は、本来はコモンズ（共有物）として人間に平等に分け持たれるべきですが、実際には国家単位で、あるいは国家が支援する企業単位で、独占されています。その結果、たとえばグローバル・ノースと呼ばれる北半球の先進国が、グローバル・サウスと呼ばれる南半球の非先進国を搾取・収奪するような構造、つまり構造的な世界格差も生じています。かつてマルクスが述べた資本家と労働者の分断・対立が、いわばグローカル化されつつ世界システムにまで拡大されたといってよいかもしれません。そうした時代に私たちは生きている

のです。

　以上のような視点から、近現代社会をもう少し社会学的に見てみましょう。これまで見てきたことは、「資本の論理」と「国家の論理」が一緒になって近現代社会を動かしてきたということです。しかし、もうひとつ考えなければならないのは、人種や民族といったいわば「種族の論理」です（有斐閣の『マイノリティ問題から考える社会学・入門——差別をこえるために』の拙稿を参照）。歴史的には、非西洋地域の人びとへの植民地的支配からユダヤ人への差別、あるいは白人支配に対抗するアジア主義や大和民族の強調などによって、争いが助長されてきことは言うまでもありません。近代の国民国家のnation-stateという言葉は、中国では民族国家と訳されることが多いですし、一民族一国家といった民族自決論も20世紀前半には当然視されていました。

　ただし、この「種族の論理」を過大に論じることは、今日では問題です。この論理の根底には、植民地争奪などを含めた経済的、政治的な覇権を求める資本と国家の思惑・競争があることは歴史的事実ですし、今日、「民族」という概念も、「人種」という概念とともに、その固定化や物象化の側面からも再検討すべき用語とされています。グローバル化とともに、多文化社会状況が現実に広がり、共生の問題が自覚され、ハイブリッドな次世代も育ってきています。人にとって「民族」や「人種」といった概念も必ずしも中心的なアイデンティティの核ではなくなりつつあります。そうして他者との共生をめざす共生社会が、自然との共生への願いも伴いながら、政策の俎上に上ってきているのが現代社会です。

　しかし、「領土・国民・主権」からなる国家の存在は当然視されがちです。ポスト冷戦期においては資本主義が世界を蔽い、それも当然視されています（中国に典型的なように、社会主義を標榜しながら資本主義を加速させている国も登場しました）。そして、いまや資本主義のグローバルな（新）自由主義的な展開と、徒党を組むいくつかの国家群の間での世界的な競争・対立が一層顕著となってきているのです。そこにさらに宗教問題も絡むのですが、複雑になるので、ここでは深入りしないでおきます。そこで再度、資本と国家をキーワードにして「平和を拒むもの」をより現代社会学的に考えなおしてみましょう。

　平和を拒むものには、まず資本主義的競争や国家第一主義といった経済と
政治の歴史構造的な仕組みがあり、そして同時に歴史的にはそれらの構造面
を支える人種・民族という文化価値的な側面が加わった仕組みもあったとい
うこと、こうした論点を述べてきました。しかし、現代社会学的にみれば、
そうした国際的な歴史構造をいわば下支えするものにも、さらにしっかりと
目を向ける必要があります。それらは、各国内の社会集団・社会関係のあり
方や、日常生活者の相互行為的な場面に関わる事柄です。その点を分断や対
立という視角から見れば、例えば、一方で企業間対立や労使対立、あるいは
その他の各種集団間の階層的・地域的・文化的、そして政治経済的な分断と
対立があります（トランプ政治はそれを見事に表現したものでした）。だが、もう一
方で、差別のような日々の生活を営む場での相互行為的な現場での分断・対
立もあります（ネット社会が進展する今日、とりわけネトウヨと称される人びとによっ
てネット上で日々展開される極右的な民族蔑視の言説（ヘイトスピーチ）や世代間にお
ける分断も顕著です）。こうした身近な生活の場での分断や対立が、国家レベル
の分断や対立を当然視させるように作用しているのではないでしょうか。

　ところで、分断は統合と対になる言葉です。ある社会的な集団や関係が統
合され、他の社会集団・社会関係と差異化されて、そこに分断線が引かれる
ように、統合と分断は表裏一体です。そして現代社会においては、この社会
統合の主要な範型となるのが依然として国家という単位なのです。人びとが
日常の相互行為レベルで、あるいは企業や公共団体や学校などといった各種
の社会集団レベルで、国家の正当性を（暗黙裡にも）認め、納税などの公民的な
義務を履行するなどして行為遂行的に支えることで、国家という単位は成り
立っているわけです。

　現在も、その国家が覇権争いをして、平和を拒む主要因のひとつになって
いるわけですから、国家主義も、国家を成り立たせている日常世界という土
台から再検討される必要があるわけです。そのとき、国家主権という概念で
すら検討を余儀なくされるでしょう。日常に立ち現れる資本主義と国家主義
の歴史において、分断や対立という人為的な状態もあたかも「自然状態」であ
るかのように人びとの心身において当然視され、そして自己が無批判的に自

明視される点は問題がある通念(理念)だといえるのではないでしょうか。ヴェーバーがかつて述べたように、歴史の方向性を規定する「転轍手」の役割を、まさにこうした面での日常行為者たちの通念的営為が果たしているといえるように思われます。それゆえ、経済学や政治学や法学などとは異なる生活世界における「自然的」営為 (ブルデュのハビトゥス／慣習的行動とも重なる身体的営為) という基層から問う「社会学」の視点が重要となるのです。

平和を創造するための社会学的視点——暴力をこえる共生の探究

　では、平和を実現するためには、社会学理論的にはどう考え、どういう方向性をめざしていけばよいのでしょうか。それは、社会学の可能性を問うことにもなります。そしてその際、ヴェーバー理解社会学やシュッツ現象学的社会学がそうであったように、相互行為者といういわば「下」からの社会構成という社会学の特性にまず着目できます。そしてその際、日々の相互行為レベルや社会関係レベルでの「差別」などといった分断行為も、いかにして間主観的に乗り越えるのかが、ひとつのポイントだと考えられます。なお、ここで差別とは、「区別・蔑視・排除」の3つが作用する相互行為レベルの出来事だといえます。他者に対して、自他の分断線を引き、見下し、排斥するという一連の相互行為が差別です。差別の関係は必ずしも数の問題ではなく、力あるものがマジョリティとしてマイノリティを差別することです。それは、(女)性差別、黒人やアジア人などの人種差別、在日コリアンなどの民族差別、外国人差別、あるいは日本において顕著な沖縄やアイヌの人びとなどへの差別、LGBTQなどの性的少数者差別、そして部落差別や被爆者差別や特定の病者への差別などに典型的にみられる相互行為的な現象です。こうしたマイノリティ差別を解消し、万人が対等に扱われ (コスモポリタニズム＝世界万人対等主義)、暴力のない生活世界を作り上げることが、日々の中で積み上げていくべき日常的な平和構築活動の基盤となるといえるでしょう。

　しかしながら、すでに述べてきているように、歴史構造的に出来上がっている仕組みの中に、私たちは生まれてきます。近現代社会では、一定の法的ルールはあるにせよ、殺人や死刑をも認容する戦争暴力や国家権力も認めら

れています。だが、平和を求める視点からいえば、それは問題のある仕組みです。殺人を含めた暴力のない社会こそ、人びとの平和な社会生活の営みの前提条件であり、かつ目標でもあります。しかも暴力は、殺人といった物理的身体的な暴力だけではありません。グローバルな南北格差の拡大から個々人のレベルでの格差の拡大に至るまで、個人では容易に対応できない制度的構造的な暴力もあります。さらに、言葉の暴力という問題から少数者の言語の簒奪といった言語的文化的な暴力も存在します。これらが混然一体となって世界の歴史構造的な社会システムを支えています。この点をホッブスのように、これが人間社会の「自然状態」だと論じるべきではありません。実際には、人間は諸社会関係の結節点として存在しています。社会関係のレベルから人として少しでも善い方向に向けて努力することこそ重要でしょう。そしてそのための核心となる方向性はどういったものかを考えるために、より具体的な例を挙げてみたいと思います。

　そこで、戦争や分断を生じさせる主な理由であった、私的な利潤獲得のために経済成長を目的とし競争原理で経済社会を動かす仕組みそれ自体を問い直し、乗り越える方向性が求められるといえます。例えば、「脱成長」という考え方や、あるいは私的所有をこえる「共有（コモンズ）」を考えるという道です。だがそのために、「自由」が認められなくなるのは考えものです。自由な生き方を尊重し、かつ皆が対等に生きられる社会とは、差異を尊重し多様性を認め合って共生するダイバーシティ重視型の社会でしょう。その中で、生活の豊饒さを維持して万人が自由に生きられる社会です。しかし現実社会は、格差がグローバルに拡大し、GAFAのような多大な利益を得ているネット社会での知的所有権の保持者を含めて、富める者がますます富めるようになる仕組みが存在します。だからまず、この点から変える方策が具体的に求められます。強度の累進課税やグローバルな（国家に制約されない）利潤にも課税するドービン税的な仕組みなどの知恵を出して、公平な分配に結びつけていく方向性です。知的所有権の独占的なあり方も再検討が必要だと思われます。さらに、基本的な生活保障としてのベーシック・インカムも考慮に値するものです。ただし、これを国家単位で実施することは国家主義を助長するだけです。

富裕な国での生活保障のみでは、富まざる国との間の格差はますます広がるでしょう。グローバルな視野の下でこれも構想される必要があります。

　ただいずれにせよ、そうした仕組みを地球規模で作るためには、民主的な形で人びとの合意を得ていく必要があります。この民主制も、それが国家単位でのみなされると、結局のところ国家間の分断と対立を際立たせることにつながります。大英帝国において、国内の民主主義は国外への植民地主義と結びついていました。そうではない形にするためには、世界の個人個人を単位とする世界共和社会（あえて世界共和国論にみられる国という言葉を避けて表現しています）の形成といったグローバルな統治の仕組みを展望する必要もあるでしょう。

　しかし同時に、そうした制度面での変容だけでなく、グローバル時代を生きる私たち個人個人が自己中心的な生き方を問い直すことも必要です。他者なしに「私」は存在しません。他者との関係を念頭に置きながら、自己の生き方を問いつつ、自他が共生する生活世界を平和な現実としていくためには、教育の問題も、メディアの問題も重要です。資本主義の進展とともに、科学技術を駆使した経済成長で、自然破壊が進行しました。環境の問題も極めて重要です。環境は私たちの生命・生活の基盤で、共生社会の土台だからです。

　また科学が万能だという幻想を捨てて、科学以外の知の在り方にも目を向ける必要があります。かつて中村雄二郎は近代知・科学知によって、多義的なコスモロジーやシンボリズム、そして身体知にかかわるパフォーマンスが覆い隠されてしまったことを批判しました（『臨床の知とは何か』）。最近でも、大澤真幸は「無知の知」から科学という「知の知」が生じたことで隠されてしまったのは、（精神分析的な無意識の）「知の無知」という側面だと論じています（『新世紀のコミュニズム』）。両者ともに、科学知以外の、知って行なってはいるが自覚は必ずしもしていない「知」の面を示したわけです。

　こうした点を知識社会学の平面に落とし込んで、私なりの言葉でいうと、日常知、科学知、理念知といった知の三層構造の発想の中で、科学知だけが突出して強調される点が問題なのです。つまり、行為者が日常世界の中で無意識のうちに紡ぎだしてる智恵（生活知）ともいえる「日常知」の側面と、これが

理想なのだと思い描く「理念知」の側面が軽視されているということではない
でしょうか。理想や希望を語るような「理念知」は、人びとが思い描く一種の
未来像です。それは、現在は非（未）現実ではありますが、没（反）現実ではあ
りません。「理念知」は人びとが未来に向けて思い描く夢であり、実現可能性
は決して皆無ではありません。むしろ、そうした理想を抱く人びとのありよう
の方が日常的現実に沿ったものなのです。その意味で、人びとの理想主義は
普遍性をもった現実主義であると言えるのはないでしょうか。

結びに代えて——理想論を志向する現実主義へ

　日々の生活の中での愚かな争いごとを避けたい思いや、戦争はもうこりご
りで世界平和を願う心情から、経済成長のための競争が奨励されて利潤の獲
得や所有が至上命題とされるような経済活動のしくみを変える可能性が見え
てくるように思われます。経済成長を国家の発展と捉えて、他の国家に負け
ないようにと努める国家第一主義ないしは自国中心主義もまた、近代国民国
家のもつ「国家主義」の悪しき側面だと思われます。現実には、いまだ不十分
だとは言え、国家の頭上に、国連機関のような、あるいはEUやASEANのよ
うな国家の上位にある地域統合体が動き始めており、国家の足元では国際結
婚移住者や外国人労働者や留学生などが国家を超えてトランスナショナルに
交流を活性化させる傾向のあるグローバル社会で、国家はますますその力を
小さくする可能性があります。だからこそ逆に、ナショナリズムをはじめとし
て、国家を重視する考え方の復活が必要だと主張する人も出てきます。しかし、
そう考える人の多くも、世界が平和であること、日々の生活が安穏であるこ
とを願っているはずです。その日々の想いから、平和を実現する可能性を見
出していきたいのです。

　そのためには具体的にどうすればよいのかは、さらにこれからも知恵を出
し合いましょう。正直に述べれば、私自身が極めて斬新な考えをもってるわ
けではないのです。資本主義や国家主義を問い直し、主体主義や科学主義に
も批判的なまなざしを向けて考えていくこと、そして社会と自然の環境を立
て直していくこと、そのためにも日々の生活の現場から、平和を拒む問題点

を洗い出しつつ、平和構築にとって何が望ましいのかを議論しながら考えていくこと、こうしたことが平和社会学研究会という場を創造することとなります。

　その際は、政治学、経済学、歴史学、人類学、心理学、哲学などから学べるものを貪欲に学びつつも、同時に社会学の立場にこだわりながら生活世界の現場から平和の可能性を見出しつつ平和構築に寄与すること、これが平和社会学研究に求められていることだと私は考えています。先にも少し触れましたが、このような議論は理想論者の議論だと思われるかもしれません。だが、戦争、環境、格差、差別などの問題を乗り越えて地球規模で平和という理想を追い求めるこの種の理想主義こそ——ずぶずぶの現状肯定に陥るだけの現実主義者と対比していえば——未来に向けた普遍的正義を追究する現実主義であって、平和は夢物語ではない、と言えるでしょう。それは日常生活を営む人びとの平和への想いと共振しながら進めていく、社会学研究の方向性であり可能性なのです。

　最後に一言。そうした平和社会の実現のためには多様な道がありますが、平和社会学研究会に求められているのは、いくつかの切り口から平和実現を考えていくことでしょう。それは、平和学を含めて、平和史やこれまで世界で論じられてきた平和思想や平和論を再検討すること、あるいは砂川闘争や沖縄の反基地闘争といった反戦平和運動の事例を検討して現在から未来への展望を見出していくこと、あるいはやがて社会の柱となる次世代の人びとに平和の意味と意義を考えていくための学びの場を設けること、そして現在、日本や諸外国で起こっていることを多様な角度から見極めること、こうしたことが必要だろうと思われます。

　さらに筆者自身の取り組みに言及するならば、筆者は沖縄や砂川の人びととの対話に心がけてきたつもりです。とくに「いま平和社会学の構築に向けてアジアで問うべきこと」という副題をもつ『沖縄から学ぶ社会思想とトランスナショナリズムの展望』という著作の原型（科学研究費の報告書）を2022年にまとめ、沖縄の人びととの対話に力を入れてきました。沖縄／南西諸島（石垣島！与那国島！）で次々とミサイル基地化が進む中、本土の人たちは、日本（本土）

防衛のために仕方ないと思いがちです。しかし、地元の人びとにとってはたまりません。台湾有事の際、かつての沖縄戦のように本土防衛のために再び沖縄を「捨て石」にするのか。さらに、島嶼防衛や敵基地攻撃といった発想も間違っています。いまやるべきことは、まず中国や北朝鮮との対話です。だが、岸田自民党政権にはそうした「外交」への志向はまったく見られません。一方的に中国等を批判して、軍事力強化を進めるだけです。民主主義を守るというならば、沖縄の声にどうして耳を傾けないのでしょうか。「辺野古新基地建設反対」が県民の7割を超えるにもかかわらず、です。民主主義が重要ならば、まず何よりもきちんと中国等の指導者と対話を繰り返すべきです。そうした「外交と対話」を明確に履行するよう求めながら、同時に日中間等での「交流」を積極的に進めるべきでしょう。軍事力強化を優先する方向にしっかりと「No」を突き付け、政府が実践しないならば、当面は可能な限り民間の力で、日中間等での社会文化的な交流の土台作りを進めていく以外にありません。他者との共生、環境との共生、過去との共生、そして「未来の共生」に向けた国家を超えるトランスナショナルな「交流」が不可欠だと私は考えています。

　もちろん、すでに見てきたような現在まで続く日常世界で生じているマイノリティ問題・差別問題も、あるいは広島や長崎そして原発も絡む「核」の問題もしっかりと検討すべき課題です。それらが平和を脅かすものだからです。しかし、小さな研究会としては、いまやれることしかできません。そこで、この研究会の輪を広げて多様な視点から多様な問題について議論しながら、平和構築という難題に挑む平和社会学を展開していくことが、人びとによって思い描かれている平和への可能性の扉を開く道だと思います。そして、その第一歩が『平和社会学研究』の創刊だと考えております。……以上で、言葉足らずではありますが、巻末エッセイを閉じさせていただきます。

平和社会学研究会発足時の基本方針

＊以下は『平和社会学研究』（研究会発足）記念号（2022年6月）の冒頭に掲載した研究会代表の挨拶文である。

【挨拶】
平和社会学研究は何をめざすのか
──平和社会学研究会の設立にあたって──

　2021年12月17日、「砂川平和しみんゼミナール」（後述参照）に関わっている有志が「平和社会学研究会」を設立しようと決意し、2022年1月14日に、立川駅近くにある市民活動を展開する一般社団法人（非営利型）の建物の一室において、オンライン参加も含めて6名で「平和社会学研究会」の設立準備会を発足させた。そして、同年2月13日（日）に約20名の参加者が集って、平和社会学研究会の第1回研究例会がオンラインで開催された。

　だがその11日後に、ロシアのウクライナ侵攻が始まった。ウクライナの首都キエフ（キーウ）めざして戦車で進軍するロシアのウクライナ侵攻は、まさに20世紀型の戦争を再現するかのような驚きを覚えたが、同時にそれは、戦争によって市民を含めた犠牲者を多数産み出すいつもながらの悲惨な状況を呈し、本当に心が痛む思いがした。そして、ウクライナ侵略によって引き起こされたロシアの「特別軍事行動」は、この文章を書いている4月中旬においてもまだ終わっていない。現時点で見えてきているこの「戦争」の背景に関しては、別の機会で論じてみたいと思うが、いまここではこの行動をも念頭に置きながら、新たに設立された「平和社会学研究会」と「平和社会学」なるものが、いったい何を研究し、何を研究目的としているのかといった基本的な事柄について、2022年2月13日の第1回研究例会で述べたことを中心に、以下にまとめておきたいと思う。

　平和社会学研究会の第1回研究例会において、この研究会の第1の基本方

針が、次の言葉で表現された。「過去の戦争を研究するだけでなく、現在そし
て未来の平和を創造する研究も推し進めたい」。その言わんとするところは、
過去および現在の戦争の研究・検討から大いに学びながら、現在および未来
の「平和構築の可能性」を探求する研究を推し進めたい、ということである。
このことには、戦争の発生を予防するためのさまざまな試みや仕組みなどの
探究も当然含まれる。……いまはこうした基本的な立ち位置を示すことにと
どめておいて、具体的な検討結果はまさにこれからの研究会活動の成果とし
て提出していきたいと思う。

　そこで、第2に述べておくべきことは、平和学や戦争社会学などが既に存
在するなかで、あえて「平和社会学」という名称を使用するさいの基本的視点
についてである。ここでは、その核となる3点だけ以下で簡潔に触れておき
たいと思う。つまり、「平和」「社会学」「平和社会学」に関する——これらの言
葉・概念自体が研究会での検討材料になるので——最低限の言明を以下でお
こなっておきたい。

　まず第1に、「平和とは、あらゆる戦闘行為が終了していること」というカ
ントの言明を示しておきたい（より詳しくは本号所収の拙稿「平和思想論と平和構築
論（Ⅰ）（Ⅱ）」を参照願いたい）。

　第2に、「社会学とは、人と人との関係性を、日常性と現代性に着目して、
positiveに研究する学問」であるという筆者自身の見解を示しておきたい。た
だし、ここでいうpositiveとは、社会学の名付け親コント自身が考えていたよ
うに、単に「実証的 (positive)」に研究するだけでなく、社会再組織化に向けた
未来への社会構想を「積極的 (positive)」に進めていくという意味あいが含まれ
る。

　そして第3に、「平和社会学とは、現在および未来の平和構築の可能性を社
会学的にポジティブに探求する学問」であると暫定的に定義しておきたい。

＊　　　＊　　　＊

　なお、個人的なことで恐縮だが、筆者は、1970年代の大学卒業論文で取り
上げたヴェーバーの「支配社会学」研究をベースにして、そしてさらにその後
1980年代の現象学的社会学における相互行為論研究を踏まえて、1990年代

からの権力論や差別論などの検討を本格化させ、2000 年代に入ってからは、国家の枠や国境を越える人びとのトランスナショナルな社会的行為に着目して、アジアから日本への入移民の研究、日本から環太平洋への出移民の研究、とくにハワイや沖縄のトランスナショナル社会学的な研究を経ながら、東アジアと環太平洋を念頭にマイノリティを含めた日常生活者の、国家を超える共生と連携の可能性を追求してきた。そこで筆者は、2010 年代に万人が対等な間主観的な関係で、非暴力のもと、共生社会を実現していくには、まずもって「戦争」のない「平和」が大前提となると明確に考えるようになり、その「非戦・平和」追求の願いのもとで、研究・実践活動をおこなってきた。その一つの活動例としては、筆者は 2019 年から、1950 年代の非暴力・不服従の砂川闘争とその後の米軍駐留違憲判決 (いわゆる伊達判決) の精神を受け継いだ民間の団体「砂川平和ひろば」の活動に加わるようになり、さらに 2021 年度からこの活動の一環として、半期 8 回の「砂川平和しみんゼミナール」を、対面とオンラインで開催してきた。第 1 期 (2021 年度前期) は「砂川から考える基地と平和と共生」、第 2 期 (2021 年度後期) は砂川闘争の意義を学び直す――東アジアの平和と共生のために」、そして第 3 期 (2022 年度前期) は「砂川闘争から考える平和展望」である [2022 年 12 月追記：第 4 期は (2022 年後期) は「中国を知る――東アジアの平和に向けて日中交流を考える」というゼミテーマで現在進行中である]。

　こうした活動のなかから、社会学研究者としては、「平和社会学」研究の必要性を実感し、国内外の人びととの連携を模索しながら、平和社会学研究を志向してきたのである。トランスナショナルな連携をもめざして、平和的な対話の場を確保しつつ国家を超えた共生の在り方を追求することは、「平和社会学」の一つの核心をなす。この核心を出発点の一つとして、かつその出発点自体も問い直しながら、過去の戦争を研究するだけでなく、現在そして未来の平和を創造する社会学的研究を推し進めるために、いろいろと議論する場を創造したいと思い、今回、平和社会学研究会を立ち上げようと決意した次第である。

＊　　＊　　＊

　このようにして連携を求めながら自分なりの研究・実践を積み重ねていくなかで、沖縄を含む南西諸島のミサイル基地化問題、中台関係や朝鮮半島の南北関係の緊張化、さらにはウクライナ情勢といった米国も深く関連するリージョナル・グローバルな戦争状況・戦争前夜状況が現出し、いよいよもって、いま「平和」を「社会学」的に研究する必要性・重要性・緊急性が高まっていると判断している。平和社会学は、覇権を論じる国際政治学や貨幣をめぐる国際経済学ではなく、共生や連携、そして和解といった社会的行為に着目しながら、国内外の日常生活者たちの思考と行動に着目する社会学である。筆者の立場からは、より適切には、それはトランスナショナル社会学と呼ばれるべきものだが、最終的には万人対等主義という意味での「コスモポリタン社会学」(ウルリッヒ・ベックの用語) が目標になるにせよ、当面は、日常生活者の現在の行為に着目しつつ、「社会学」の立場から未来に向けた「平和研究」をめざすのが「平和社会学研究」であると言っておくことができるであろう。

＊　　　＊　　　＊

　以上のような平和社会学研究と平和社会学研究会の当面の主要な方向性は、あらためて箇条書風に記すと以下のようになる。

1：「戦争社会学」ではなく、平和の可能性を追求する「平和社会学」の研究を進める。
2：平和社会学は「共生と連携に基づく平和実現」をトランスナショナルにも模索する。
3：そのためにトランスナショナルな交流のプラットフォームとして「平和社会学研究センター」の開設をめざす。
4：なお、こうした方針を現実化していくために、若手研究者の研究をもバックアップすべく、研究発表の場としての研究例会報告と『平和社会学研究』という研究会誌の発行を現実化し、若手研究者を含む論文発表の場の確保することも、主要な方向性に加えることができる。

　以上である。ただし、これらは、平和社会学研究会の暫定的な目的・展望(平

和社会学研究会設立準備会で提示したもの）であり、じつはこうした方向性自体も、第1回以後の研究例会で議論の対象とすることになると述べておきたい。

　2022年2月は、平和社会学研究会の研究例会のスタートの記念の月であると同時に、ロシアのウクライナ侵攻の悲しむべき記念の月となってしまった。いかにすれば「平和構築」が可能となるのか。この大きな問いの答えを求めて、平和社会学研究会はこれから、ひるまず／果敢に、難題に挑戦していきたいと思う。

2022年4月30日
平和社会学研究会代表
西原和久

平和社会学研究会の月例研究例会の記録

──── 研究会立ち上げへの道

2021年12月18日：平和社会学研究会の立ち上げ協議（於：砂川平和ひろば）

2022年1月14日：平和社会学研究会の設立準備委員会開催（於：立川シビル）

──── 月例研究会の歩み（毎月第3日曜日午後2時～4時までオンライン開催）

第1回：2022年2月13日（日）：オンライン研究例会

　　　報告1：西原和久「平和社会学研究への旅立ち──カント永遠平和論からの示唆」

　　　報告2：徳久美生子「G.H.ミードの戦争・平和論再考」

第2回：2022年3月13日（日）：オンライン研究例会

　　　報告3：柿原豪「琉球／沖縄を題材とした平和学習の実践──高等学校日本史Aの授業と修学旅行の接続を通じて育成される諸技能」

　　　報告4：古梶隆人「平和教育研究の展開と沖縄における若者と平和教育」

第3回：2022年4月10日（日）：オンライン研究例会

　　　報告5：西原和久「ウクライナと平和社会学研究の一断面──プーチンとドゥーギン」

　　　報告6：村岡敬明「平和論と公共性論──コミュニケーション行為の視点からみる「公共性」理論の形成とデジタルアーカイブの役割」

第4回：2022年5月8日（日）：オンライン研究例会

　　　報告7：濵田泰弘「大学における平和学教育の試行例──模擬国際会議を中心に」

　　　報告8：高原太一「砂川闘争史から考える平和」

第5回：2022年6月12日（日）：オンライン研究例会

　　　報告9：根本雅也「非政治的なものの政治性：広島における反核と人道意識」

　　　報告10：小松照幸「平和研究への見方」

第 6 回：2022 年 7 月 10 日（日）：オンライン研究例会
　　　報告11：八木良広「被爆二世（被爆者の子）の意識と実態〜日本被団協「全国
　　　　　　　被爆二世実態調査」報告から〜」
　　　報告12：今井隆太「東亞協同體論とわたし」

第 7 回：2022 年 9 月 11 日（日）：オンライン研究例会
　　　報告13：西原和久「平和論と高田社会学、そして中国——陳独秀を中心に
　　　　　　　日中知識人の世界主義を考える」

第 8 回：2022 年 10 月 16 日（日）：オンライン研究例会
　　　報告14：木村朗「ウクライナ危機の教訓」

第 9 回：2022 年 11 月 20 日（日）：オンライン研究例会
　　　報告15：福島京子「砂川闘争と闘争リーダーの平和への想い——宮岡政雄
　　　　　　　の思想と行動（福島京子氏へのインタビュー）」

第 10 回：2022 年 12 月 18 日（日）：オンライン研究例会
　　　報告16：緒方修「宮崎滔天と世界革命」

第 11 回：2023 年 2 月 19 日（日）：オンライン研究例会
　　　報告17：片桐雅隆「八さん熊さんのコスモポリタニズム——丸山眞男の日
　　　　　　　本ファシズム論をめぐって」

＊第 1 回〜第 6 回までは自己紹介を兼ねて 1 回に 2 名が30分の報告と30分の質疑応答、第
　7 回から 1 回に 1 名が60分の報告と60分の質疑応答となる。

平和社会学研究会への参加と自由投稿への誘い

1：平和社会学研究の初発の・第1の問題意識は、国家間の戦争のない平和な世界社会を構築するにはどうしたらよいのか、という点にあります。しかし、国際的なテロリズムのような、必ずしも国家間ではない暴力的事態も現代社会では顕著となっています。その意味で、グローバル社会における暴力のあり方とともに、グローバル時代の国家のあり方もまた問われます。

2：しかし、国家の内部においても、内戦のように戦闘状態が継続することがあります。あるいは、内戦にまで広がらなくとも、敵対する人々の間で殺し合いにまで至るような暴力的抗争もあります。そのような国家内社会での平和の構築もまた本研究会の主題の一つを形成します。

3：そうした「戦争」や「戦闘」をなくして、いかにして平和構築が可能となるかのかについては、すぐに答えの出るような問いではありません。しかも、平和構築のためには、何から手を付けて問題解決に向かうのかという道筋の探究すら、難しい問題です。

4：本研究会では、これまでの平和思想や平和論の検討から、日本本土や沖縄での平和教育の検討、さらに基地問題をめぐるかつての平和運動や具体的な原爆の事例から見えてくる平和探究の道筋、さらに「アジア太平洋戦争」に関わる問題や「ウクライナ戦争」にまで射程を広げて、研究会活動を展開してきました。

5：そこで、戦争と平和を中心とするこうした1年間の研究会活動を踏まえて、2年目以降は、新たな切り口からも研究会活動を進めていこうと考えています。その切り口は、「分断社会」という切り口です。コロナ禍でさらに、人と人、国と国も分断されました。ただし、「分断社会」という視点は、じつはやや第3者的で、高みから社会の分断を論じる社会批評のようにも見えます。だがここで意図してるのは、そうした傍観者的な視点からの分断社会ではなく、人々の間の分断を生み出していく日々の生活世界からの「分断状況」です。何が人々の——共生や連携ではなく——分断状況を生み出しているのかを、いわば生活者の目線から再検討して、最終的には世界平和

へと導くような検討の切り口です。

6：そこでいま念頭に置いているのは、「区別・蔑視・排除」からなる差別の問題です。性差別、障害者差別、部落差別、民族差別、人種差別、外国人差別などがすぐに思い浮かぶでしょう。そうした差別をいかに解消して、万人対等で平和な社会を実現していくのかという問題意識です。

7：しかしながら、分断状況を生み出している一つの理由として、いわゆる社会的格差の問題もあります。そのような格差には、経済的な貧富の格差から環境的な格差まで、これまた多様です。歴史構造的、集団関係的、文化価値的な、相互行為場面での格差があります。人が環境を作り、環境が人を作るとすれば、経済的、政治的、社会的、文化的、教育的、言語的、情報的、民族的、人種的、国家的、さらには宗教的、身体的、能力的……な人間係数的な格差の問題は、分断を生み出す原因となりえます。

8：しかし、異なる文化的背景や民族的背景をもって共生している社会もあります。あるいは、異なる社会環境や社会文化空間において、人々が共生する場を創造し、さらにそれを世界大に拡大していくことは、世界平和論にとっての一つの目標となると思われます。言い換えれば、暴力のない、つまり身体的物理的な暴力だけでなく、制度的構造的な暴力や言語的文化的な暴力のない世界を作り上げて、平和裡に共生と連携を模索すること、それが目標の一つとなるでしょう。

9：したがって、2年目に入る平和社会学研究会は、上空からの鳥の目線で世界平和をどう構築するのかというよりも、下からの虫の目線で私たちの生活の現場からの世界平和をどう構築していくのか、という点にも大いに目を向けていこうと思います。それが、「社会学」という、人々の関係性、日常性、現代性、そして実証性に基づく社会科学の一分野に依拠する「平和社会学」の特性であると考えております。

10：以上のような考え方に触れあうものがあり、かつ平和を願う人は、ぜひ本研究会に参加して、それぞれの見解を述べてください。意見が異なっても、議論をして一致点と差異点を確認しながら、一歩ずつ前進していきたいと思います。

『平和社会学研究』誌：自由投稿への誘い

◆編集方針（概要）

・『平和社会学研究』誌は、主に次の3つの論稿からなる。

　　①研究会での報告を基にした論稿

　　②研究会から執筆を依頼した論稿

　　③メンバー等からの自由投稿論稿

・なお、平和関連の書評や研究動向やコラムなどの自由投稿論稿も歓迎する。

・自由投稿論稿の掲載は、編集委員会選定の2名による査読を経て決定する。

◆自由投稿論稿の投稿執筆規程（概要）

（総論）

　　①論稿の内容は、平和社会学研究および平和研究に関するものとする。

　　②自由投稿は随時募集するが、最終締切りは毎年の「年末」とする。

　　③『平和社会学研究』誌の刊行は、毎年の「年度末」を目標とする。

（原稿の形式等）

　　④自由投稿論稿の論文の字数は1万字程度〜2万字程度以内とするが、書評・研究動向・コラムなどは上限5千字を目安とすること。

　　⑤原稿は、A4で10.5ポイント、1頁34字×30行で提出すること。

　　⑥注と文献は原稿末尾に一括して挙示する（脚注機能等は使用しない）。

　　⑦図表は、本文内での記載に加え、それと同一図表の別紙も提出する。

　　⑧章節番号や記号は特に統一しないが、読みやすくなるように努める。

（その他）

　　⑨より詳細な「規程」等に関しては、研究会ホームページに掲載する。その他の情報も含めた関連情報も、平和社会学研究会ホームページhttps://sites.google.com/view/hei-sha-kenを参照のこと。

　　⑩自由投稿等に関する問い合わせは、学会事務局宛にメール送付のこと。

　　平和社会学研究会事務局：vzs00645@nifty.com

執筆者紹介 (掲載順)

西原和久 (にしはら かずひさ)
名古屋大学名誉教授、成城大学名誉教授、南京大学客員教授、平和社会学研究会代表

徳久美生子 (とくひさ みおこ)
武蔵大学総合研究所研究員

木村 朗 (きむら あきら)
ISF独立言論フォーラム・代表理事・編集長、鹿児島大学名誉教授

福島京子 (ふくしま きょうこ)
砂川平和ひろば代表

高原太一 (たかはら たいち)
成城大学グローカル研究センターPD研究員

アダム・トンプキンス (Adam Tompkins)
レイクランド大学日本校准教授

福岡愛子 (ふくおか あいこ)
社会学者・翻訳家

濵田泰弘 (はまだ やすひろ)
島根県立大学国際関係学部教授

柿原 豪 (かきはら ごう)
聖ドミニコ学園中学高等学校社会科教諭

古梶隆人 (こかじ りゅうと)
一橋大学大学院社会学研究科博士後期課程在籍

村岡敬明 (むらおか たかあき)
法政大学沖縄文化研究所客員研究員(2023年4月より大和大学情報学部准教授に就任予定)

小松照幸 (こまつ てるゆき)
名古屋学院大学前教授、国際社会科学団体連盟(IFSSO)前会長

デニス・リチェズ (Denis Riches)
成城大学社会イノベーション学部教授

編集後記

　本研究会が始まってから 1 年余り、『平和社会学研究』設立記念号から半年余りで、ようやく正式に創刊号を刊行できる運びとなった。これも研究会参加者および本誌寄稿者のご尽力の賜物である。また、この研究会誌刊行を快くお引き受けいただいた東信堂の下田勝司社長にも感謝申し上げたい。下田社長からは、創刊号刊行に至るまで適切かつ重要な助言を多数いただき、ほんとうに感謝に堪えない。

　もちろん、このよちよち歩きの研究会活動には、まだまだ課題も多い。大きな課題の一つには、研究会誌刊行費を含む経済的な問題がある。この問題をどう克服するのかも持続可能性という点からも研究会としては重要である。また、組織運営上の問題もある。事務局や編集委員会をどう運営して、研究会活動を活性化していくのかという課題だ。とはいえ、最大の課題は、いかにして内容の充実した研究会活動を展開していくのかである。関心のある皆さま方の積極的な参加を強く希望している。ぜひ多角的に「平和」を「社会学」する本研究会に参加して対話を積み上げていくことを、代表者のみならず、メンバー一同も心から望んでいる次第です。(西原記)

ISSN 2758-8017

平和社会学研究　創刊号

2023年 4 月 20 日発行

編　集　平和社会学研究会
発行者　平和社会学研究会
発売元　株式会社東信堂

平和社会学研究会
〒207-0005　東京都東大和市高木 2-187-4
東京社会学インスティチュート内
平和社会学研究会・事務局
E-mail　vzs00645@nifty.com
HP　https://sites.google.com/view/hei-sha-ken

株式会社東信堂
〒113-0023　東京都文京区向丘 1-20-6
TEL　03-3818-5521
FAX　03-3818-5514
E-mail　tk203444@fsinet.or.jp
東信堂HP　http://www.toshindo-pub.com

ISBN978-4-7989-1852-5　C3030

東信堂

- ウクライナ戦争の教訓と日本の安全保障 ── 神余隆博・松村五郎 編著 ── 一八〇〇円
- 「ソ連社会主義」からロシア資本主義へ ―ロシア社会と経済の100年 ── 岡田 進 ── 三六〇〇円
- パンデミック対応の国際比較 ── 川上高司・石井貫太郎 編著 ── 二〇〇〇円
- リーダーシップの政治学 ── 石井貫太郎 編著 ── 一六〇〇円
- 2008年アメリカ大統領選挙 ―オバマの当選は何を意味するのか ── 吉野孝・前嶋和弘 編著 ── 二〇〇〇円
- オバマ政権はアメリカをどのように変えたのか ―支持連合・政策成果・中間選挙 ── 吉野孝・前嶋和弘 編著 ── 二六〇〇円
- オバマ政権と過渡期のアメリカ社会 ―選挙、政党、制度、メディア、対外援助 ── 吉野孝・前嶋和弘 編著 ── 二四〇〇円
- オバマ後のアメリカ政治 ―二〇一二年大統領選挙と分断された政治の行方 ── 吉野孝・前嶋和弘 編著 ── 二五〇〇円
- 危機のアメリカ「選挙デモクラシー」 ―社会経済変化からトランプ現象へ ── 吉野孝・前嶋和弘 編著 ── 二七〇〇円
- ホワイトハウスの広報戦略 ―大統領のメッセージを国民に伝えるために ── M・J・クマー／吉牟田剛 訳 ── 二八〇〇円
- 「帝国」の国際政治学 ―冷戦後の国際システムとアメリカ ── 山本吉宣 ── 五四〇〇円
- アメリカの介入政策と米州秩序 ―複雑システムとしての国際政治 ── 草野大希 ── 四七〇〇円
- 国際関係入門 ―共生の観点から ── 黒澤満 編 ── 一八〇〇円
- 国際共生とは何か ―平和で公正な社会へ ── 黒澤満 編 ── 二〇〇〇円
- 国際共生と広義の安全保障 ── 黒澤満 編 ── 二〇〇〇円
- 現代アメリカのガン・ポリティクス ── 鵜浦裕 ── 二〇〇〇円
- 暴走するアメリカ大学スポーツの経済学 ── 宮田由紀夫 ── 二六〇〇円
- グローバル化と地域金融 ── 柳田辰雄 編著 ── 三三〇〇円
- 現代国際協力論 ―学融合による社会科学の試み ── 柳田辰雄 編著 ── 三三〇〇円
- 揺らぐ国際システムの中の日本 ── 柳田辰雄 編著 ── 二〇〇〇円
- 貨幣ゲームの政治経済学 ── 柳田辰雄 ── 二〇〇〇円
- 相対覇権国家システム安定化論 ―東アジア統合の行方 ── 柳田辰雄 ── 二四〇〇円

※定価：表示価格（本体）＋税

〒113-0023　東京都文京区向丘1-20-6　TEL 03-3818-5521　FAX03-3818-5514
Email tk203444@fsinet.or.jp　URL:http://www.toshindo-pub.com/

東信堂

※定価：表示価格（本体）＋税　〒113-0023　東京都文京区向丘1-20-6　TEL 03-3818-5521　FAX03-3818-5514
Email tk203444@fsinet.or.jp　URL:http://www.toshindo-pub.com/

東信堂

多視点性と成熟──学び・交流する場所の必要性	内田　樹	九〇〇円
「地域の価値」をつくる──倉敷・水島の公害から環境再生へ放射能汚染はなぜくりかえされるのか　地域の経験をつなぐ	石田正也監修林美帆編著	一八〇〇円
放射能汚染はなぜくりかえされるのか　地域の経験をつなぐ	除本理史賢編著本田宏	二〇〇〇円
福島復興の到達点──原子力災害からの復興に関する10年後の記録	川﨑興太	四三〇〇円
福島原発事故と避難自治体──原発避難12市町村長が語る復興の過去と未来 編集代表者	川﨑興太	七八〇〇円
原発事故避難者はどう生きてきたか──被傷性の人類学	竹沢尚一郎	二八〇〇円
災害公営住宅の社会学	吉野英岐編著	三二〇〇円
原発災害と地元コミュニティ──福島県川内村奮闘記	鳥越皓之編著	三六〇〇円
原発避難と再生への模索──「自分ごと」として考える	松井克浩	三二〇〇円
故郷喪失と再生への時間──新潟県への原発避難と支援の社会学	松井克浩	三三〇〇円
被災と避難の社会学	関礼子編著	二三〇〇円
初動期大規模災害復興の実証的研究	小林秀行	五六〇〇円
震災・避難所生活と地域防災力──北茨城市大津町の記録	松村直道編著	一〇〇〇円
地域自治の比較社会学──日本とドイツ	山崎仁朗	五四〇〇円
日本コミュニティ政策の検証──自治体内分権と地域自治へ向けて	山崎仁朗編著	四六〇〇円
自治体行政と地域コミュニティの関係性の変容と再構築──「平成大合併」は地域に何をもたらしたか	役重眞喜子	四二〇〇円
さまよえる大都市・大阪──「都心回帰」とコミュニティ	鯵坂学・徳田剛・西村雄郎・丸山真央編著	三八〇〇円
社会制御過程の社会学	舩橋晴俊	九六〇〇円
組織の存立構造論と両義性論──社会学理論の重層的探究	舩橋晴俊	二五〇〇円
「むつ小川原開発・核燃料サイクル施設問題」研究資料集	茅野恒秀金山行孝舩橋晴俊編著	一八〇〇〇円

※定価：表示価格（本体）＋税　　　〒 113-0023　東京都文京区向丘 1-20-6　　TEL 03-3818-5521　　FAX03-3818-5514
Email tk203444@fsinet.or.jp　URL:http://www.toshindo-pub.com/

東信堂

※定価：表示価格（本体）＋税　　〒113-0023　東京都文京区向丘1-20-6　TEL 03-3818-5521　FAX03-3818-5514

Email tk203444@fsinet.or.jp　URL:http://www.toshindo-pub.com/